미술관에서 읽는 서양 미술사

Art
History
Book

미술관에서 읽는 서양 미술사

김영숙 지음

곰곰

초대하는 글

그림과 함께 시대를 넘나들며 역사를 읽다

미술작품을 좋아하는 이유는 참으로 다양합니다. 어떤 사람은 그림과 조각이 실제와 거의 차이가 없을수록 후한 점수를 줍니다. "사진만큼, 아니 사진보다 더 사실적인 걸?", "진짜 사람 같아!"라면서 말이지요. 어떤 사람은 그림이 전하고자 하는 이야기를 더 중요하게 여깁니다. "그래, 위대한 영웅의 이야기를 이토록 웅장하게 그려 냈군!"

누군가는 내키는 대로 낙서한 듯 대체 무엇을 그렸는지, 어떤 이야기를 하려는 건지 도무지 알 수 없는 추상화 앞에서 고개를 돌려 버리기도 합니다. 하지만 무슨 내용인지 정확히 알 수는 없더라도 색과 선이 어우러진 조화로운 그림을 높이 평가하며 감격하는 이도 있습니다. 때론 미술가의 가슴 아픈 사연에 공감하며 그 작품을 평가하기도 합니다. "작품을 완성한 미술가의 마음이 고스란히 나에게 전달되는 것 같아!"

미술작품을 감상하고 평가하는 기준은 시대마다 다르기도 합니다. 과거에는 누구도 거들떠보지 않던 작품이 몇십 년 세월이 흐른 뒤 엄청난 찬사를 받게 되는 것도 바로 그 때문입니다. 잘 알려진 화가 고흐는 살아생전 딱 한 작품만 공식적으로, 그것도 변변치 않은 가격에 팔 수 있었다고 합니다. 그러나 지금 고흐의 작품은 어마어마한 돈을 주고도 살 수 없을 정도로 귀한 작품이 되었습니다.

이 책은 미술작품을 보는 여러 가지 방법 중 하나인 '시대에 따른 그림 읽기'를 소개합니다. 미술작품은 그것이 만들어진 시대와 떼어 놓고 생각할 수 없습니다. 예를 들어 볼까요? 중세에는 기독교가 거의 모든 사람의 삶과 정신을 지배하고 있었습니다. 그 시절 미술작품은 그리스어나 라틴어로 된 성경책을 읽을 수 없는 일반인들에게 참고서 같은 역할을 했습니다. 글은 배우지 않으면 읽을 수가 없지만, 그림이나 조각은 누구나 쉽게 접할 수 있고, 또 이해하기도 쉬웠으니까요.

따라서 중세 미술가들은 예수나 마리아를 멋지고 아름답게 또는 사진처럼 실감나게 그리는 일보다는 자신의 작품을 통해 하나님의 말씀을 신비롭고 엄숙하게 전하는 일에 더 집중했습니다. 하나님의 존재를 고귀한 빛으로 표현하고자 한 중세 미술가들은 그림에서 황금색을 특히 많이 사용했습니다. 그림에서 주인공 역을 맡기 일쑤인 마리아나 예수 등은 훨씬 크게 그리기도 했지요.

그러나 르네상스 시대에 들어오면서부터 마리아나 예수, 성인, 성녀들을 아름답고 우아하면서도 진짜 현실에서 보는 사람처럼, 말하자면 사진처럼 정확하게 그리기 시작했습니다. 그림에도 중세 시대의 그림을 두고 "애개, 왜 하늘이 하늘색이 아니고 황금색이야?", "중세 시대 사람들은 그림을 참 못 그리나 봐. 마리아는 이렇게 큰데, 주변 사람들은 형편없이 작게 그렸잖아!"라고 함부로 말할 수는 없는 노릇입니다. 중세에서 르네상스까지 시간이 흐름에 따라 미술에 대한 생각도 달라질 수밖에 없으니까요.

다른 미술작품도 마찬가지일 것입니다. 사진이 없던 시절에는 정확하고 사실적인 그림을 훨씬 중요하게 생각했을 것이고, 반대로 카메라가 발달을 거듭하면서부터 그림은 사진이 할 수 없는 일, 곧 '그림만이 할 수 있는' 역할을 해야 한다고 생각했을 것입니다. 그 예로 추상화를 들 수 있지요. 추상화는 그림이 어떤 대상을 닮아야 한다는 오랜 고정관념에서 벗어나려 한 화가들의 시도로 만들어졌습니다. 아내를 야수처럼 그린 마티스에게 왜 이렇게 이상하게 그렸냐고 물었더니 마티스는 "그림이니까요!"라고 대답했다고 합니다. 어차피 아내의 정확한 얼굴은 카메라가 찍어 낼 수 있다고 생각했을 테니까요. 이처럼 미술은 그 미술가가 살다 간 시대에 따라 달라지기 마련입니다.

이 책은 미술에 대한 여러분의 생각이 시간을 훌쩍 넘어설 수 있게 도와줄 것입니다. 시대별로 변화하는 생각들, 그리고 그런 생각들을 가장 빨리 가장 성실하게 작품으로 표현해 낸 위대한 미술가들의 이야기를 읽으면서 21세기라는 시간대를 뛰어넘어 보는 것이지요. 원시 동굴을 헤매 보고, 그리스와 로마 땅을 탐험하다가, 세상 모든 일이 신의 뜻이라 믿었던 중세 유럽의 평범한 농부도 되어 보세요. 때론 19세기 파리의 이름 없는 화가가 되어 고정관념 때문에 새로운 것이라면 무조건 거부하던 사람들과 입씨름을 해 볼 수도 있겠지요.

이렇게 드넓은 세상과 높은 시대의 벽을 마음껏 넘나들다가 마지막 책장을 덮을 무렵이면, 옛사람들은 어떻게 세상을 바라보았는지, 또 지금의 나는 내 주위의 사람들과 우리가 살아가는 세상을 어떤 시각으로 바라보고 있는지 생각해 보면 좋겠습니다. 나아가 이 책에 나온 수많은 미술가처럼 시대에 대한 깊은 애정과 관심, 그리고 시대를 앞선 상상력으로 세상을 바라보는 힘도 기르면 좋겠습니다.

같이 떠나 볼까요? 신발끈을 동여매고, 미술사 탐험을 떠납시다. 기억하세요. 이 책과 함께하는 긴 여정을 위해 배낭에 꼭 챙겨야 할 것은 여러분의 무한한 상상력과 세상을 향한 깊은 애정이라는 것을 말이에요.

김영숙

차례

6부 인상주의와 그 이후의 미술

7부 20세기 미술

1부

원시 시대와 고대의 미술

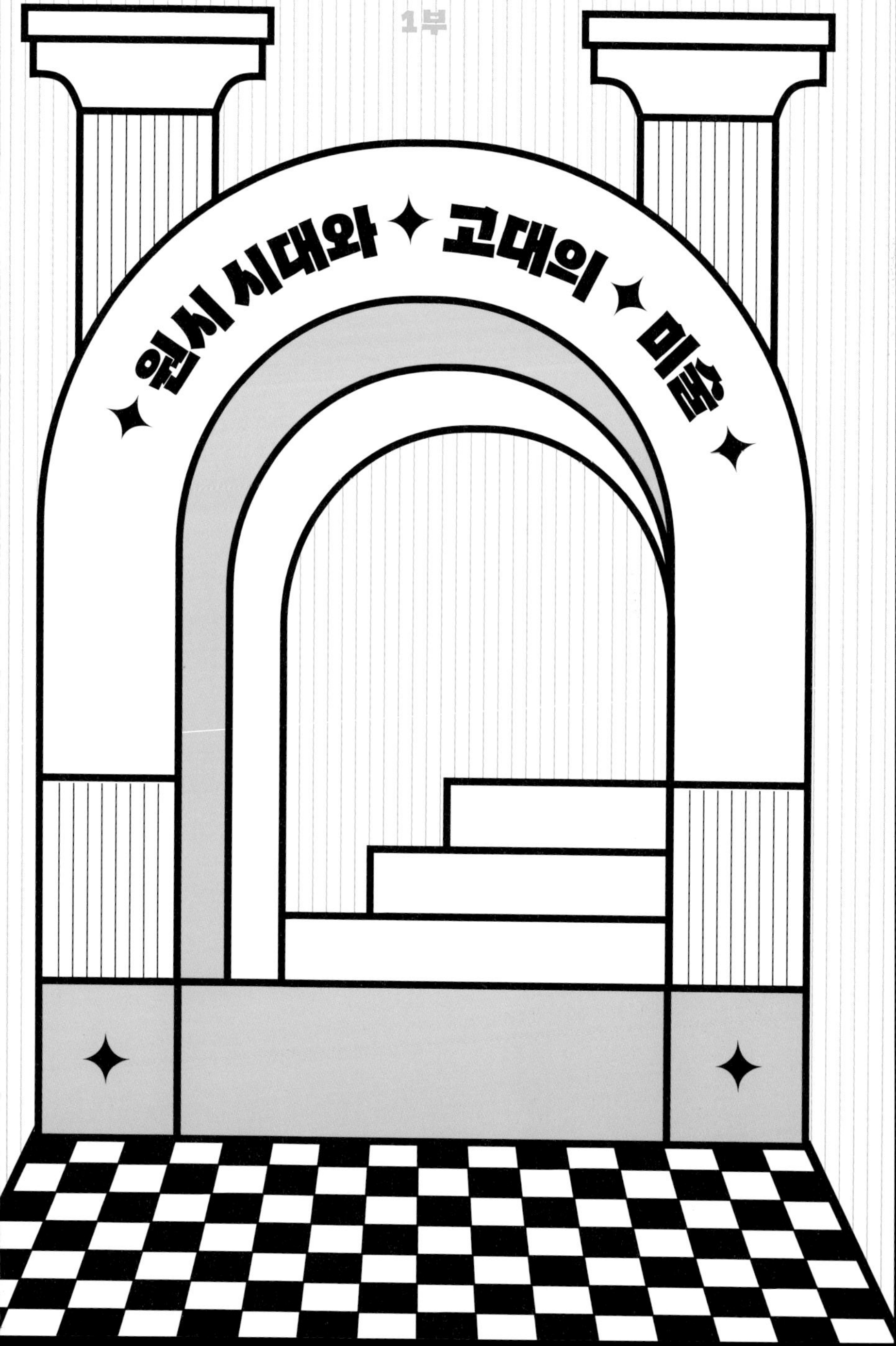

원시인이 그림을 못 그렸다고?

✦

원시 시대 미술

1879년, 에스파냐의 한 소녀는 화석 연구가 취미인 아버지 마르셀리노 산스 데 사우투올라(Marcelino Sanz de Sautuola, 1831~1888)를 따라나섰다가 우연히 동굴을 발견했다. 호기심 반, 두려움 반 두근거리는 마음으로 조심스럽게 발걸음을 옮기던 소녀는 눈앞에 펼쳐진 광경에 놀라 소리를 질렀다. 무척이나 생생해서 금방이라도 튀어나올 듯한 동물 그림들이 동굴 벽을 가득 채우고 있었던 것이다.

그날 소녀가 발견한 것은 바로 인류 최초의 그림들 중 하나로 알려진 〈알타미라 동굴 벽화〉였다. 아버지 사우투올라는 동굴에 있던

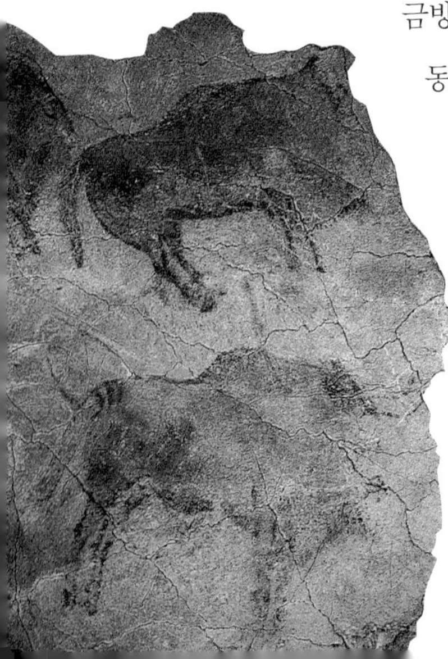

〈알타미라 동굴 벽화〉
기원전 1만 5천 년경

다른 유물의 제작 연도를 꼼꼼히 따져 보다가 그 벽화가 최소 약 1만 5천 년 전에 그려졌다는 사실을 알아냈다. 하지만 아무도 그의 말을 믿어 주지 않았다.

"그 옛날 원시인들이 그렇게 그림을 잘 그렸다는 게 믿기지 않아요."

"사우투올라가 막상 동굴 속 그림이 구석기 시대의 것이라고 발표를 하자, 사람들은 그를 어린 딸까지 동원해 돈벌이를 하려 한다고 여기며 사기죄로 고발했을 정도였지."

사우투올라가 다른 학자들을 설득하는 일은 쉽지 않았다. 그러던 어느 날, 알타미라 지역에서 그다지 멀리 떨어지지 않은 에스파냐 북부와 프랑스 남부의 동굴들에서 〈알타미라 동굴 벽화〉와 비슷한 그림이 무더기로 발견되었다. 사람들은 그제야 사우투올라의 말이 맞을지도 모른다는 생각에 이르렀다. 다시 연구가 시작되었고, 마침내 알타미라의 동굴 벽화는 구석기 시대에 현재 인류의 모습과 가장 닮은 크로마뇽인이 그렸다는 사실이 인정되었다. 하지만 그땐 사우투올라가 억울한 가슴을 두드리다 세상을 떠난 지 이미 14년이나 지난 뒤였다.

"왜 원시인들이 그런 그림을 그렸을까요? 누가 숙제를 낸 것도 아닐 텐데 말이죠."

"워낙 오래전의 일이라 정확한 이유를 확인하긴 어려워. 단지 이런저런 추측만 할 뿐이지. 이 동굴 벽화들을 자세히 살펴보면 돌이나 뾰족한 걸 마구 던져서 맞춘 흔적이 있어. 아마도 그림에 돌을 던지고 나면 실제로 사냥에 나가서 사나운 동물을 만나도 이길 수 있다고 생각한 것 같아. 말하자면 제사 비슷한 거지."

"아하, 그림 속 동물들을 이기겠다는 거군요. '제발 다음 사냥에서 내가 너의 먹이가 되지 않고, 오히려 이길 수 있게 해 줘'라고 기도하면서 말이죠. 그런데 당시엔 물감도 없었을 텐데 무엇으로 그렸을까요? 붉은색도 보이고, 검은색도 보이는데요?"

"나무가 타고 난 뒤 남은 숯이나 비에 젖은 흙 등을 이용해 윤곽선을 그렸고, 동물의 피와 식물의 이파리, 꽃 등 자연에서 구할 수 있는 물감으로 색을 입혔어. 밝은 부분과 어두운 부분, 세세한 면까지 워낙 꼼꼼하게 잘 그려져서 마치 사진처럼 정확해 보이는데, 이런 그림을 두고 '자연주의' 또는 '사실주의'라는 이름을 붙이지. 실제처럼 자연스럽게 또는 사실처럼 그렸다는 뜻이야."

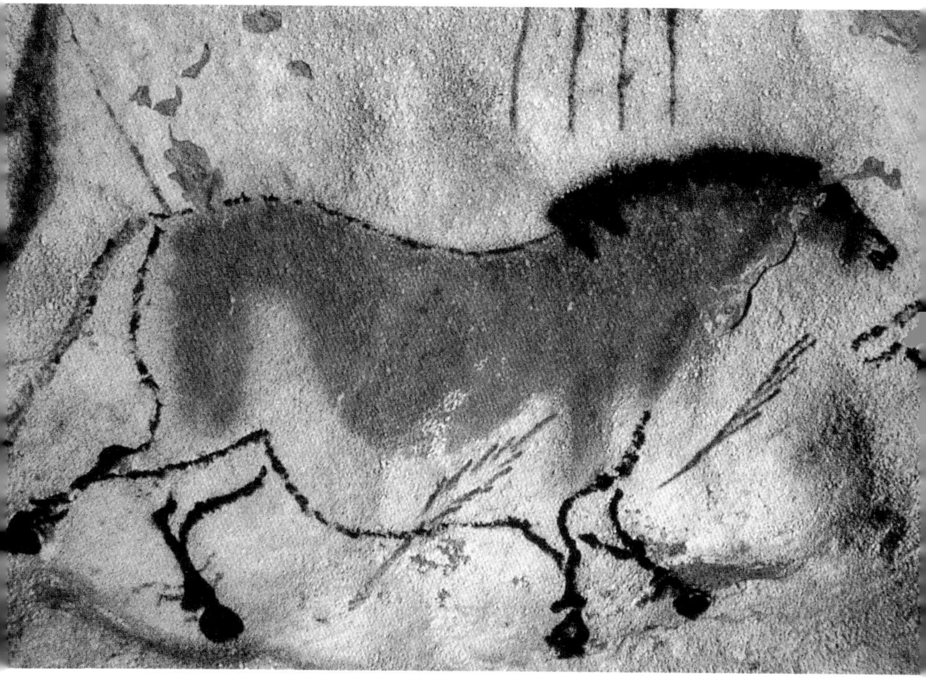

〈라스코 동굴 벽화〉

기원전 1만 5천~1만 년경

들소, 말, 사슴, 염소 등 100여 마리의 동물이 등장하는 사냥 장면을 매우 정확하고 세밀하게 그렸다.

원시 시대의 조각상과 건축물

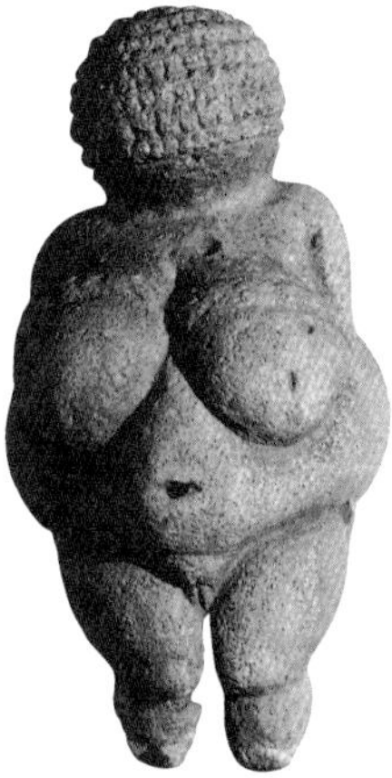
〈빌렌도르프의 비너스〉
기원전 2만 2천 년경,
석회암, 높이 11cm

기원전 2만 2천 년경에 만들어진 것으로 추정되는 이 작은 인체 조각상은 오스트리아 빌렌도르프에서 발견되었다. 이 조각상은 아이를 잘 낳고 젖을 충분히 먹일 수 있는 풍만한 여성의 몸을 표현하고 있다. 여성 누드상에 습관적으로 '비너스(아프로디테)'라는 이름을 달던 학자들이 이 작품을 '빌렌도르프의 비너스'라 불렀다. 구석기인들은 동굴 속에서 살면서 열매를 따 먹거나 동물을 사냥하며 생활했다. 사냥할 때는 사람 수가 많아야 유리하기 때문에 자손이 많이 필요했으며, 그러한 이유에서 〈빌렌도르프의 비너스〉 같은 여성 조각상을 몸에 지니고 다녔으리라고 본다.

오른쪽의 돌무더기를 본 중세인들은 그리스 신화 속 거인족이 만들었을 것이라고 생각했다. 사실 지금도 스톤헨지를 누가 어떻게 만들었는지 정확히 밝힐 수 있는 사람은 없다. 큰 원형으로 만들어진 돌무더기의 바깥쪽은 'ㅠ'자 모양으로 이루어져 있고, 안쪽에는 작은 비석 같은 것이 둥글게 늘어서 있다. 더 안쪽으로는 다시 'ㅠ'자

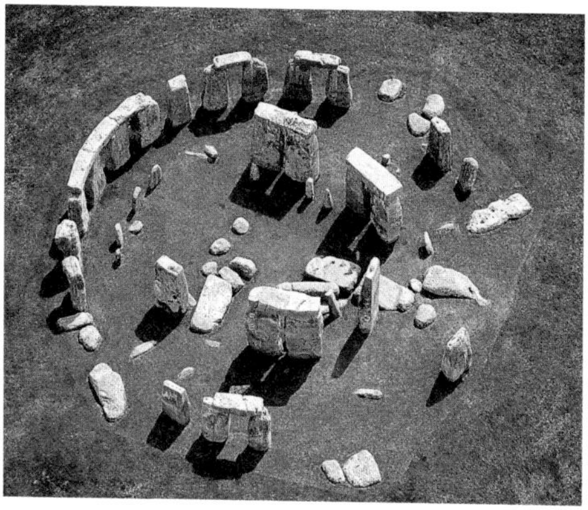

스톤헨지
기원전 2천 년경

모양의 돌이 서 있는데, 가장 높은 것이 약 6미터에 이른다. 가장 안쪽의 돌들은 'U'자 모양으로 한쪽 면이 트여 있다. 돌 하나의 무게는 평균 50톤. 근처에 돌산이 없는 것으로 보아 약 40km 떨어진 곳에서 이 돌들을 운반해 왔으리라 추정한다. 마땅한 운반 수단도 없던 신석기 시대에 어떻게 그 먼 곳에서 무거운 돌들을 옮겨 왔는지 알 길이 없어 스톤헨지는 세계 7대 불가사의 중 하나이다.

가장 안쪽에 있는 스톤헨지의 위치는 해의 움직임과 관련이 있다고 한다. 안쪽의 'U'자형 트인 부분이 낮의 길이가 가장 긴 하지 때 해 뜨는 쪽을 향하고 있기 때문이다. 어떤 돌무더기는 달의 움직임을 관찰하기 좋은 위치에 놓여 있다. 학자들은 농사를 짓기 시작한 신석기인들이 해를 정확히 관찰하려고 스톤헨지를 만들었고, 이곳에서 한 해 농사가 잘되길 바라는 제사를 지냈을 수도 있다고 본다.

살아서도 죽어서도 영원하고자 한 이집트인들

임호테프와 이집트 미술

약 4600년 전 고대 이집트에는 임호테프(imhotep, 기원전 2650~2600년경)라는 이가 살았다. 고대 이집트인들은 왕을 파라오라고 불렀는데, 기록에 따르면 그는 파라오에게 이런 저런 나랏일에 대해 조언을 해 주는 고문이었다.

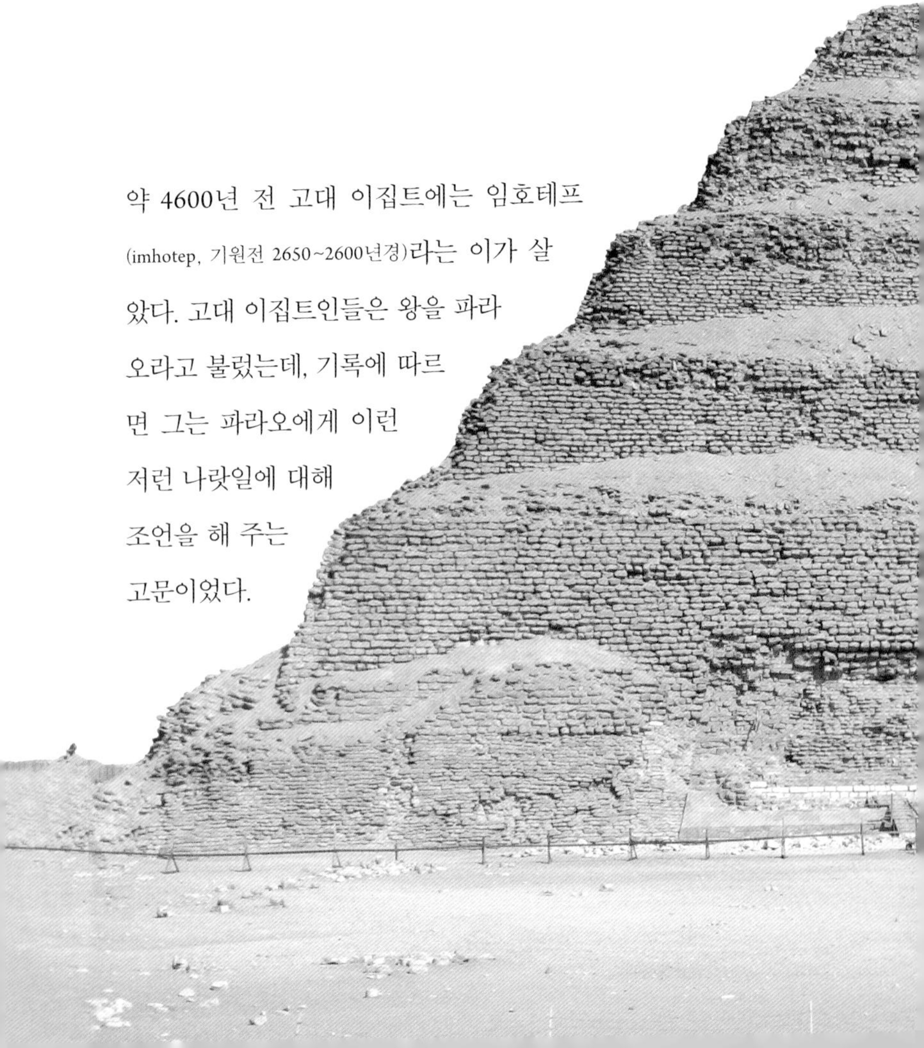

그는 왕국의 살림, 즉 나라의 수입과 지출을 계산하고 관리하는 회계사 역할을 했으며 오늘날 국무총리에 해당하는 재상이자 태양신을 모시는 제사를 담당하는 신관이었다. 또한 천문학자, 수학자, 철학자, 건축가, 목수, 조각가, 도예가였다. 한 사람이 한 가지 일을 잘하기도 쉽지 않을 텐데 이렇게 많은 직업을 가졌다는 사실은 그가 예사롭지 않은 사람이었음을 말해 준다.

뭐니 뭐니 해도 임호테프를 유명하게 만든 것은 단연 사카라에 있는 조세르 왕의 피라미드였다. 임호테프가 이 피라미드를 만들기 전까지만 해도 고대 이집트인들은 '마스타바'라는 사각형 구조의 무덤을 만들어 왕이나 높은 관직에 있던 귀족들의 시신을 묻었다. 임호테프는

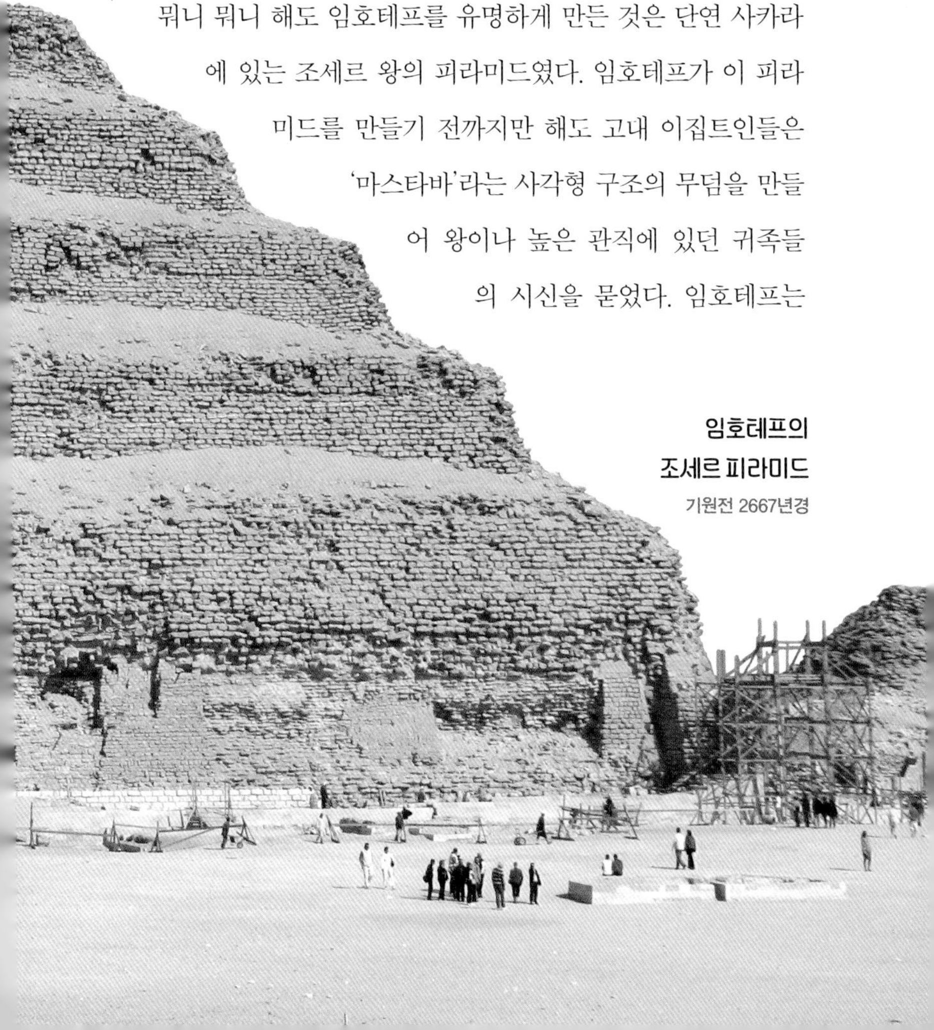

임호테프의 조세르 피라미드

기원전 2667년경

마스타바의 형태 위에 계단 모양으로 층을 올려 피라미드를 만들었다. 이집트 최초의 일이었다. 총 6층인 이 계단식 피라미드는 약 100만 톤의 돌을 사용해 완성되었다. 임호테프가 만든 피라미드가 점차 발달해 층 사이가 메워지면서 지금 우리에게 익숙한 사각뿔의 구조를 갖추게 되었다.

조세르 왕의 피라미드에서 맨 아랫부분은 가로 109m, 세로 125m이며, 높이는 무려 62m이다. 사람의 키가 2m가 채 안 된다고 생각하면 그 규모가 얼마나 큰지 놀랄 정도이다. 이전의 마스타바 높이가 약 10m인 데 비해 엄청나게 높아진 것으로, 기술이 발전했으리라고 추정된다.

이집트인들은 파라오가 신의 아들이라고 믿었고, 죽어서도 그 영혼이 몸과 함께 영원히 피라미드에 보존된다고 여겼다. 그래서 파라오가 죽은 뒤 뇌와 간, 폐, 위장 같은 내장들을 꺼내서 항아리에 따로 담아 두었다. 남은 시신은 소금물에 한 달 이상 절인 뒤 완전히 건조시키고, 그 속을 솜 같은 것으로 가득 채운 다음 붕대로 꽁꽁 싸매어 미라로 만들어서 관 속에 넣었다. 그리고 그 관을 피라미드 안에 넣어 두었다.

"피라미드나 미라에 비추어 보면, 이집트인들은 죽음을 특별하게 생각했던 것 같아요."

"고대 사람들은 죽은 사람을 신성시했는데, 이집트인들은 더 유난했다고 할 수 있지."

이집트인들은 파라오가 미라 속에 머물면서 후손들을 돌본다고 생각했다. 그래서 파라오를 위해 그의 모습을 조각으로 만들어 값진 귀금속 등 사치품과 함께 피라미드에 넣어 주기도 했다. 피라미드 안에는 여러 가지 벽화가 상형문자와 함께 발견되는데, 대부분 파라오가 살아서 했던 일들을 기록한 것이다. 파라오는 자기가 살아 있는 동안 피라미드 공사를 시작했다. 그들은 늘 미리 죽음을 준비하는 자들이었다.

"그런데 고대 이집트의 그림 말이에요. 좀 이상하다는 생각이 들어요. 자세히 보면 몸이 죄다 틀어져 있거든요. 어깨는 앞을 향하고 있는데, 두 다리와 발은 옆을 향하고 있잖아요. 아무리 유연한 사람이라도 이런 자세로는 서 있을 수 없을 거예요. 대체 왜 이렇게 그렸을까요?"

고대 이집트인들은 사람을 그리거나 평평한 판에 조각으로 새길 때 굳이 사진이나 밀랍 인형을 보듯 사실적인 표현을 하려 하지 않았다. 그보다 그들은 '이상적인 인간'을 표현하고자 했

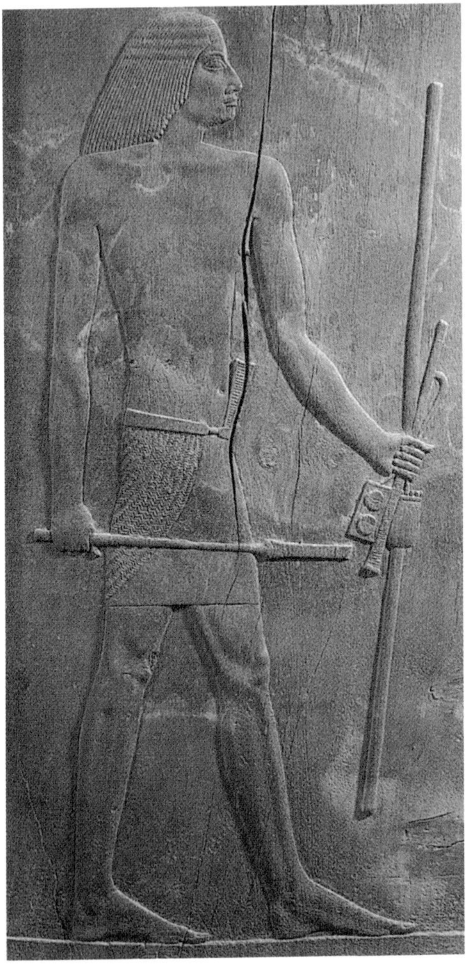

〈헤지레의 초상〉

기원전 2778~2723년경, 목각, 부분 그림

이집트 고위 관료이자 의사인 헤지레의 모습을 나무에 새긴 작품이다. 어깨는 정면을 향하고 있으나 허리 아래의 두 다리와 발은 완전히 옆을 향하고 있다. 고개 역시 오른쪽으로 꺾여 있지만 눈동자는 정면을 향하고 있다.

다. 이집트인들은 그림 속 인물의 어깨와 눈동자는 정면을 향하고, 코와 발 그리고 다리는 옆을 향하고 있을 때가 가장 완전한 인간의 모습이라고 생각했다.

또한 이집트인들은 얼굴 길이와 발 길이, 키 등 모든 것을 늘 일정한 비율로 정해 놓고 그렸다. 이 때문에 밑그림에 일정한 크기의 눈금을 그은 다음 무릎은 7선, 허리는 13선, 어깨는 19선 등으로 고정해 놓고 그리거나 조각했다. 이런 규칙은 거의 3천 년 이상 전해 내려오며 지켜졌다. 그래서 고대 이집트인들이 그린 그림은 하나같이 비슷하게 보인다.

"대상과 비슷하게 그리지 않고 규칙만 따른다면 누가 누군지 전혀 알아볼 수가 없었겠네요?"

"당시 그림은 대개 죽은 자의 피라미드 안에 벽화 형태로 그려졌으니 그 피라미드 주인을 보고 누군지 알아낼 수가 있지. 또 파피루스라는 식물로 만든 일종의 종이 위에 주인이 어떤 사람이며 무슨 일을 했는지도 상형문자로 표시해 두었거든."

고대 이집트 미술가들에게 독창성은 요구되지 않았다. 그저 정해진 규칙을 얼마나 완벽하게 잘 지켜 내는지에 따라 훌륭한 미술가를 판가름했다. 그러나 아멘호테프 4세(Amenhotep IV, 재위 기

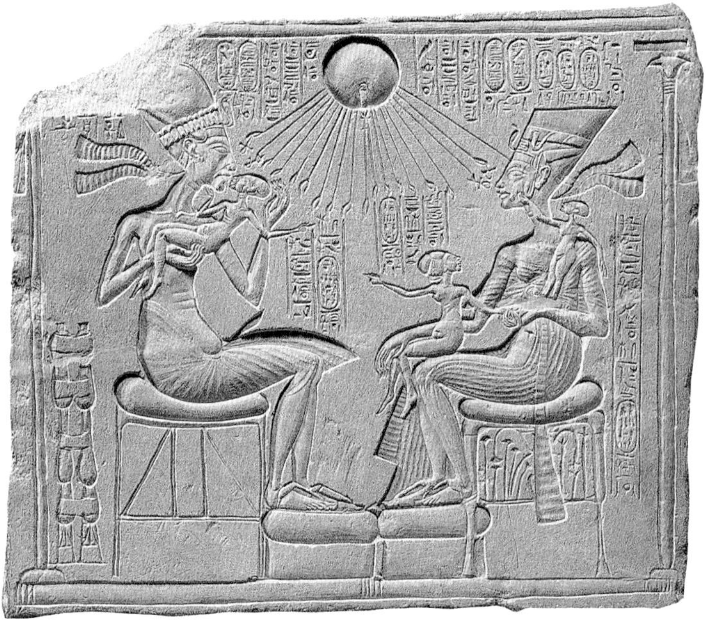

〈딸들을 안고 있는 이크나톤과 네페르티티〉

기원전 1360년, 석회석 부조, 부분 그림

석회로 된 평평한 판에 눈으로 보이는 부분만 조각된 부조이다. 이크나톤은 아멘호테프 4세의 또 다른 이름이며 네페르티티는 그의 아내, 곧 왕비이다.

원전 1379~1362년경) 시절은 달랐다. 그는 이집트 미술가들이 이제껏 지켜 오던 규칙들에서 벗어나게끔 했다. 그는 사실적이고 자연스러운 작품을 추구했다. 그 시절 그를 조각한 작품 〈딸들을 안고 있는 이크나톤과 네페르티티〉를 보면, 몸의 표현이라거나, 팔과 손 동작도 이전 그림들과는 많은 차이가 있다. 덕분에 〈아멘호테프 4세〉에는 이제껏 등장하던 파라오들과는 달리 두툼한 입술과 쑥 튀어나온 턱을 가진, 왕의 개성 있는 외모가 잘 드러나고 있다.

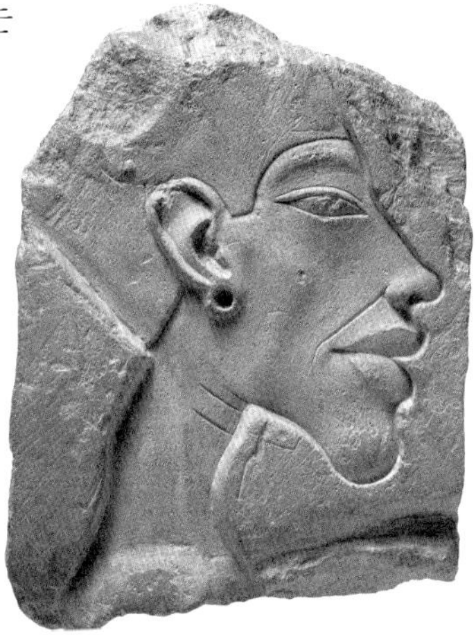

〈아멘호테프 4세〉

기원전 1360년경, 석회석 부조

옷을 다 벗고 운동회를 한 까닭은?

프락시텔레스와
고대 그리스 미술

프락시텔레스(Praxiteles, 기원전 370~330년경)는 〈크니도스의 비너스(아프로디테)〉의 조각가로 유명하다. 이 작품은 무엇보다 옷을 벗고 있는, 곧 여자의 누드라는 점에서 당시 사람들에게 큰 충격을 주었다.

"누드가 왜 충격이에요? 유명한 조각품이나 그림에는 누드가 엄청나게 많잖아요. 그리고 대부분 여자의 모습이고요."

"지금은 미술관에 가면 여자의 몸을 누드로 그리거나 조각한 작품을 많이 볼 수 있지만, 프락시텔레스가 살던 시대만 해도 남자 누드가 더 흔했지. 여자는 늘 옷을 단정히 입은 모습으로 표현했어."

"그것 참 뜻밖이네요. 왜 그랬을까요?"

"고대 그리스인들은 남자의 벗은 몸은 신성시했지만, 여자는 그렇지 않다고 보았어."

"최초의 민주정치 어쩌고 하는 그리스가 여자와 남자를 차별한 것이군요."

"그리스의 민주제는 사실상 남자들만의 정치 제도였어. 노예나 외국인과 마찬가지로 여자에게는 투표권이 없었거든. 그리스인들의 올림픽 경기도 오로지 남자들만을 위한 것이었어. 출전한 선수들은 죄다 옷을 벗은 채 경기에 임했지."

"옷을 다 벗고 경기를 하다니! 옷 벗는 걸 지금보다 덜 부끄럽게 여긴 모양이군요."

"그렇다고 볼 수 있지. 그들은 옷을 벗은 채, 체육관에서 운동을 하곤 했어. 체육관은 영어로 '짐나지움(gymnasium)'이라고 하는데, 고대 그리스어의 '김나지온'이라는 말에서 시작되었어. 이 말은 '옷을 다 벗은'이라는 뜻이야."

"그리스에서는 오로지 남자들만 옷을 벗을 권리가 있었던 셈이네요."

그리스는 폴리스들 간의 경쟁으로 인해 자주 전쟁을 치러야 했다. 그들은 전쟁터에 나가 나라를 지킬 젊고 튼튼한 남성들을 숭배했다. 따라서 운동으로 다져진 근육질 남자의 몸을 누드로 제작하는 일이 흔했다.

세월이 지나면서 이런 생각들이 조금씩 달라지기 시작했다. 프락시텔레스라는 조각가는 당시 사람들이 보기엔 대담하게도 비너스 여신의 조각상을 두 점으로 제작했다. 하나는 옷을 입은 것으로, 또 하나는 누드로. 그러고는 사람들의 반응을 지켜보았다.

당시 그리스의 여러 도시 중 하나였던 코스 지역은 옷을 입은 비너스상을 서둘러 사들였다. 코스 지역에 비해 가난했던 크니도스 사람들은 누드상을 가져가기로 했다. 그런데 이 누드상이 뜻밖의 입소문을 타면서 사람들이 작품을 보기 위해 몰려들기 시작했다.

크니도스의 비너스는 우선 그것이 보기 드문 여자의 누드라는 점 때문에 호기심 많은 사람들의 관심을 끌었다. 실제로 작품을 본 사람들은 저마다 비너스의 아름다움에 감탄하며 칭찬해 마지않았고, 여신상에 대한 이야기로 그리스 전 지역이 떠들썩했다. 크니도스의 성공은 다른 조각가들을 자극했다. 너 나 할 것 없이 여자 누드상을 만들기 시작한 것이다.

"그런데 사실 비너스는 여신이잖아요. 그러니 프락시텔레스가

프락시텔레스 〈크니도스의 비너스〉

기원전 350년경, 대리석, 높이 205cm

그리스 시대 작품을 로마 시대에 복제했다.
비너스가 한쪽 다리에 약간 힘을 뺀 채로 서 있다.
이런 자세를 '콘트라포스토'라고 하는데,
이 자세를 취하면 몸이 살짝
S자로 만들어지고
바로 서 있을 때보다
훨씬 자연스러워 보인다.

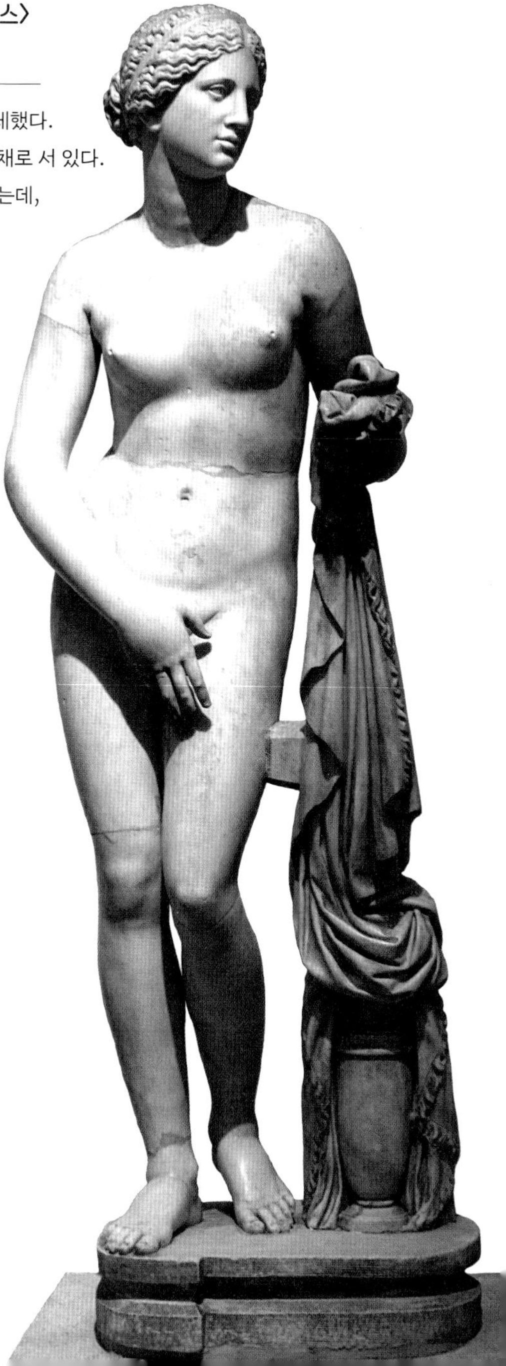

여신을 직접 보았을 리는 없었을 테고, 아마도 누군가를 모델로 삼아 만들었겠지요?"

"맞아. 프락시텔레스는 이 비너스상을 만들기 위해 당시 그리스에서 가장 아름다운 여성이었던 프리네를 모델로 삼았다고 해. 하지만 정작 프리네는 비너스상을 보고는 '이분이 뉘신지?'라며 고개를 저었지."

"아니, 자기를 모델로 해서 만든 작품을 보고 누구냐고 묻다니요? 설마 프락시텔레스처럼 위대한 조각가의 실력에 실망한 건 아닐 테고 말이에요."

"사실은 그 반대로 너무 완벽하게 잘 만들어서 못 알아본 거란다."

프락시텔레스를 비롯한 고대 그리스의 미술가들은 인간의 몸을 조각할 때 몸 전체 길이와 머리의 길이, 그리고 팔의 길이와 다리의 길이 등을 일정한 비율로 계산했다. 예를 들어 8등신은 머리와 몸 전체 길이를 1대 8로, 9등신은 1대 9로 잡은 것이다. 고대 이집트인들은 인간의 몸이 완전한 형태로 영원히 변하지 않기를 바랐기 때문에 항상 똑같은 비율을 따랐지만, 그리스인들은 '가장 완벽한 아름다움'을 표현하기 위해서 조각가들마다 나름대로 비율을 만들었기에 8등신 또는 9등신 등으로 조금씩

폴리클레이토스 〈창을 들고 가는 사람〉

기원전 440년경, 대리석, 높이 199cm

그리스 시대 작품을 로마 시대에 복제했다. 고대 그리스의 위대한 조각가 폴리클레이토스(polycleitos, ?~?)는 《카논》이라는 책에서 인체가 가장 아름답게 보이는 비례를 계산했다. 이 작품은 8등신의 몸을 가지고 있는데, 이후의 조각가들은 8, 9, 10등신 등으로 점차 각자가 아름답다고 생각하는 비례를 만들어 냈다.

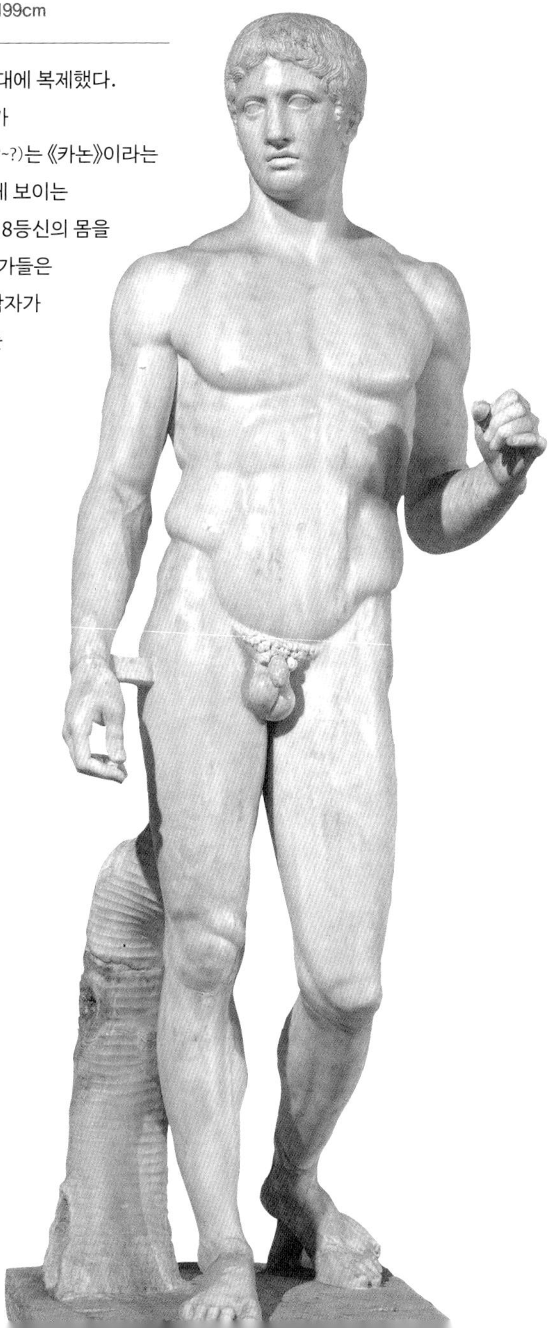

차이가 있었다.

프락시텔레스는 프리네를 모델로 했지만 자신이 가장 보기 좋다고 생각하는 비례에 맞게 팔과 다리는 늘리고 얼굴은 줄였으며, 프리네의 모습에서 단점인 부분은 없애고 아름다운 부분만 가져왔던 것이다.

"프리네가 좀 황당했겠군요. 얼굴도, 몸도 거의 다른데 왜 굳이 자신을 모델로 했냐고 따졌을 것 같은데요?"

"프락시텔레스는 자신이 조각한 것은 프리네라는 인간이 아니라 아름다움의 여신 비너스였다고 대답했겠지? 그 여신은 인간의 몸과 비슷하긴 하지만 그 어떤 인간도 넘볼 수 없는 최상의, 그리고 가장 완벽한 아름다움을 가진 존재고."

"그렇긴 하네요. 비너스를 조각한 거지 프리네를 조각한 게 아니니까요. 그렇다면 처음부터 혼자 만들지 왜 프리네를 모델로 세웠을까요?"

"한 번도 본 적 없는 비너스를 만들기 위해 모델이 필요했던 거지. 그리고 프락시텔레스는 사람이 서 있을 때 근육 모양이 어떻게 생겼는지, 뼈의 모양이 어떤 식으로 보이는지, 입을 다물면 입가의 근육은 어떻게 바뀌는지 등을 관찰했을 거야. 말하자면 인간의 몸을 아주 꼼꼼히 살피고 연구한 거지. 그 덕분에 비너스 조각상은 매우 자연스럽잖아. 실제 사람처럼."

"그렇군요. 고대 그리스 시대에 만들었다는 조각상들을 보면 살아 있는 사람의 몸처럼 근육들이 움직이는 것 같아요. 너무 잘 만들어서 깜짝 놀랄 정도거든요."

"게다가 진짜 같은 모습에서 더 나아가 그것을 이상화했지."

"이상화라니요?"

"가장 완벽하다고 생각하는 경지에 이르도록 하는 것을 말해. 인간의 몸을 가장 아름답게 이상화했다는 말은 현실에서 볼 수 없는 최고의 아름다움을 표현했다는 의미지."

"결국 고대 그리스의 조각상들은 실제 같으면서도 실제가 아닌 셈이네요."

고대 그리스의 건축

고대 그리스는 각 도시마다 자신들을 지켜 주는 신을 기리기 위해 신전을 지어 신상을 모시고 제사를 지냈다. 사각형 모양의 신전은 가로 길이와 세로 길이, 기둥의 높이 및 둘레가 정확한 비율로 만들어졌다. 고대 그리스인들은 가장 이상적인 건물을 짓기 위해 무척이나 고심했던 것이다.

파르테논 신전

기원전 447~432년, 대리석

그리스 아테네의 아크로폴리스 언덕에 있는 신전으로, 고대 그리스의 아테나 파르테노스 신을 모시고 있다.

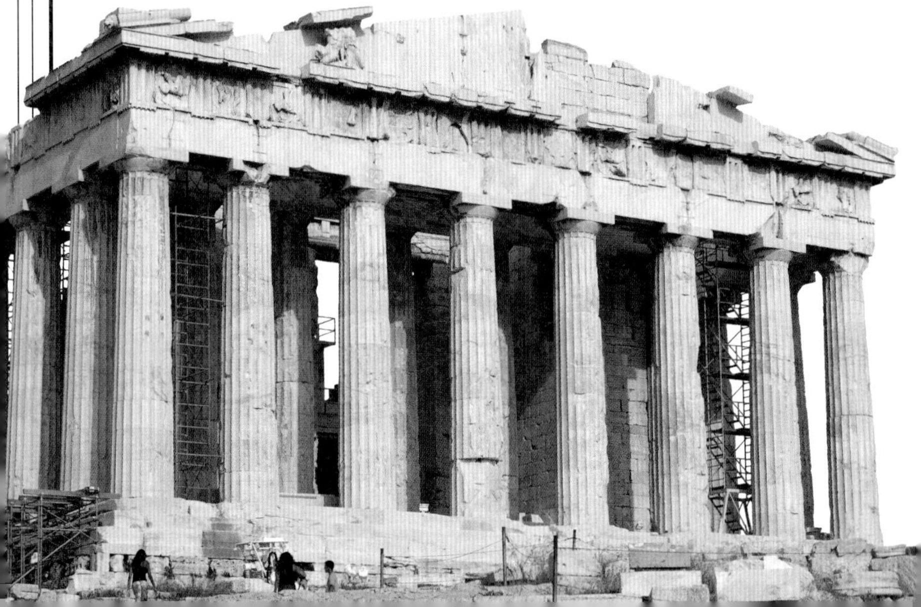

고대 그리스의 신전 건축물은 매우 완벽해 후세 사람들이 줄곧 그것을 모방하곤 했다. 그리스를 정복한 로마가 그랬고, 그 이후로도 서양에서 지어진 많은 건축물이 그리스의 신전 건축물로부터 영향을 받았다.

신전의 지붕은 정면에서 보면 삼각형 모양이다. 그 안과 아래 띠에는 주로 신전의 주인공과 관련된 내용이 조각되어 있다. 고대 그리스 시대의 신전 기둥은 세 가지 방식으로 만들어졌다. 도리아식, 이오니아식, 코린트식이 그것인데, 각각 도리아인들, 이오니아 지방, 코린트 지역의 이름을 따 왔다. 도리아식은 기둥머리, 즉 주두에 아무런 장식이 없이 단순한 것이 특징이며, 이오니아식은 소용돌이 모양, 코린트식은 꽃 이파리 모양이다.

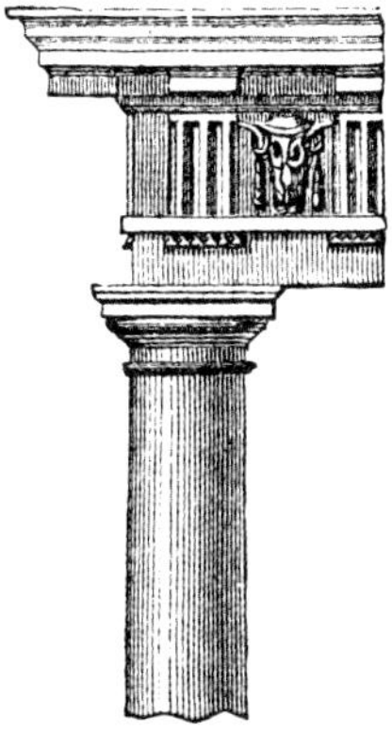
도리아식 건축 양식

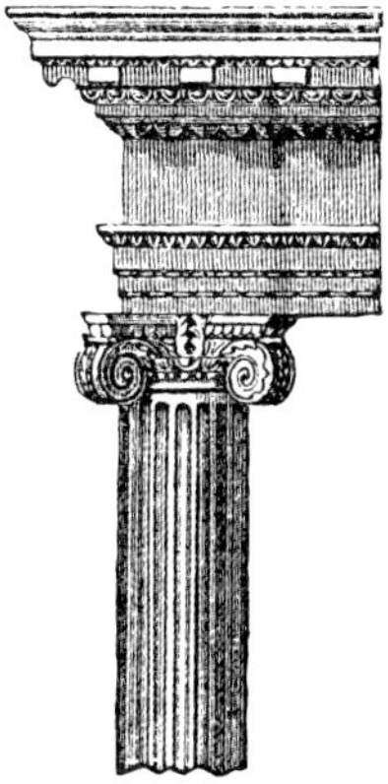
이오니아식 건축 양식

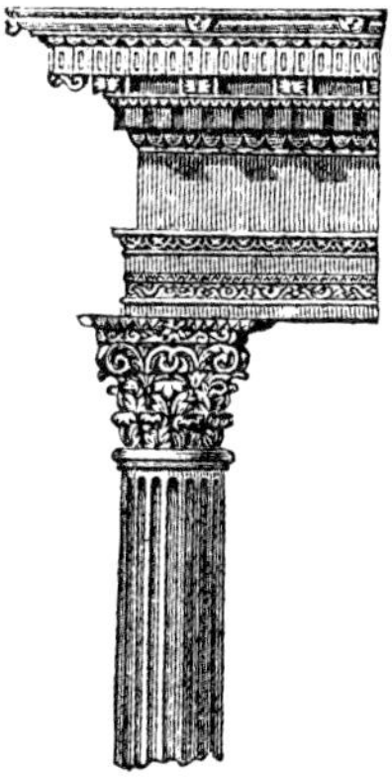
코린트식 건축 양식

고대 그리스의 그림

벽이나 파피루스에 그려져 무덤 깊은 곳에 꼭꼭 숨어 있던 고대 이집트의 그림들과 달리, 그리스 시대의 그림들은 거의 전해지지 않는다. 단지 역사가들이 전하는 이야기를 통해 당시의 그림을 짐작할 뿐이다.

로마의 플리니우스(Pliny the Elder, 24~79)가 쓴 그리스 역사서에 따르면, 지금부터 약 2500년 전 고대 그리스에 제욱시스(Zeuxis, ?~?)와 파라시오스(Parrhasios, ?~?)라는 유명한 화가가 있었다. 어느 날 그들은 누가 그림을 더 잘 그리나 내기를 했다. 제욱시스는 벽에 포도송이를 먹음직스럽게 그렸는데, 새 떼가 그 포도를 먹으려고 달려들다가 머리를 찧었을 정도였다. 어깨에 잔뜩 힘이 들어간 제욱시스는 파라시오스에게 어서 그림을 보여 달라고 재촉했다.

"이 사람아, 얼른 그림을 보여 주게. 갑자기 자신이 없어졌나? 이렇게 커튼으로 가린다고 내가 안 보고 갈 것 같아?"

제욱시스는 손을 뻗어 커튼을 열어젖히려 했다. 그러나 그것은 커튼이 아니었다. 그의 손에 닿은 것은 파라시오스가 그린 커튼 그림이었다.

이런 이야기를 통해 고대 그리스인들이 이집트인들과 다르게 '진

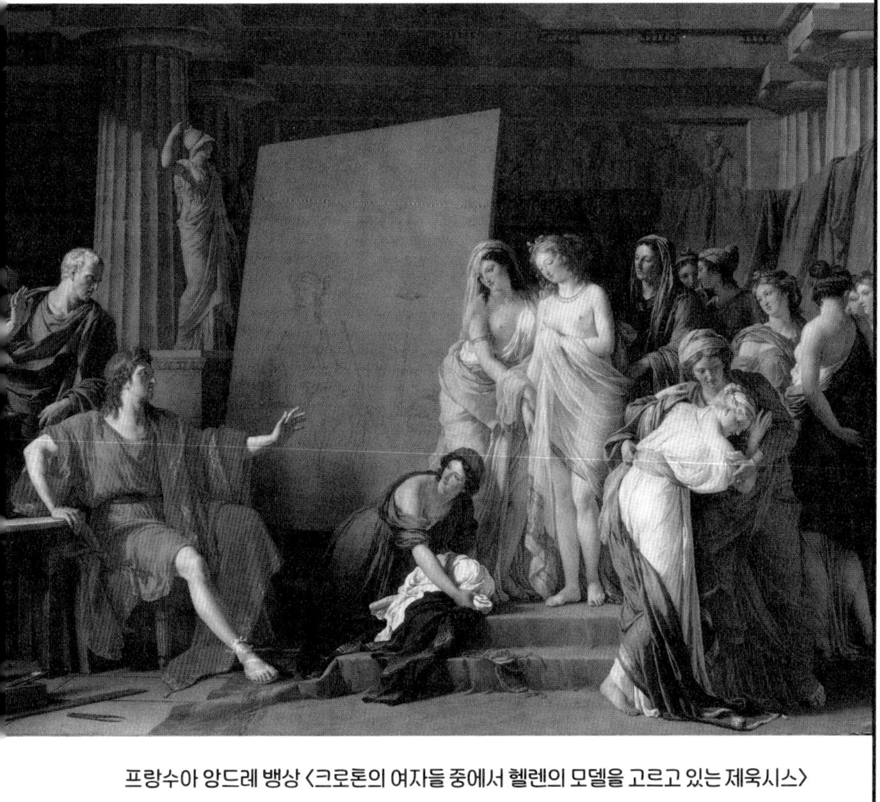

프랑수아 앙드레 뱅상 <크로톤의 여자들 중에서 헬렌의 모델을 고르고 있는 제욱시스>

1791년, 캔버스에 유채, 137×102cm

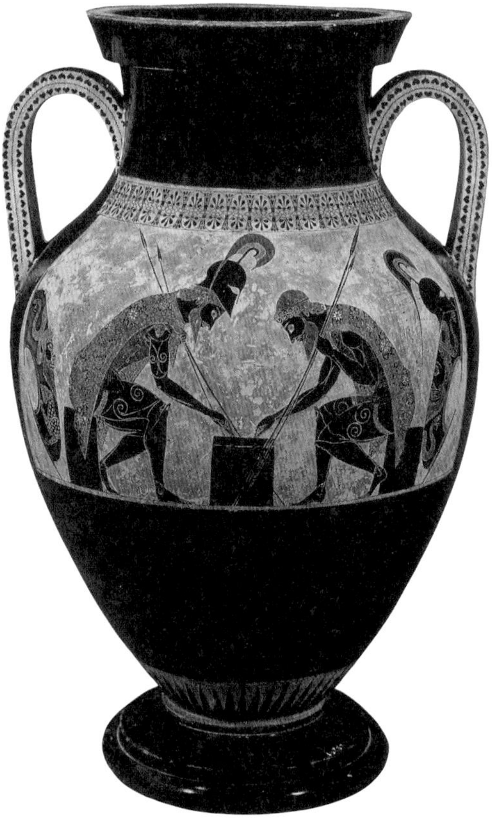

안도키데스 〈장기를 두는 아킬레스와 아이아스〉

기원전 540년경, 도자기, 높이 61cm

짜 같아 보일수록' 더 잘 그린 그림이라고 생각했다는 점을 짐작할 수 있다.

1791년 프랑스의 한 화가는 〈크로톤의 여자들 중에서 헬렌의 모델을 고르고 있는 제욱시스〉라는 그림으로 제욱시스의 또 다른 이야기를 담았다. 제욱시스는 크로톤이라는 도시국가로부터 헬렌이라는 여신을 그림으로 그려 달라는 부탁을 받았다. 그는 헬렌을 완벽한 여신으로 그리기 위해 크로톤에서 가장 아름다운 여인들을 불러 모았다. 그는 눈, 코, 입 등이 각각 가장 아름다운 여성을 가려내어 가장 아름다운 부분만을 조합해 헬렌을 그렸다. 프락시텔레스와 마찬가지로 제욱시스 역시 자연스러우면서도 이상적인 아름다움을 작품으로 표현하려 한 것이다.

그나마 우리는 당시에 만들어진 도자기를 통해 고대 그리스 그림의 특징들을 살펴볼 수 있다. 그들은 도자기 배경을 검은색으로 칠한 뒤 붉은색으로 그리거나, 반대로 붉은색 배경에 검은색으로 그림을 그렸다. 도자기 그림의 특성상 좁은 면에 사람이나 동물을 그려 넣다 보니 세밀하게 묘사하기 힘들었지만, 훨씬 이전의 고대 이집트 그림보다는 한결 자연스럽고 사실적이다.

베끼기만 한 게 아니다

고대 로마 시대의 미술

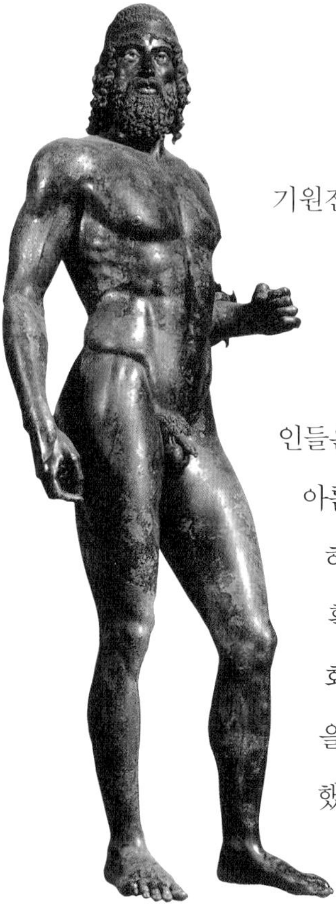

기원전 168년, 로마는 그리스를 정복했다. 하지만 빼앗긴 건 땅덩어리뿐, 그리스의 문화와 예술은 오히려 로마를 정복했다고 할 수 있다. 그리스 땅에 발을 디딘 로마인들은 가는 곳마다 탄성을 쏟아 냈다. 완벽한 아름다움을 자랑하는 수많은 조각상과 깔끔하고 품위 있는 신전들을 본 이들은 기가 확 꺾여 버렸다. 로마인들은 그리스가 문화·예술 면에서 자신들보다 훨씬 앞섰음을 인정했으며, 부지런히 그들을 본받고자 했다.

우선 로마인들은 그리스인들이 만든 청동 조각을 석고로 본뜨고 대리석으로 복제했다. 사실 우리가 미술관에서 만나는 하얀 대리석의 그리스 조각상은 대부분 원래 청동으로 만들었던 것을 로마인들이 복제한 것이다.

"이런 따라쟁이 같으니라고. 우린 고대 그리스의 조각상이 원래 하얀 대리석으로만 만들어진 줄 알았지 뭐예요."

"하지만 그들 덕분에 고대 그리스의 예술이 로마의 식민지였던 유럽 전역으로 소개될 수 있었지."

"로마인들이 로마제국의 여러 지역으로 그리스 문화를 퍼뜨린 거군요."

"그렇지. 사실 고대 그리스의 조각상들은 대부분 청동으로 만들었기에 대부분 전쟁 때 녹아 없어져 버렸어."

"그렇군요. 아름다운 예술 작품을 녹여서 무기나 밥그릇을 만

피디아스 〈리아체의 청동상 A〉

기원전 450년경, 높이 198cm

입술은 밝은 색의 구리로, 살짝 보이는 치아는 은으로 만들어졌으며 군데군데 색칠도 되어 있다. 원래 고대 그리스인들은 청동으로 조각상을 많이 만들었지만, 지금까지 전해지는 것은 그리 많지 않다.

들다니!"

"그나마 로마인들이 대리석이나 석고로 복제해서 퍼뜨린 게 천만다행이지 뭐니."

고대 그리스인들은 전쟁에서의 승리를 신의 도움 덕분이라고 생각했다. 하지만 고대 로마인들은 그것을 황제의 업적으로 돌렸다. 그리하여 로마인들은 전쟁에서 승리해 돌아올 때 황제가 지나가도록 거대한 문, 곧 개선문을 만들었다. 이 개선문은 고대 그리스 시대의 신전에서 삼각형의 지붕만 뺀 모양이다. 개선문은 독특하게 아치 모양으로 되어 있다. 아치는 양 기둥 위에 가

콘스탄티누스 개선문

312~315년, 대리석, 높이 21m

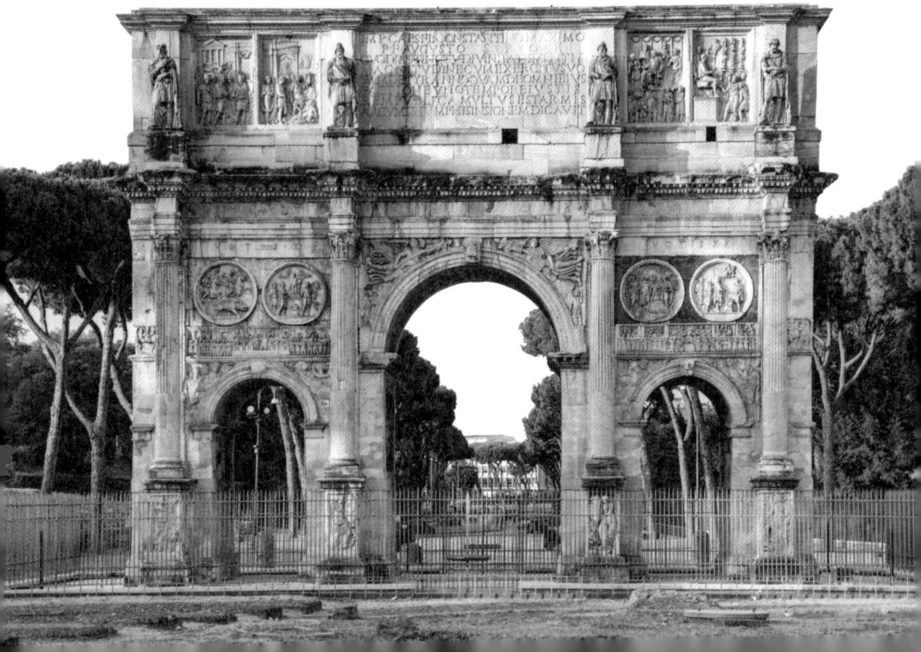

로로 올린 천장 부분이 원을 반으로 잘라 놓은 형태이다.

"그런데 로마 황제를 위한 개선문이 왠지 낯이 익어요."

"프랑스에 있는 개선문도 유명하지. 19세기 황제가 된 나폴레옹이 명령해서 짓기 시작한 거야."

아치 모양은 로마의 자랑거리인 콜로세움에서도 많이 볼 수 있다. 콜로세움은 5만 명의 관중이 들어갈 수 있는 원형 경기장으로, 고대 로마의 검투사인 글래디에이터와 동물들 간의 처절한 싸움이 벌어지던 곳이다. 이곳은 당시 박해받던 수많은 기독교인

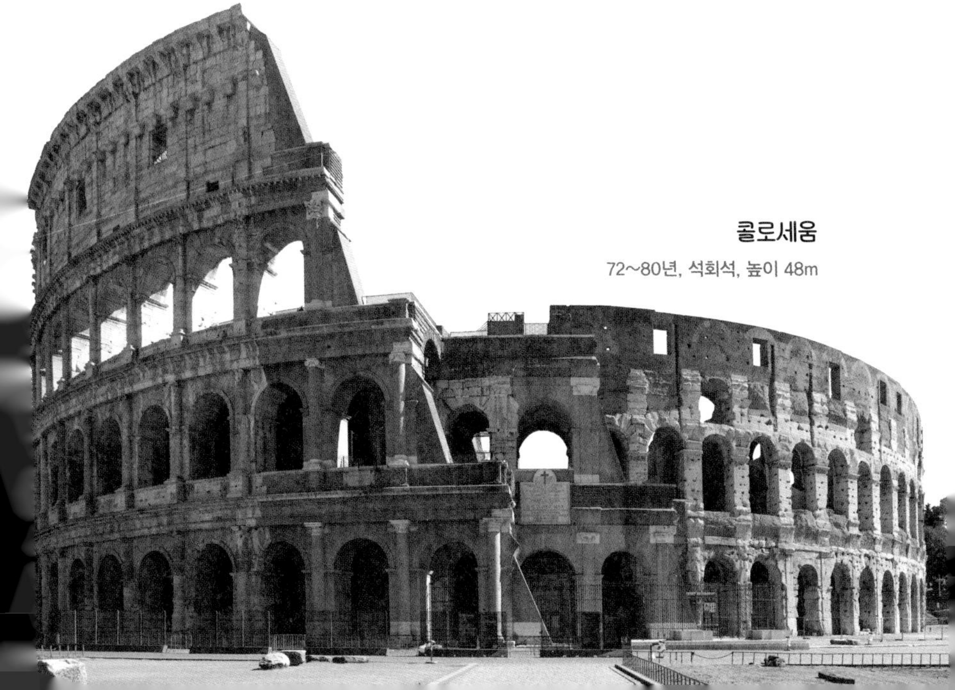

콜로세움

72~80년, 석회석, 높이 48m

이 사나운 짐승들의 먹잇감이 되어 처참하게 죽어 간 곳으로도 유명하다. 콜로세움은 3층으로 지어졌는데, 멀리서 보면 개선문들을 죽 이어 놓은 모습이다. 콜로세움의 기둥들은 다시 한 번 고대 그리스 건축을 떠올리게 한다. 1층의 기둥은 도리아식, 2층은 이오니아식, 그리고 3층은 코린트식으로 되어 있다.

"와, 정말 대단하네요. 그리스 건축물을 토대로 그 위에 자신들이 독창적으로 발전시킨 아치를 이어 이렇게나 훌륭한 건축물을 만들어 내다니 말이에요."

"그렇지. 그래서 로마인들이 그저 그리스를 모방이나 했다고 볼 수만은 없다는 거야. 그들은 앞선 기술과 문명을 적극적으로 받아들였고, 그것을 한층 더 발전시켰지."

시간이 지남에 따라 아치는 둥근 형태의 천장으로 발달했다. 평평하고 네모난 천장과 달리 아치를 연결한 천장은 둥근 원통 모양이다. 로마인들은 이를 더욱 향상시켜 반구 모양의 천장까지도 지을 수 있었다.

"수박이나 축구공 같은 입체 도형을 '구'라고 하는데, 그것을 딱 반으로 자르면 '반구' 모양이 되지."

"그렇다면 로마인들이 지은 반구 모양의 건축물로는 어떤 것이 있나요?"

"바로 판테온이야."

기독교를 받아들이기 전 로마제국은 다신교 국가였다. 즉 하나의 신을 모시는 게 아니라 여러 신을 모시는 나라였다. 판테온은 보통 '만신전(萬神殿)'이라는 한자어로 번역되는데, '여러 신을 모시는 장소'라는 뜻이다. 이 판테온의 입구는 그리스 신전의 모습을 그대로 본떠 왔고, 안으로 들어가면 완전한 반구 모양이다.

판테온 신전 입구

113~125년경

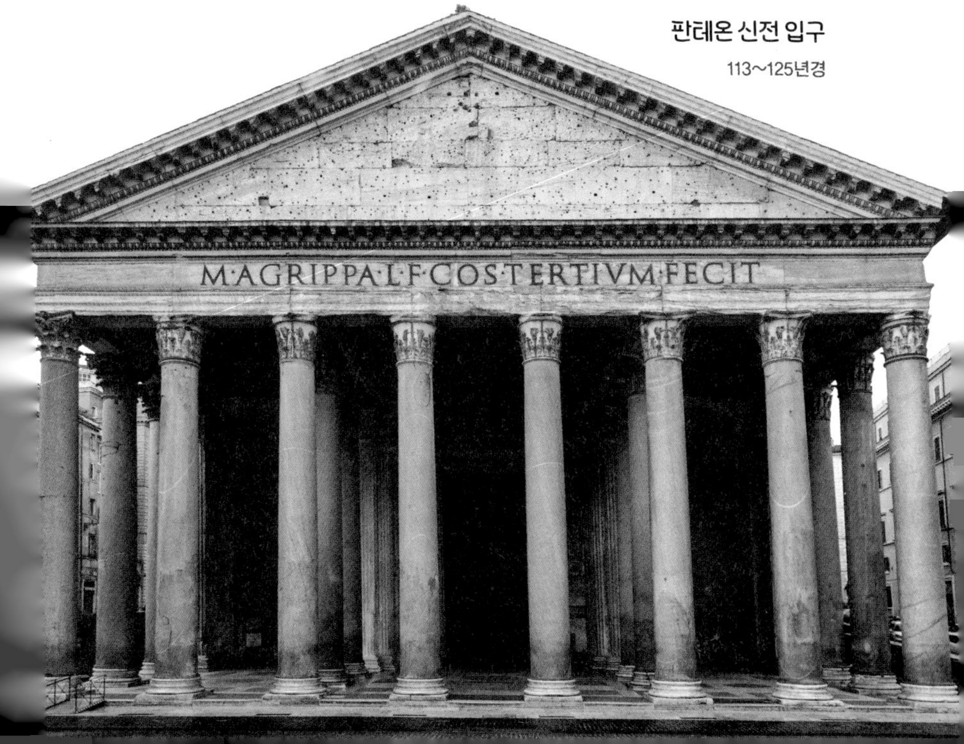

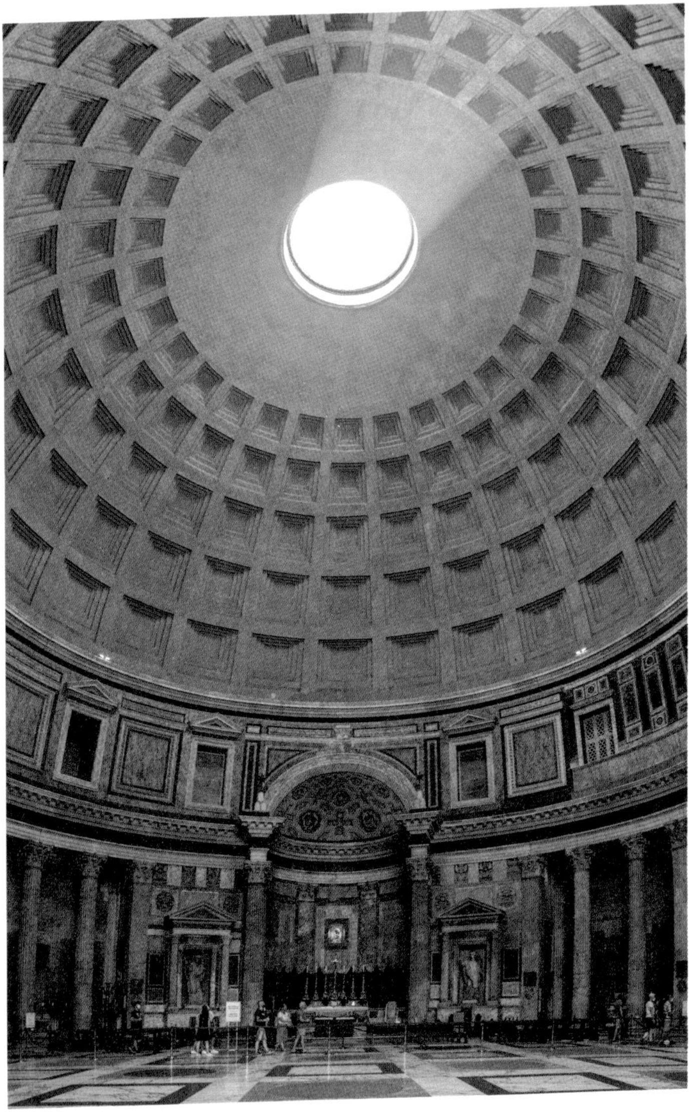

이처럼 로마인들은 그리스의 문화를 계승하면서도 발전시켜 그것을 유럽 전역으로 확산시켰다. 나아가 서양 미술의 기본이라고 하면 당연하게 '고대 그리스와 로마'를 떠올리도록 만들었다.

판테온 신전 내부

건물의 정면은 누가 보아도 그리스 신전을 연상시킨다. 그러나 건물 뒷부분은 로마인 특유의 독창성이 엿보이는데, 커다란 공을 반으로 잘라 엎어 놓은 듯한 구조, 반구 모양의 '돔'이 그것이다. 이런 돔은 오늘날에도 경기장 같은 건축물에서 볼 수 있다.

2부

중세와 르네상스 미술

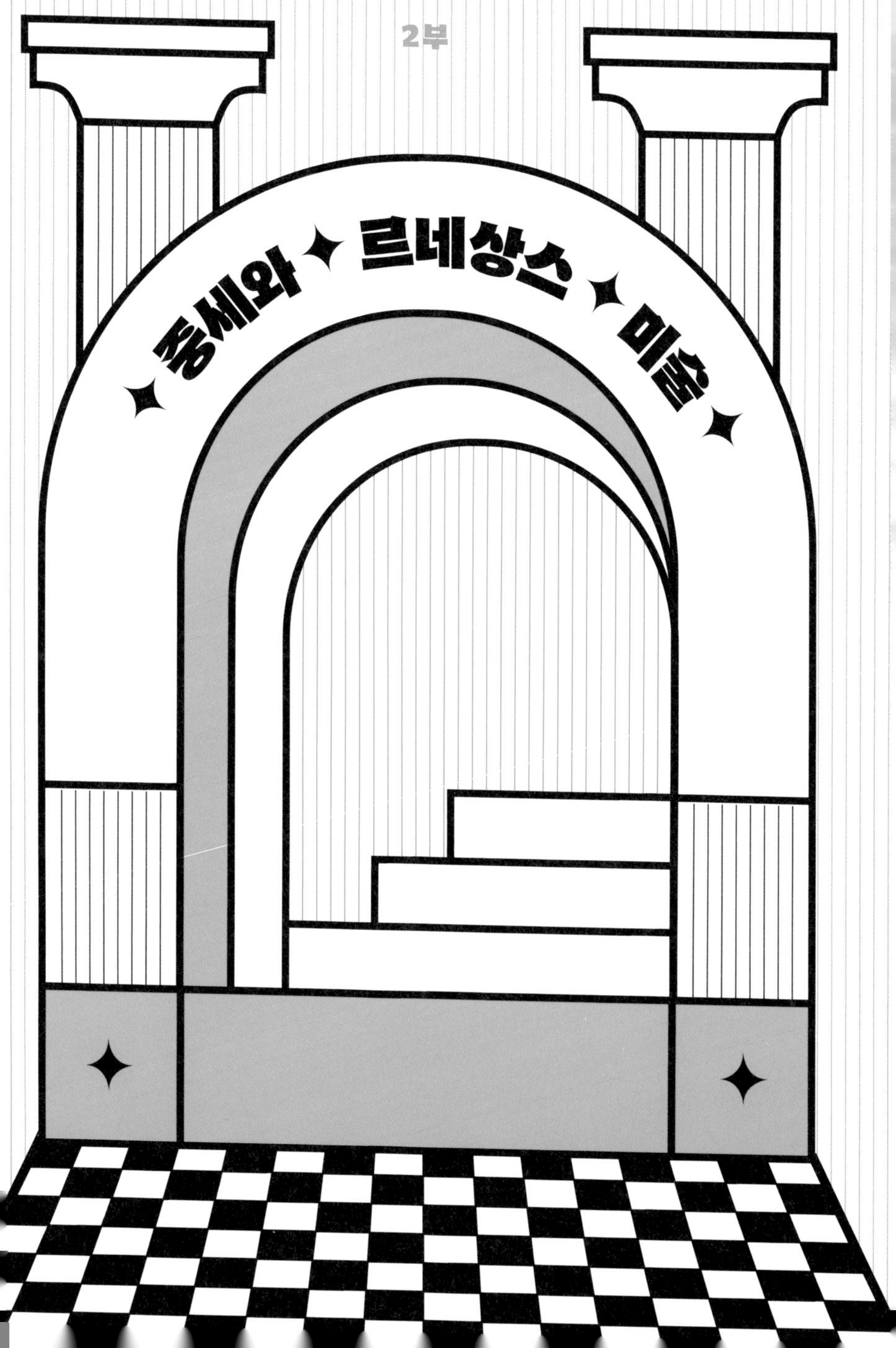

하나님은 위대하다 그리고 나도 위대하다

유스티니아누스 황제와 비잔티움 미술

로마제국은 기독교를 박해했지만 기독교 세력은 점점 커져 갔다. 결국 313년 콘스탄티누스 황제(Constantinus I, 재위 306~337)는 기독교를 인정하기에 이르렀고, 테오도시우스 황제(Theodosius I, 재위 379~395)는 기독교를 아예 로마제국의 공식 국교로 정했다.

콘스탄티누스 황제는 유럽 서쪽뿐 아니라 동쪽으로도 넓게 펼쳐진 로마제국을 좀 더 편리하게 다스리기 위해 수도를 비잔티움으로 옮겼다. 황제는 자신의 이름을 따서 그 도시를 콘스탄티노플이라 불렀다. 이곳이 바로 오늘날의 튀르키예 이스탄불이다. 테오도시우스에게는 두 아들이 있었는데, 이들이 로마제국을 물려받아 동과 서로 나누어 통치하게 되었다.

"제국이 둘로 나누어진 것이네요."

"그렇지. 제국은 로마를 중심으로 한 서쪽 지역과 콘스탄티노플을 중심으로 한 동쪽 지역으로 나누어졌고 세월이 흐르면서 점점 두 나라 사이가 멀어지고, 차이를 보이기 시작했어. 심지어 같은 기독교 국가인데도 예배 방법이나 성경을 해석하는 방식 등에서 조금씩 차이를 보이다가 11세기에는 교회마저도 동서로 나뉘어 버렸지."

서로마제국은 476년 북쪽에서 내려온 게르만족에 의해 결국 멸망했다. 게르만족은 현재의 이탈리아 땅과 독일, 프랑스 지역, 영국에까지 흩어졌다. 이들이 나라를 세우고 그 나라가 몰락하는 일이 반복되면서 복잡한 왕조가 만들어졌다. 한편 동로마제국은 1453년 이슬람 종교를 가진 오스만투르크족에게 멸망하기 전까지 약 1천여 년간 이어졌다.

"비잔틴제국은 동로마제국인가요?"

"맞아. 콘스탄티노플의 옛 이름인 비잔티움을 따서 '비잔틴제국'이라고도 불러. 하지만 '동로마제국', '서로마제국', '비잔틴제국' 등은 편의상 후대인들이 지어 붙인 이름에 불과해. 당시 사람들은 저마다 자신들이 로마제국의 진정한 후계자라고 생각했거든."

비잔틴제국의 황제 유스티니아누스(Justinianus I, 재위 527~565)는 게르만족에 의해 멸망한 서로마제국 지역의 일부를 다시 찾기도 했다. 유스티니아누스 황제 시절은 그야말로 비잔틴제국이 가장 번영한 시기였으며, 이때 많은 건축물과 예술품이 활발하게 만들어졌다. 그중 성 소피아 대성당은 비잔틴제국의 가장 큰 자랑거리 중 하나이다.

기독교가 박해받던 시절, 사람들의 발길이 뜸한 지하 공동묘지에 몰래 숨어서 미사를 드리던 기독교인들은 이제 본격적으로 세상 밖으로 나와 성당을 건축하기 시작했다. 처음에는 로마인들이 모여서 장사도 하고 회의도 했던 바실리카를 개조해 성당으로 만들었다. 바실리카는 위에서 아래로 내려다보면 길쭉한

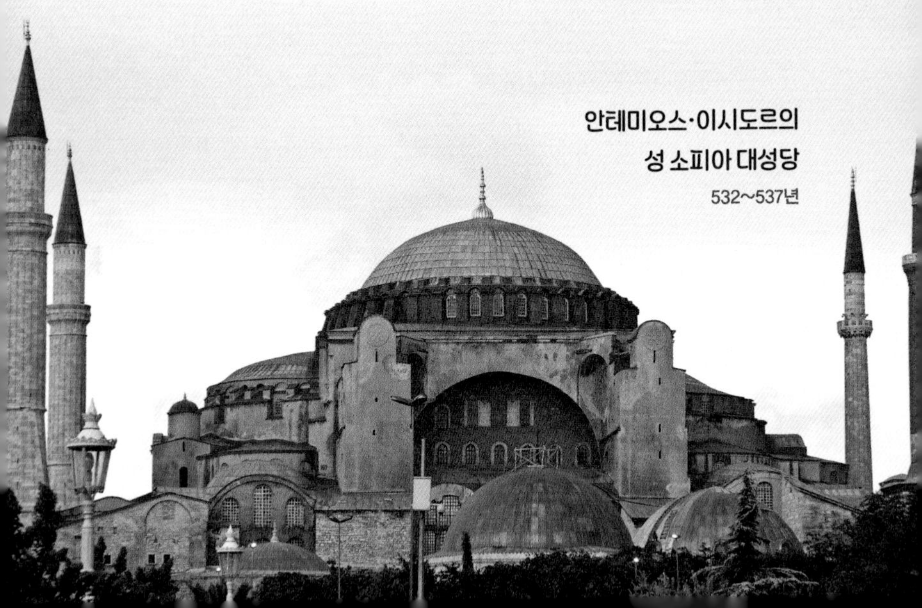

안테미오스·이시도르의 성 소피아 대성당
532~537년

직사각형 모양인데, 성당 건물로 바뀌면서 양쪽에 날개 같은 긴 통로를 두어 십자가 모양으로 바뀌기도 했다. 이런 형태의 성당은 서로마제국에서 많이 볼 수 있다. 한편 비잔틴제국에서는 정사각형에 가까운 기본 모양에 판테온처럼 커다란 돔을 얹은 성당 건물이 유행했다. 성 소피아 대성당이 바로 그런 방식으로 지어진 것이다.

"그런데 말이죠. 오스만투르크족은 이슬람교도들인데, 성 소피아 대성당을 부수지는 않았나 봐요."

"부수기는커녕 손을 봐서 자기네 사원으로 사용했지. 성당 사방에 있는 뾰족한 탑 4개는 이슬람교도들이 덧붙여 지은 거야. 이제 그 성당이 자기네 성전이 되었다는 걸 보여 주려 한 거지. 실내의 모자이크가 많이 훼손되었지만, 후세 사람들이 계속해서 복원하고 있어."

"모자이크! 밑그림 위에 색종이를 작게 잘라서 붙이는 그런 거 말인가요?"

"맞아. 돌조각, 유리 등으로도 제작하지. 원래 모자이크는 고대 로마 시절에도 귀족들의 대저택이나 대형 목욕탕 등을 장식하는 데 많이 이용되었어. 대리석을 작게 잘라서 붙인 뒤 표면을 평평하게 깎아 내어 다듬는 식이지. 주로 목욕 장면이나 운동 경기 모습을 그렸어."

"성당에는 목욕 장면을 그릴 수가 없을 테니 기독교와 관련된 모자이크로 꾸며졌겠군요."

"그럼, 당연하지. 비잔틴 사람들은 대리석이 아닌 반짝이는 유리 조각도 사용했는데, 표면을 깎지 않고 그냥 울퉁불퉁하게 내버려 두었어. 덕분에 햇살이 비치면 그 빛이 유리의 거친 표면에 반사되어 실내 전체를 신비롭게 만들었지."

유스티니아누스 황제는 다시 찾은 서로마제국의 지역을 잘 통치하기 위해 이탈리아 반도에 있는 라벤나를 중심 도시로 삼았다. 그리고 그곳에도 성 소피아 대성당 같은 비잔틴 양식의 산 비탈레 성당을 지었다. 이곳은 이슬람 교도들이 파괴한 지역에서 벗어나 있었기에 기독교 관련 모자이크들이 비교적 온전하게 남아 있다.

이 성당에서 가장 흥미를 끄는 작품은 제단 양쪽에 모자이크로 제작된 황제 부부이다. 한쪽에는 유스티니아누스 황제가 신하들과 함께 있는 장면이, 반대편에는 그의 아내 테오도라 황후가 역시 신하들과 서 있는 모습이 보인다.

"모르고 보면 그냥 한쪽은 예수가 제자들과, 그리고 다른 한쪽은 성모 마리아가 제자들과 함께 서 있는 걸로 착각하겠어요."

"아마 그걸 노렸을 거야. 천상이 아닌 지상의 이 나라에서는 자신들이 예수나 성모마리아만큼 위대하다는 걸 강조하고 싶었을 테니까."

"그런데 유스티니아누스 황제는 정중앙에 세숫대야 같은 걸 들고 있네요?"

"황제가 들고 있는 건 신도들에게 세례를 주기 위해 사용하는 물, 즉 성수를 담는 그릇이야. 자신이 거의 예수에 버금가는 위대한 인물임을 강조하는 거지. 황제의 오른쪽 두 번째에 서 있는 사람은 콘스탄티노플의 주교인데, 십자가를 들고 있지? 주교님 옆의 남자는 성경책을 들고 있고. 하나의 그림 안에 성수, 성경, 십자가가 모두 들어 있지."

"그런데 이상한 게 보여요. 유스티니아누스 황제 머리 뒤로 접시가 하나 달려 있어요. 맞은편에 있는 테오도라 황후의 머리에도 그렇고요. 제 눈에는 그림 하나에 접시랑 세숫대야랑 다 들어 있는 걸로 보이는데요?"

"그릇 가게도 아니고 웬 접시랑 세숫대야?"

유스티니아누스 황제와 황후의 머리 뒤에 있는 접시 모양 그림은 '후광'을 표현한 것이다. 후광은 성스러운 기운을 말하며,

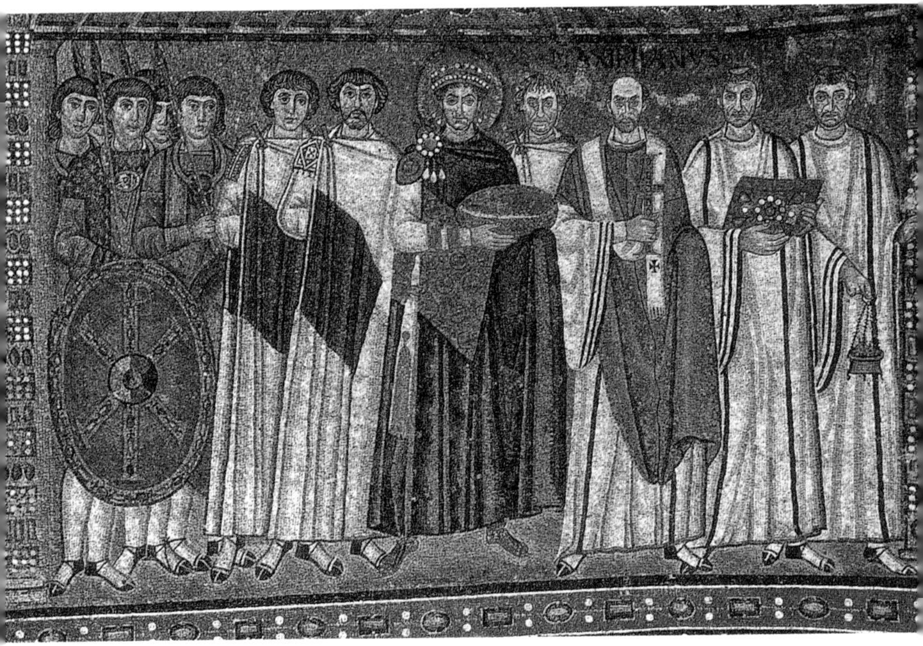

〈유스티니아누스 황제와 그의 신하들〉

547년, 모자이크, 약 400×300cm

유스티니아누스 황제는 수도를 콘스탄티노플에서 라벤나로 옮긴 뒤 그곳에 큰 교회를 짓도록 명령하고, 그 교회 안에 자신의 업적을 과시하는 모자이크를 제작하도록 했다. 황제에게 후광이 비추고 있고, 값비싼 보석으로 치장을 한 황제는 다른 이들보다 훨씬 돋보인다.

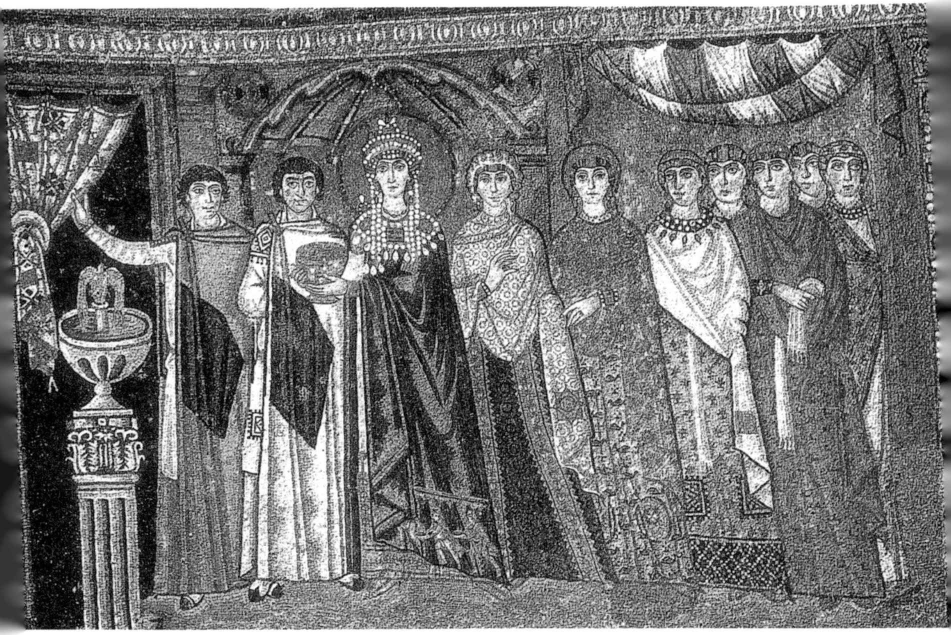

〈테오도라 황후와 일행들〉

547년, 모자이크, 약 400×300cm

기독교를 위해 순교하거나 큰 공을 세운 성인과 성녀, 예수나 마리아 등이 보통 인간과는 다르다는 점을 강조하기 위해 그려 넣었다.

"그런데 유스티니아누스나 테오도라는 세속의 황제와 황후잖아요. 예수의 열두 제자도 아니고, 기독교를 위해 목숨을 바친 순교자도 아닌데."

"다시 말하지만, 이 모자이크는 결국 황제와 황후를 거의 신에 가까운 존재로 미화시켜 놓은 거거든. 그림에서 황제와 황후가 유난히 커 보이지 않아?"

"아, 그렇군요. 다른 사람들보다 좀 더 커 보여요. 그런데 황제는 신하의 발을 밟고 있군요. 제가 신하였다면 자존심이 상했겠어요."

"그만큼 황제의 권위가 크다는 거겠지. 그림 속 사람이 모두 몇 명인지 세어 볼까?"

"열세 명이군요. 어? 서양 사람들은 '13'을 무척 불길한 숫자로 생각하지 않나요? '13일의 금요일'이라는 말도 있고요."

"예수는 십자가에 못 박히기 직전 제자들과 모두 모여 식사를 하셨지. '최후의 만찬'이라고 들어 봤지? 이때 열두 명의 제자와 예수를 합쳐서 열세 명이 있었다는 사실 때문에 서양 사람들은 그 숫자를 불길하게 생각하는 거야. 그렇지만 이 그림은 굳이 불길함을 강조하기 위해 열세 명을 등장시킨 건 아니야. 황제를 열두 제자와 함께 있는 예수처럼 보이게 하려고 그런 걸 거야."

중세 시대의 종교화

정확하게 중세를 언제부터 언제까지라고 정할 수는 없지만, 로마제국에서 기독교가 인정된 4세기경부터 비잔틴제국이 힘을 잃어 가던 14세기 정도까지라고 본다. 중세 하면 누구나 '기독교'를 떠올리는데, 그만큼 이 시대는 종교의 힘이 매우 강했고 미술 또한 기독교를 중심으로 발전했다.

동서로 나누어지기 전 로마제국의 기독교는 로마, 콘스탄티노플, 알렉산드리아, 안티오키아, 예루살렘 등 5개의 큰 도시에 주교를 두었다. 알렉산드리아, 안티오키아, 예루살렘 등은 7세기 이후 이슬람교도들의 치하로 들어가 큰 힘을 행사할 수 없었지만 로마 주교와 콘스탄티노플의 주교는 자주 대립하곤 했다. 성경을 해석하고 예배를 드리는 방식, 사용하는 언어 등에서 차이를 벌리던 그들은 11세기에 이르러 완전히 나누어지게 된다. 이 둘을 편의상 서로마 교회, 동로마 교회로 부르는데 더 정확하게는 '로만 가톨릭'과 '그리스정교'라고 부른다. 동로마제국의 주요 영토가 그리스 지역이기 때문이다. 이들의 갈등 중, 미술사에서 가장 중요하게 생각하는 것이 바로 '성상 숭배'와 관련한 것이다.

"성상 숭배 금지라니요? 말이 너무 어렵네요."

"상은 이미지, 즉 눈으로 볼 수 있는 그림과 조각 등의 형상을 말해. 성은 성스러운 것, 곧 하나님이나 예수 혹은 성인들을 의미하지."

"그렇다면 '예수나 성인 등을 그림과 조각으로 만들어 놓은 것'에 대한 숭배를 금지한다는 거군요. 그런데 왜 금지하죠?"

"당시의 기독교인들은 성상을 만들어 놓고 그 앞에서 기도를 했어. 문제는 그렇게 기도를 하다 보니 정작 마리아와 예수가 아닌 그림이나 조각 그 자체를 신성시하게 되었다는 거지. 동로마 교회에서는 그걸 반대한 거야. 동로마 교회는 모든 성상을 파괴해야 한다는 주장까지 했어."

"서로마 교회는 반대의견을 낸 모양이죠?"

"서로마 교회 측은 글을 읽을 수 없는 신자들에게 그림이나 조각만큼 효과적인 게 없다고 주장했어. 사실 그 당시엔 어려운 라틴어나 그리스어를 모르는 사람이 많아서 귀족들 중에도 문맹이 있을 정도였거든."

"맞아요. 글을 읽을 줄 안다고 해도 그림으로 그려서 설명하면 이해하기도 쉽고 더 오래 기억에 남을 거예요."

"동로마제국 기독교인들은 도대체 한 번도 보지 못한 하나님의 얼굴을 어떻게 감히 그리느냐고, 하나님은 너무나 위대해서 아무도 그 모습을 볼 수 없다고 주장했지. 하지만 서로마 쪽은 하나님이 인간을 만들 때 자신의 모습과 닮게 만드셨다고 하지 않았느냐고 반문했어. 사람의 모습이 하나님과 제일 닮았을 거라고, 그래서 상상을 가미해 그릴 수 있다고 주장한 거야."

"둘 다 일리가 있는 말이네요."

성상 숭배와 관련된 논의를 비롯한 여러 의견 차이로 동과 서의 교회는 서로를 배척하기 시작했다. 결국 교회는 둘로 나뉘게 되지만, 성상을 통해 일반 신도들을 교육하자는 의견은 서로마 교회뿐 아니라 동로마 교회에서도 설득력을 잃지 않았다.

"그럼 결국 성상은 계속해서 만들어졌다는 거군요."

"그렇지. 하지만 옛 로마나 그리스 시절과는 좀 다르게 제작했어. 말하자면 자연스럽게 혹은 아름답게 그려야 한다는 전통을 그다지 중요하게 생각하지 않은 거야."

"이왕에 만드는 거라면 좀 멋지고 예쁜 게 좋지 않나요?"

"그럴 경우 사람들은 그림이나 조각 자체의 아름다움에 빠져서 정작 성경 말씀에는 신경 쓰지 않게 될 수도 있잖아. 만약 마리아를 미인으로 유명한 배우처럼 그린다고 생각해 봐. 사람들이 과연 그런 그림 앞에서 마리아의 거룩하고 깊은 신앙심을 생각할까? 마리아가 얼마나 예쁜지에 더 관심이 쏠리지 않겠어?"

"대개 마리아 하면 굉장히 아름답고 차분한 여자를 떠올리고, 예수 하면 늠름하고 잘생긴 얼굴에 멋진 몸매를 가진 남자를 떠올리잖아요."

"그건 중세 이후의 그림 때문이야. 나중에 말하겠지만, 중세 이후부터는 다시 예수와 마리아를 무척 멋지고 아름다운 모습으로 표현했거든."

중세의 건축물

중세 시대의 사람들은 예수가 살다가 운명한 예루살렘과 베드로가 순교한 로마, 그리고 열두 제자 중 하나인 야고보의 무덤이 있는 저 머나먼 에스파냐 땅까지 걷거나 말을 타고서 순례하곤 했다. 11세기 무렵부터 유럽 각지에서는 이런 순례자들을 위한 대형 교회들이 유행처럼 지어졌다.

교회는 순례자들뿐 아니라 그 지역 주민들이 성경을 공부하고 예배를 드리며 마음의 위안을 삼을 수 있는 최적의 공간이었다. 교회 건물은 예전의 바실리카 형식에서 비롯한 긴 십자가형을 기본으로, 로마네스크 양식과 고딕 양식 등으로 지어졌다.

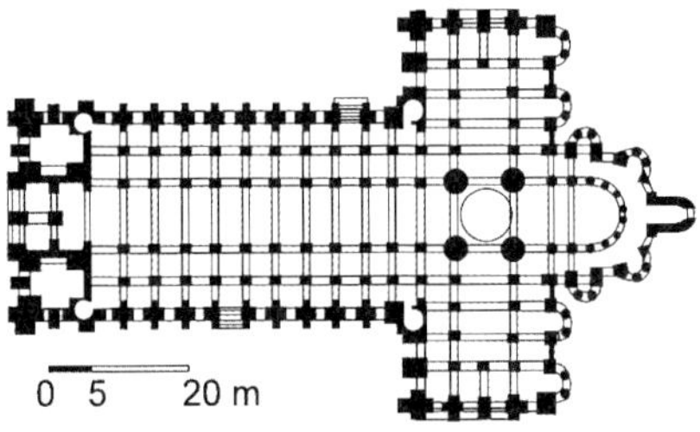

〈생 세르냉 대성당 평면도〉

긴 직사각형 모양에 양쪽으로 통로를 내어 십자가 모양이 된 교회 건축물의 평면도이다. 로마네스크나 고딕 성당들은 기본적으로 바실리카 형식을 골자로 한다.

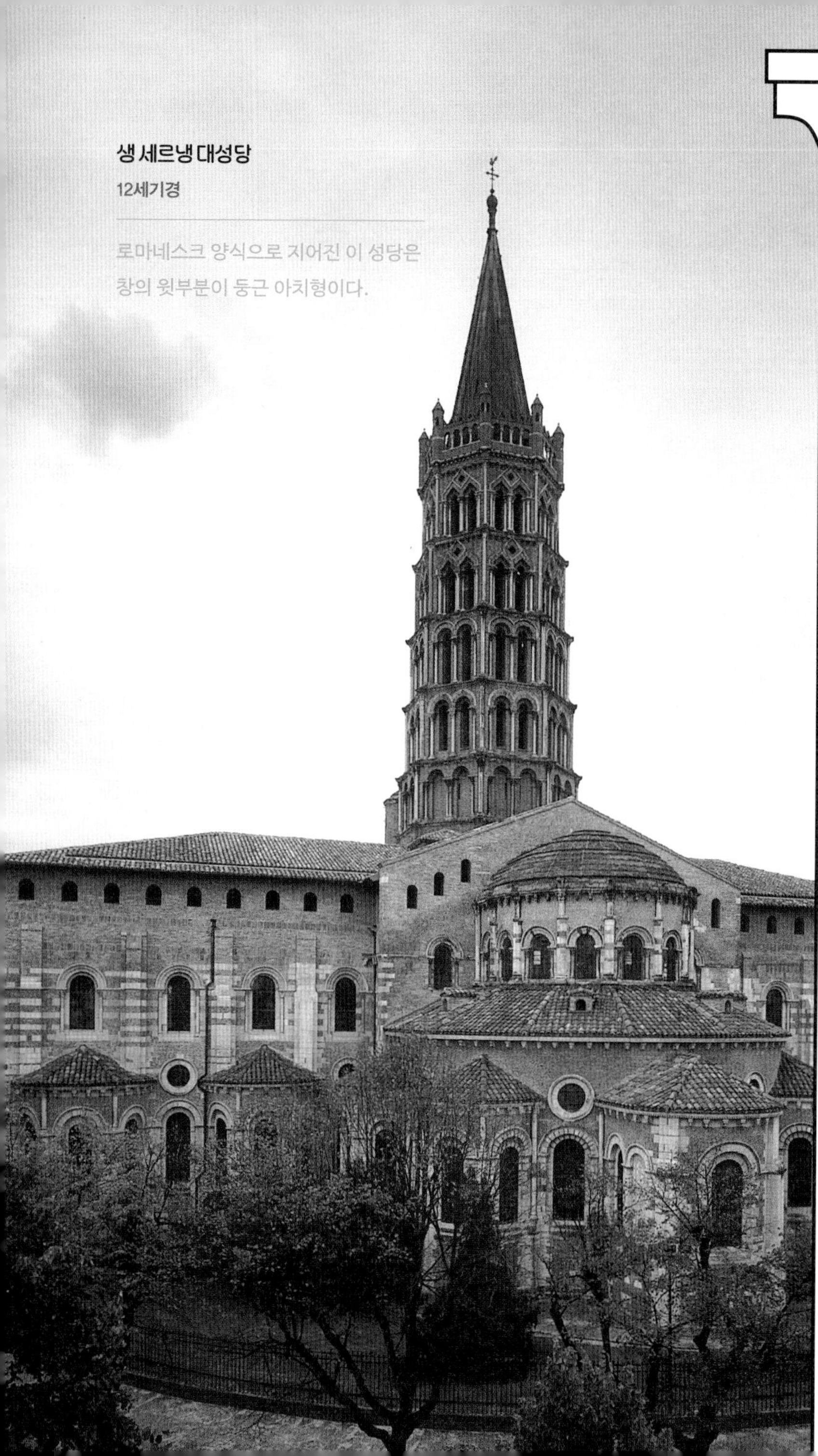

생 세르냉 대성당

12세기경

로마네스크 양식으로 지어진 이 성당은 창의 윗부분이 둥근 아치형이다.

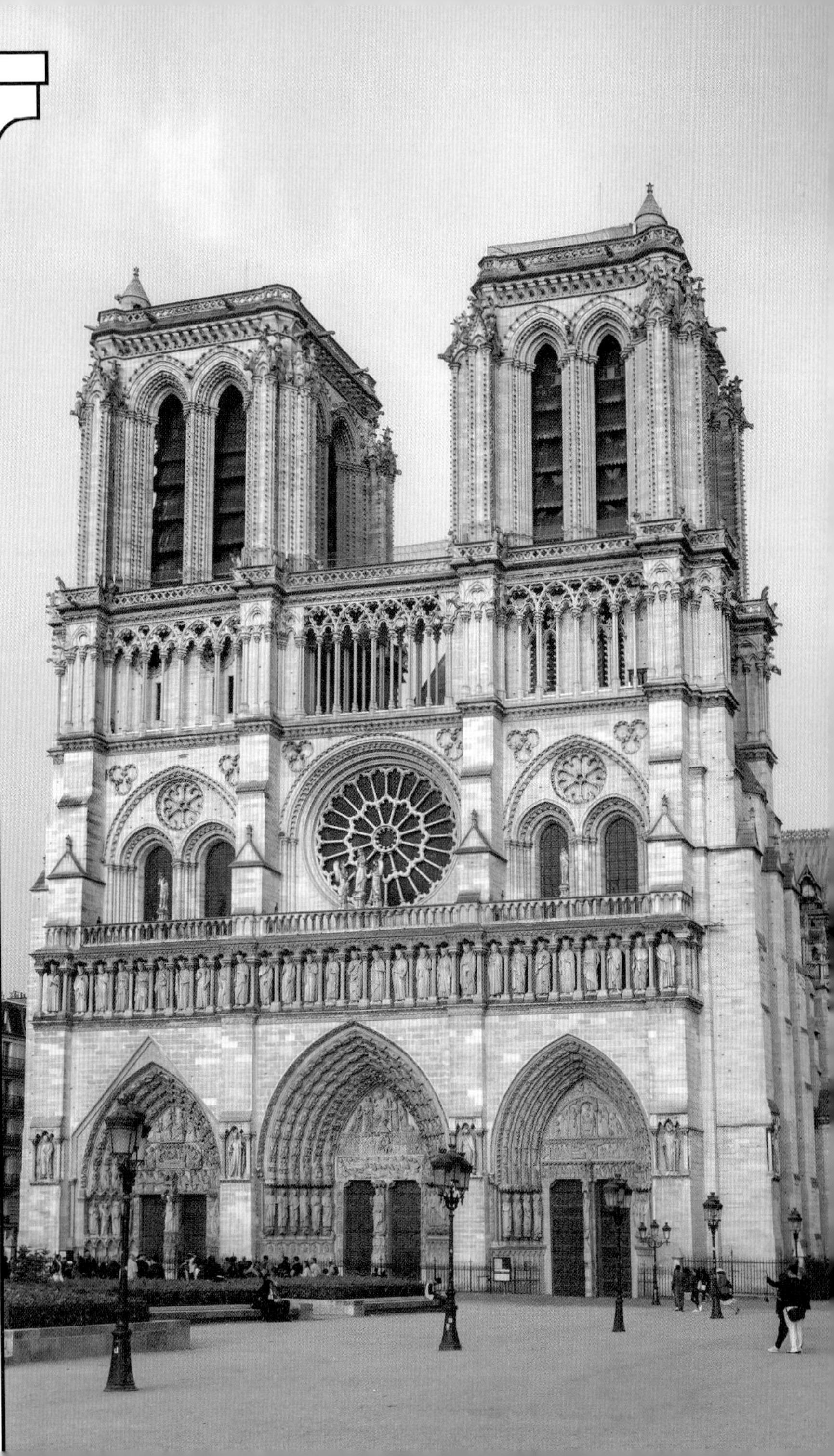

로마네스크 양식은 '로마와 같은'이라는 뜻이며, 둥근 아치가 특징이다. 뒤이어 등장하는 고딕 양식의 건물들보다 낮고 육중한 느낌이 드는 로마네스크 양식의 교회 건물들은 출입문 주변을 작고 섬세한 조각물로 장식해 놓았다. 이런 조각들은 고대 그리스처럼 자연스럽거나 이상적인 아름다움을 띠고 있지는 않다. 로마네스크를 뒤따라 오랫동안 유럽을 지배했던 고딕 양식은 중세 후기가 되면서 한층 자연스러운 조각들을 보여 주었다. 고딕은 로마네스크의 둥근 아치에 비해 끝이 뾰족한 아치 형태로 훨씬 높다. 고딕 성당은 로마네스크보다 창이 훨씬 많은데, 대부분 스테인드글라스로 장식되어 있어서 실내 분위기가 매우 신비롭다.

노트르담 대성당

1163~1350년

'우리들의 성모마리아'를 뜻하는 프랑스 고딕 양식의 성당. 노트르담은 로마네스크 성당과 달리 창이나 출입문이 끝이 뾰족한 아치형으로 되어 있다. 중앙의 동그란 원은 장미창이라고 부르는데 스테인드글라스로 되어 있다. 보통 장미는 성모마리아를 상징하는 꽃으로, 이 성당이 성모마리아를 위한 것이라는 점을 의미한다.

파란 하늘을 보았니?

✦

조토와
르네상스의 시작

중세가 끝날 무렵 이탈리아 반도는 피렌체, 베네치아, 로마, 밀라노 등 몇몇 작은 도시국가들로 나뉘어 서로 협력하기도, 세력을 겨루기도 했다.

"그런데 중세가 언제 끝났다는 거예요?"

"학자마다 의견이 다르지만, 동로마제국이 완전히 멸망한 1453년경 혹은 십자군 전쟁이 끝난 1290년쯤으로 보지."

"십자수 전쟁, 많이 들어는 봤어요."

"십자수 전쟁이 아니라 십자군 전쟁."

유럽의 십자군은 이슬람이 점령하고 있는 예루살렘을 되찾겠다는 명분으로 1096년부터 1290년까지 여덟 차례나 이슬람 지역을 공격했지만, 첫 번째 전쟁을 제외하고는 모두 패배했다. 십자군 전쟁의 패배는 유럽에 큰 변화를 가져다 주었다.

"큰 변화라고요? 기독교인들이 죄다 이슬람교를 믿게 되었다거나 그런 건 아니겠죠?"

"무역하기 좋았던 지중해 지역을 이슬람인들에게 내주고 나니 피해가 막심했지. 그래서 유럽인들은 지중해가 아닌 다른 바다에 눈을 돌리게 되었어. 그러다 대서양을 건너 신대륙까지 발견했지."

"뱃길이 막혀서 무역을 하기가 힘드니 새로운 땅, 새로운 바닷길을 찾아낸 셈이군요."

"십자군 전쟁은 유럽의 문화와 이슬람의 문화가 뒤섞이는 계기가 되기도 했지. 사실 서로마 땅을 차지하고 있는 게르만인들의 문화는 이슬람과 동로마 지역 사람들에 비해 낙후되어 있었어. 그러다 전쟁을 통해 교류가 늘어나면서 많은 영향을 받게 된 거야."

"동로마제국은 그러고 보니 과거 그리스 지역을 언제나 포함하고 있네요. 이쪽 사람들이 그리스의 신화와 철학을 많이 연구하고 서쪽에 전파시켰겠군요."

"맞아. 또 십자군 전쟁에서 패한 중세 유럽인들은 신이 무작정 자신들만 도와주지는 않았다고 생각하기 시작했어. 신이 모든 것의 중심이었던 유럽인들은 이제 인간으로 관심과 애정을 옮겨 갔지."

오랜 전쟁을 거치면서 사람들의 사는 방식도 조금씩 달라지기 시작했다. 농사를 짓는 사람은 줄고 장사를 하는 사람이 늘어났다. 유럽인들은 이슬람 지역에서 들어온 물건들을 신기해하며 사들였고, 유럽의 물건들을 이슬람인에게 팔기 시작했다. 교류가 늘자 배가 드나들 수 있는 항구도시와 그 근처 도시들이 번성하기 시작했다.

14세기경 피렌체는 이탈리아에서 경제적으로 가장 발달한 도시였다. 상업으로 큰돈을 번 몇몇 가문이 이 지역에서 막강한 영향력을 행사했다. 그들은 학문과 예술에 대한 관심이 높았는데, 예술가와 지식인을 후원하기도 하고 스스로 문화적 교양을 쌓아 이를 과시하기도 했다. 당대 유럽 최고의 부자였던 메디치 가문은 문화와 예술, 교육에 대한 후원을 아끼지 않아 피렌체가 이탈리아의 여러 도시국가 중 가장 먼저 르네상스 문화를 꽃피우는 데 큰 공을 세웠다.

"르네상스는 원래 '다시 태어나다'라는 뜻을 가진 프랑스 말이야."

"뭐가 다시 태어났단 말인가요?"

"간단하게 말하면, 중세 때 거의 사라진 줄 알았던 고대 그리스 로마의 문화와 정신이 되살아났다는 거지. 중세가 신 중심이었다면 고대는 훨씬 인간 중심이었어. 르네상스는 바로 고대의 인문주의, 즉 인간을 중시하는 문화를 말하지."

"고대 그리스와 로마 시대 모두 신 중심 아닌가요? 신화 속 신들이 활개를 치던 시대였잖아요."

"물론 그렇게 생각할 수도 있겠지만, 신화 속의 신들은 기독교의 신과 달라. 신화 속의 신들은 인간을 무척 닮거나 인간과 거의 흡사했지. 인간에겐 없는 특별한 능력들이 있긴 했지만, 인간과 마찬가지로 질투하고 시기하고 다투는 등 아주 인간적인 신이었어."

"하긴, 하나님과는 아무래도 다르다는 생각은 했어요. 그리스 신화를 읽다 보면 가끔 신들이 우리 인간들보다 못하다는 생각도 들거든요."

"그리스 신화의 신은 먼 옛날 사람들이 도무지 이해할 수 없는 여러 가지 일을 설명하고자 상상력으로 만들어 낸 존재야. '왜 나는 나를 좋아하지도 않는 사람을 사랑할까?'라는 질문에

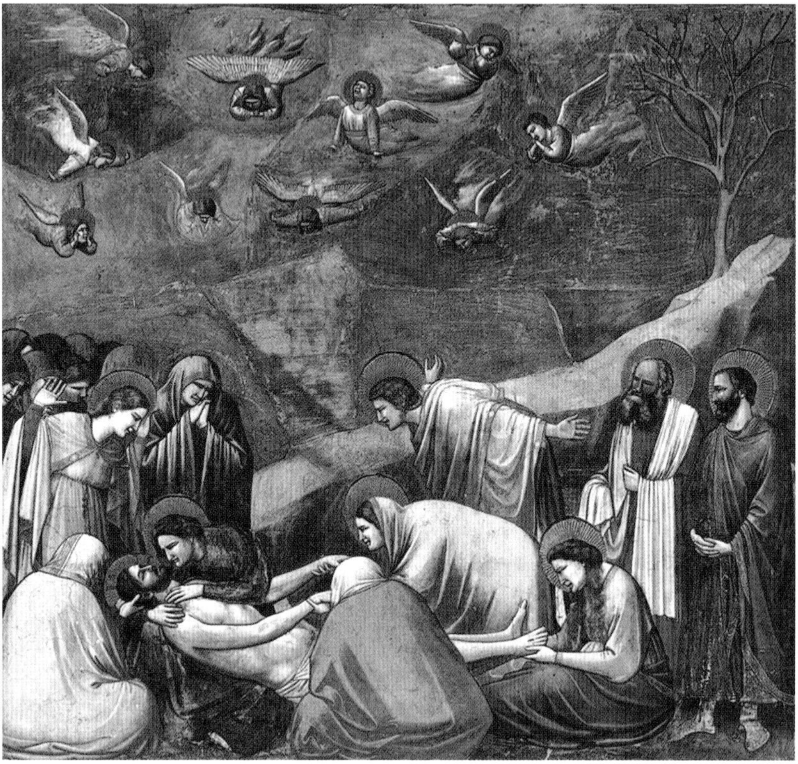

조토 디 본도네 〈애도〉

1304~1306년, 프레스코, 200×185cm

이탈리아 파도바에 있는 스크로베니 예배당은 악명 높은 고리대금업자였던 스크로베니가 세상을 떠나자 지옥으로 떨어지지 않도록 그의 아들이 지어 준 예배당이다. 예배당 안은 조토가 그린 예수와 마리아의 일생 총 38개 장면이 프레스코화로 그려져 있다. 프레스코는 벽에 물기 있는 흙을 펴 발라 흙이 마르기 전에 그 위에 물감으로 그림을 그려서 말린 것을 말한다.

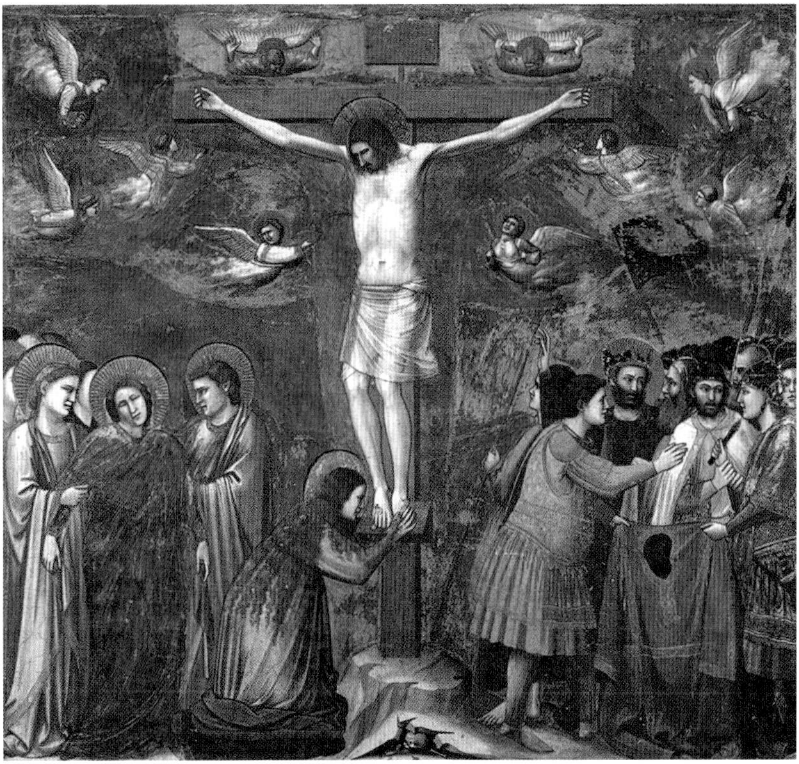

조토 디 본도네 〈예수의 십자가 처형〉

1304~1306년, 프레스코, 200×185cm

파란색 배경에, 사람들과 천사들의 표정까지 무척 자연스럽다.

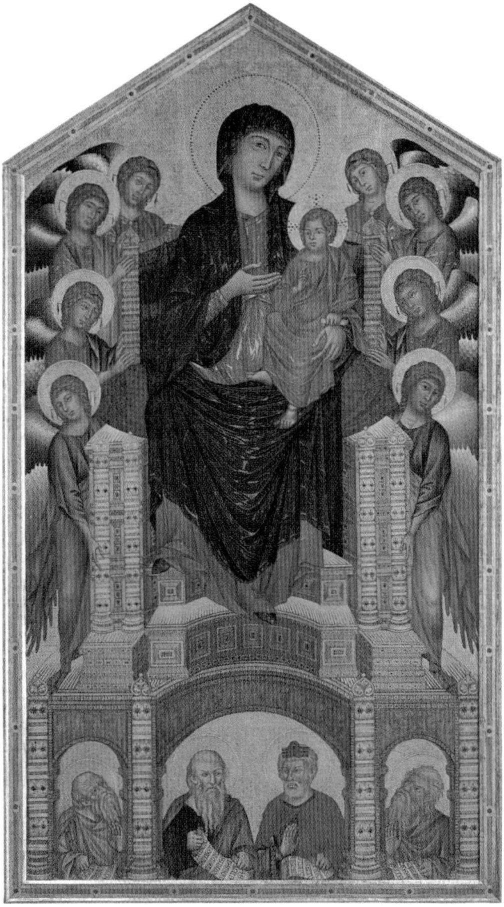

치마부에 〈천사에 둘러싸인 성모마리아〉

1280~1290년경, 목판에 템페라, 부분 그림

마리아와 아기 예수, 천사들 모두 표정이 굳어 있다. 또한 앞에 있는 천사보다 뒤쪽에 있는 천사가 더 작아야 그림이 자연스러워 보이는데 이 그림은 그런 느낌이 없다. 그림의 배경은 황금색으로 화려하다. 치마부에는 중세가 끝나 가는 시기의 화가이다.

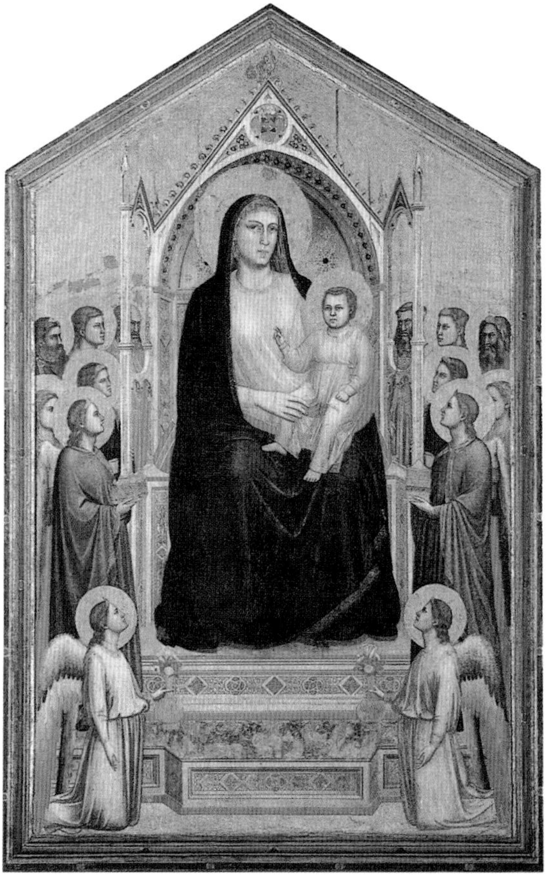

조토 디 본도네 〈성모마리아와 아기 예수〉

1310년, 목판에 템페라, 204×325cm

마리아와 아기 예수 옆 성인들은 앞쪽에 무릎을 꿇고 있는 두 천사보다 뒤에 있는데도 더 크다. 황금색 배경을 칠한 것도 조토가 여전히 중세의 방식으로 그림을 그렸기 때문이다. 하지만 치마부에의 그림에 비해 겹쳐 서 있는 성인들의 모습이 훨씬 자연스럽고, 입고 있는 옷의 주름도 더 사실적이다.

'그건 에로스가 상대방에게는 미움의 화살을, 그리고 나에게는 사랑의 화살을 쏘아서지'라고 답하거나, '번개는 왜 치는 거지?' 라는 의문에 '그건 제우스가 나타나서!'와 같이 설명하려고 말이지. 말하자면 그리스 신화는 인간의 세계에서 일어날 수 있는 모든 것을 신의 이름으로 상상하고 풀이한 거야."

"르네상스 시대에는 고대 그리스와 로마 시대의 인간 중심적인 생각이 다시 부활했다는 뜻이군요. 그렇다면 미술에서는 그게 어떻게 달라진다는 거죠? 더 이상 기독교와 관련된 그림을 그리지는 않나요?"

"그렇지는 않아. 르네상스 시대에도 기독교를 믿는 사람이 절대적으로 많았고 신앙심도 깊었지. 당연히 교황의 힘도 여전히 강했고 종교화도 많이 그렸어. 하지만 성서 속의 인물들을 중세와는 달리 무척 자연스러운 인간의 모습으로 그리려고 애썼고, 좀 더 멋지고 아름답고 우아하게 이상화하려 했지."

중세에서 르네상스로 가는 첫 길목에 등장하는 화가로 조토 디 본도네(Giotto di Bondone, 1266~1337)를 꼽을 수 있다. 피렌체 근방의 작은 시골 마을에서 가난한 농부의 아들로 태어난 조토는 아버지를 도와 양치기 일을 하면서 지냈다.

조토는 늘 그림을 그리고 싶어 했지만 마땅한 연필이나 비싼 종이를 살 방법이 없었다. 그래서 뾰족한 돌을 구해 매끈한 바위 위에 그림을 그리곤 했다. 그러던 어느 날, 피렌체의 유명한 화가 치마부에가 길을 가던 중 우연히 그의 그림을 보았다. 조토는 길에서 운 좋게도 치마부에의 제자가 될 수 있는 절호의 기회를 잡은 것이다.

당시 화가들은 작업실에 제자들을 들여서 그림을 가르쳤다. 제자들은 오랫동안 청소부터 물감 만드는 일 등 소소한 일들을 해 주면서 스승의 가르침을 받았다. 그리고 마침내 어느 정도 실력이 쌓이면 자기 작업실을 차려 제자를 지도할 수 있는 권리를 얻었다.

스승의 가르침을 충실히 받은 조토는 어느 순간 스승을 훨씬 뛰어넘는 실력으로 사람들을 놀라게 했다. 무엇보다도 아직은 중세의 여느 그림들처럼 어딘가 평평하고 딱딱해 보이는 치마부에의 그림에 비해 조토의 그림은 훨씬 자연스러워 보였다.

"그런데 솔직히 조토의 그림도 어색한데요?"

"그건 우리가 조토 이후 훨씬 더 자연스러워진 그림을 많이 접해서 그래. 당시 사람들 눈에 조토의 그림은 대단한 거였어. 그의 그림에서 많이 보이는 푸른 하늘만 해도 충격적이었지. 중세에는 그림의 배경을 그다지 중요하게 여기지 않았어. 그보다는 그림에 등장하는 이들의 성스러움을 강조하기 위해서 가장 찬란하고 고귀한 색인 금색으로 바탕을 채웠거든. 하지만 조토는 실제의 파란 하늘을 그려 넣은 거야."

"그렇지는 않아. 오히려 당시에는 파란색 물감이 만들기가 어려워서 훨씬 더 비쌌단다."

"금보다 비싼 파란색이라고요?"

파란색으로 칠해진 배경은 그림 속 사건을 마치 실제 일어난 일처럼 보이게 하는 힘이 있었다. 게다가 그림 속 인물들은 무척이나 슬픈 표정을 짓고 있다. 천사들도 거리낌없이 통곡하고 있다. 중세의 화가들은 슬프거나 기쁜 표정을 그리는 일에 신경을 쓰지 않았지만, 조토는 예수의 죽음 앞에서 한없이 슬퍼하는 '인간적인' 모습을 그려 내어 그림을 훨씬 더 자연스럽게 만들었다. 조토는 중세의 벽을 깨고 자연주의 그림을 다시 부활시켰다. 사람들이 그를 일컬어 '르네상스의 시작을 알리는 화가'라고 하는 이유가 바로 여기에 있다.

다시 살아 돌아온 비너스

신화를 그린 화가, 보티첼리

산드로 보티첼리(Sandro Botticelli, 1445~1510)는 신화 속 여신들의 아름다운 누드화를 그려 르네상스 미술을 꽃피우는 데 큰 영향을 주었다. 어린 시절 그는 한 가지 일에 집중을 못 하는 산만함 때문에 부모님에게는 골칫덩이 아들이었다. 이 일, 저 일 시켜 보아도 어느 하나 신통치 못했던 보티첼리는 아버지의 손에 이끌려 금 세공업자를 찾았다. 금으로 작은 장신구부터 큰 작품까지 만드는 이 일은 화가들과도 밀접한 관련이 있었다. 금으로 만든 판에 화가들이 밑그림을 그리면 금 세공업자들이 그것을 얇게 파내어 예쁜 장식품을 만들곤 했기 때문이다. 그곳을 드나드는 화가들을 유심히 관찰하던 보티첼리는 마침내 그들처럼 그림을 그리겠노라고 결심했다.

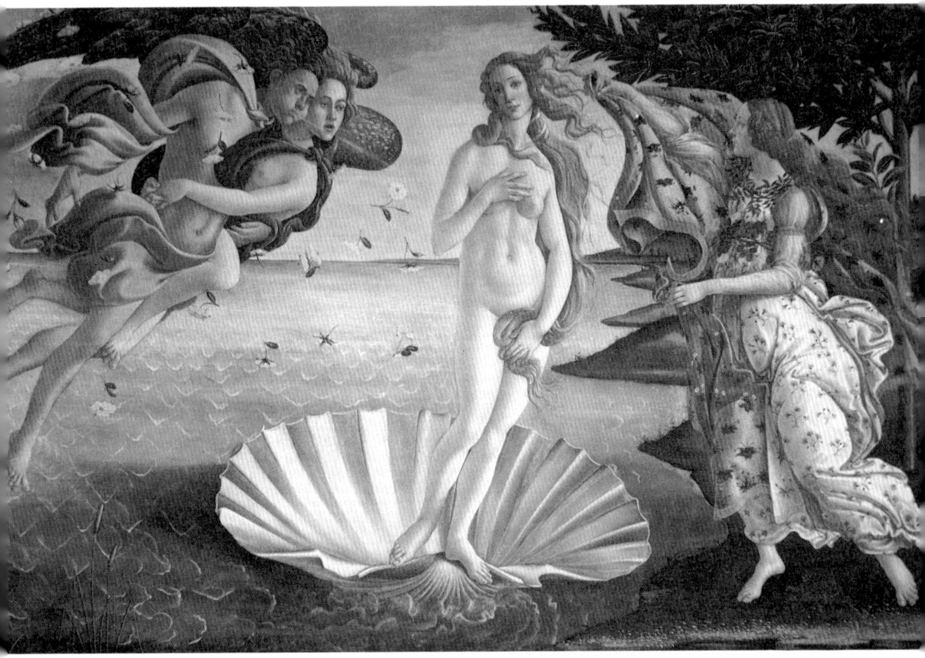

산드로 보티첼리 〈비너스의 탄생〉

1485년, 캔버스에 템페라, 278×172cm

제피로스가 요정과 함께 봄바람을 불어넣고 있다. 오른쪽의 여신은 꽃의 여신으로 봄을 상징한다. 마치 봄이 피어나듯 비너스가 바다에서 태어나고 있다. 아름다운 누드의 비너스는 고대 그리스 프락시텔레스의 조각상을 떠오르게 한다. 비너스 주변으로 아름다운 봄꽃이 가득하다.

보티첼리는 이전과 달리 무척이나 진지하고 성실하게 화가 수업에 임했다. 얼마 가지 않아 그는 당시 피렌체에서 꽤 유명세를 떨치던 화가 필리포 리피의 제자가 되었으며, 피렌체의 대부호이자 정치적으로도 막강한 권력을 행사하던 메디치 가문의 후원까지 받았다.

보티첼리는 메디치가의 저택에 머물면서 그 가문의 부름을 받고 모인 많은 지식인과 함께 지냈다. 당시 저택에 모인 학자들의 관심사는 고대 그리스와 로마 시대로부터 전해 오던 여러 가지 철학과 문학, 신화 등이었다. 또한 기독교를 학문적으로 연구하는 중세의 신학에도 관심이 많았다.

고대 그리스에 대한 높은 관심은 보티첼리를 비롯한 르네상스 화가들이 신화의 내용을 그림으로 그리는 계기가 되었다. 중세 시대만 해도 그런 그림은 용서가 되지 않았던 것이다. 보티첼리가 그린 비너스는 마치 〈크니도스의 비너스〉처럼 하반신을 살짝 가리고 서 있는데, 이렇게 다시 여자의 몸을 누드로 그린 것도 르네상스 시대였기 때문에 가능한 일이었다.

"중세에는 누드를 그리지 않았나 보군요."

"거의 그리지 않았어. 물론 성경의 아담과 이브 이야기를 필사본 삽화로 그릴 때는 누드가 등장하기도 해. 하지만 아름답다거

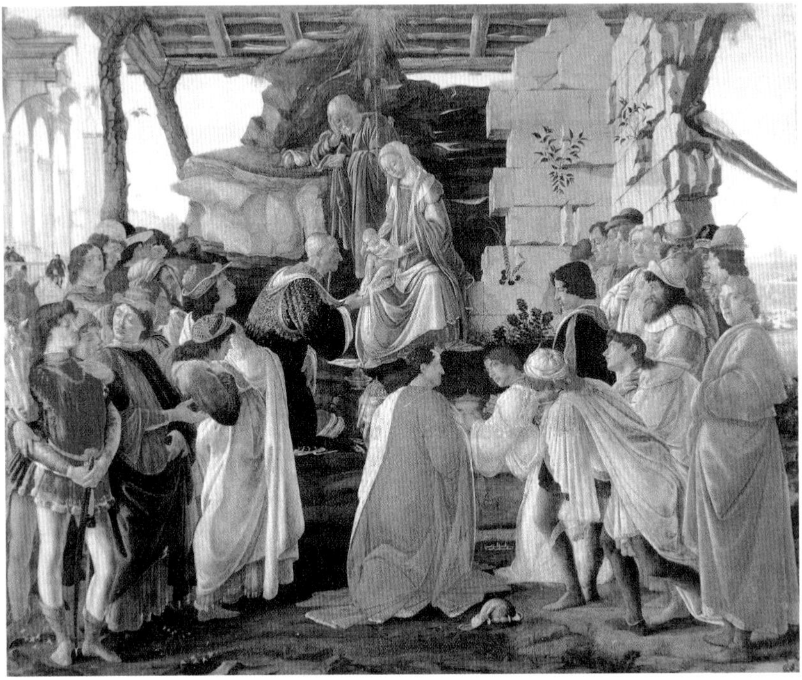

산드로 보티첼리 〈동방박사의 경배〉

1475년, 목판에 템페라, 134×111cm

마구간에서 예수가 태어나자 먼 동방에서 세 명의 박사가 찾아와 인사를 하는 장면이다. 이들은 별을 보고 미래를 예측할 수 있었기에 박사라고 불렸고, 부족을 이끄는 왕으로 소개되기도 한다. 그림 속 박사들은 모두 메디치가 사람들을 모델로 한다. 오른쪽에 서 있는 사람 중 푸른 옷을 입은 백발의 남성이 그림을 주문한 사람이다. 그림을 주문한 이 귀족은 피렌체 최고의 권력자 메디치와 친분이 있음을 과시하려 했다. 그림의 오른쪽 제일 앞에서 그림 밖의 우리를 쳐다보는 이는 보티첼리 자신이다.

나 멋있어 보이지는 않지. 그에 비해 보티첼리의 비너스는 고대 그리스의 조각상처럼 아름답기 그지없지."

성경에 따르면, 아담과 이브가 하나님의 명을 어기고 사과를 따 먹은 뒤부터 인간은 자신의 벗은 몸을 부끄러워하며 가리게 되었다. 따라서 기독교에서는 '몸'이 바로 죄의 원인이라고 생각한다. 늘 먹을 것을 탐하고 따뜻함과 편안함을 원하는 등 대체로 몸이 원하는 일들은 정신이 원하는 일보다 못하다고 생각한 것이다. 따라서 벗은 몸을 그릴 이유도, 필요도 없었다.

그러나 르네상스 시대가 되면서부터 고대 그리스처럼 다시 인간의 몸이 그림이나 조각을 통해 누드로 표현되기 시작했다. 보티첼리는 물론 여신의 누드를 그렸지만, 그것은 결국 사람 몸의 아름다움을 칭송한 것과 마찬가지였다.

"그런데 왜 비너스가 조개 위에 서 있나요? 아주 잘 그린 그림 같긴 한데 바닷물이 좀 부자연스러워 보이기도 해요."

"비너스는 바다 거품에서 생겼다는 전설이 있었어. 바다 거품에 바람의 신 제피로스가 입김을 불어넣어서 비너스가 탄생했다는 거지. 그래서 바다 생물인 조개를 그린 거야. 바닷물이 부자연스러워 보이는 건 알다시피 보티첼리가 그림을 못 그려서

가 아니고, 나름대로 자기 스타일을 만들었기 때문이야. 보티첼리는 그림 자체가 예쁘고 장식적인 느낌을 주기를 원했거든. 그래서 굳이 바다의 잔잔한 물결을 사실적으로 그리지 않고 예쁜 무늬처럼 표현해 그린 거야."

르네상스의 에디슨,
레오나르도 다 빈치

우리에게 〈모나리자〉와 〈최후의 만찬〉으로 잘 알려진 레오나르도 다 빈치(Leonardo da Vinci, 1452~1519)는 여느 화가들처럼 많은 그림을 남기지는 않았다. 이런저런 스케치는 많지만 그가 스스로 "다 그렸다!"라고 말할 수 있는 작품은 겨우 스무 점 안팎이다.

그는 그저 화가 혹은 미술가로 부르기엔 너무나 많은 일을 했다. 하늘의 별을 보며 행성의 법칙을 연구했고 운하와 성벽을 설계했으며, 동식물의 탄생과 성장에 대해 조사했고, 심지어는 비행기를 만들 생각도 했을 정도이다. 그 밖에도 그는 낙하산, 전차, 잠수함, 증기기관, 습도계 등을 만들 궁리도 했다. 게다가 매력적인 목소리로 노래하고 곡도 짓는 음악가이기도 했다니 그야말로 못하는 게 없는 천재였다. 또한 그는 자신의 관심사와 관

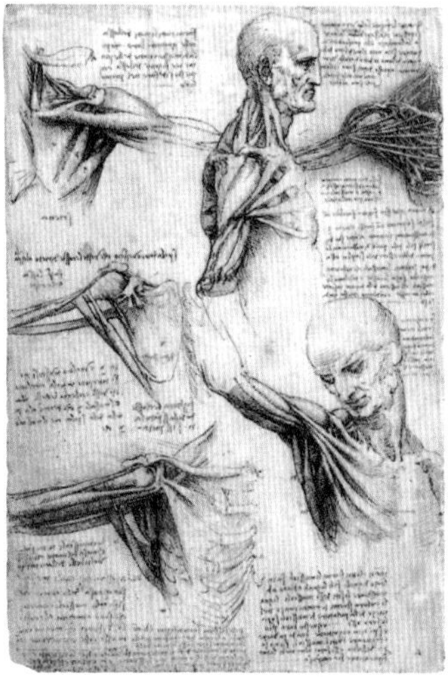

레오나르도 다 빈치 〈몸체와 팔 연구〉
1510~1511년, 종이에 잉크, 20×29cm

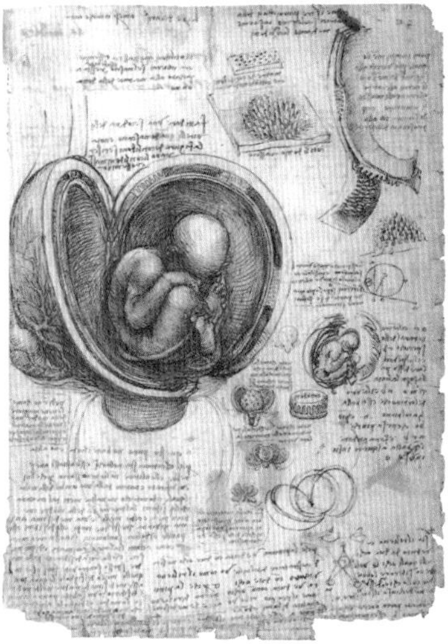

레오나르도 다 빈치 〈태아 연구〉
1509~1514년, 종이에 잉크, 부분 그림

찰 내용, 연구 결과 등을 꼼꼼하게 기록해 두었는데, 그 양이 공책 분량으로 계산하면 1만 5천여 장이 넘는다.

레오나르도 다 빈치의 노트에는 인체를 해부한 뒤 그것을 연구하고 그림으로 세밀하게 그린 인체 드로잉이 있는데, 오늘날 의학자들도 혀를 내두를 정도로 정확하다.

"인체 드로잉? 해부? 대체 화가가 왜 사람의 몸을 해부하기까지 하죠?"

"인간에 대한 관심이 더욱 높아진 만큼 르네상스 시대 미술가들은 인간의 몸을 더 자주 그리거나 조각했지. 중세와 달리 아주 사실적으로 자연스럽게 말이야. 그렇다 보니 자세를 달리할 때마다 뼈의 위치나 근육이 어떻게 바뀌는지 궁금해졌어. 사실 다 빈치 말고 다른 르네상스 미술가들도 해부학에 관심을 많이 가졌거든. 하지만 다 빈치의 경우는 미술가를 넘어 과학자 수준으로 관심을 보였다고 할 수 있지."

다 빈치는 죽은 사람의 몸을 약 서른 구도 넘게 해부했다고 하는데, 심지어 엄마 배속 태아의 몸까지도 상세히 스케치해 놓았다. 아마도 그는 아기가 세상에 나오기 전 모체에서 어떤 자세와 방법으로 성장하는지에 관심을 가졌던 것 같다. 다 빈치는 단순히 화가로서 인간의 몸을 자연스럽게 그리고자 해부학을 공부한 것은 아니었다.

이탈리아의 발달한 문화를 늘 부러워하던 프랑스의 왕 프랑수아 1세(Francis I, 재위 1515~1547)는 레오나르도 다 빈치를 자신의 성으로 불러들여 그가 하고 싶은 것이라면 무엇이든 도와주겠노라고 제안했다. 그는 그저 이 위대한 사람이 자신의 왕국에 머문다는 사실만으로도 충분히 의미가 있다고 생각했을 것이다.

다 빈치는 프랑수아 1세의 제안을 받아들였고, 성에서 비교적 평온하게 여생을 보냈다. 그는 이탈리아에서 제작하다가 완성하지 못한 〈모나리자〉를 그곳에 남겼고, 덕분에 이 작품은 프랑스 왕들의 손을 거쳐 현재 루브르미술관에 걸리게 되었다.

"제가 아는 사람들은 대개 파리에 가면 사람은 〈모나리자〉만큼은 반드시 보고 오더군요."

"파리에 가서 모나리자를 보지 않고 오는 드물어. 심지어 모나리자를 보기 위해 파리를 가는 사람도 많아. 그러니 프랑스는 그 그림 덕을 엄청나게 보는 셈이야."

"남들이 다 좋다고 하니 좋은가보다 싶긴 한데, 그전의 그림과 다른 특별함이 있나요?"

레오나르도 다 빈치 〈모나리자〉

1503~1505년, 목판에 유채, 53×77cm

자연스러우면서 왠지 모르게 신비로운 미소의 〈모나리자〉는 그 눈동자에 다 빈치가 자신의 이름 첫 자인 'LV'를 새겨 넣었다는 등 이런저런 소문과 함께 더욱더 사람들의 관심을 끈다. 다 빈치는 자연주의가 부활했다는 르네상스 시대의 화가답게 이전의 초상화와 달리 무척이나 사실적이고 자연스럽게 인물의 표정을 표현했다.

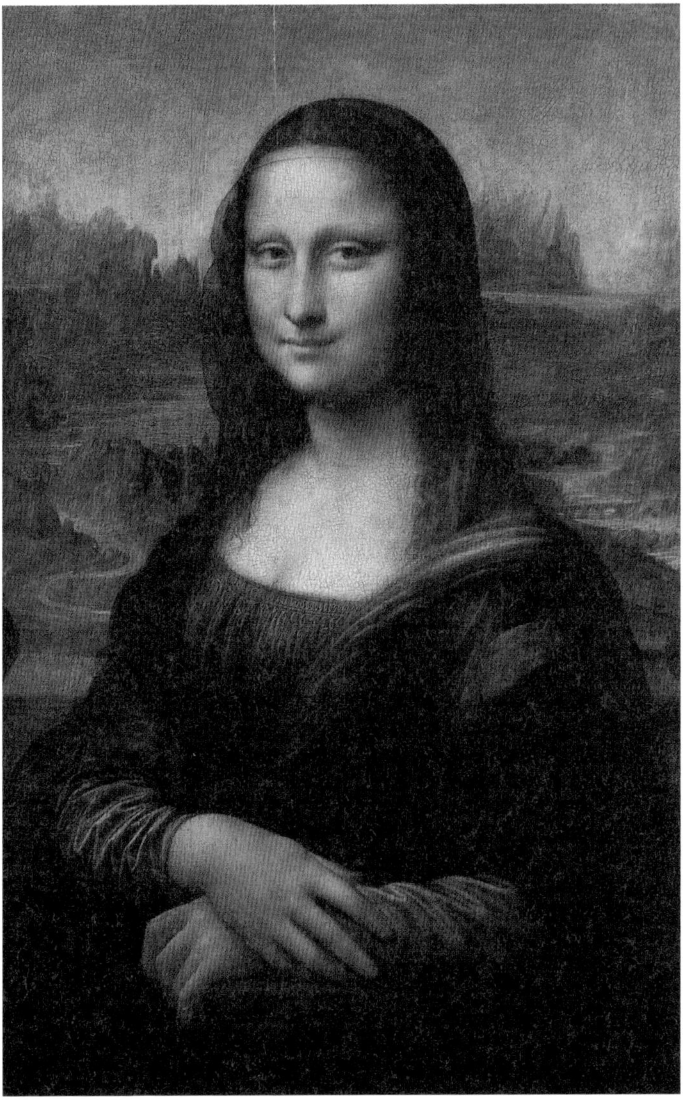

"처음에는 프랑스 왕가도 이 그림이 그렇게까지 위대하다는 생각은 못 한 것 같아. 이 그림이 루브르에 처음 걸린 건 1804년 경이지만, 사람들 대부분은 〈모나리자〉에 그다지 관심을 보이지 않았어. 당시만 해도 라파엘로 같은 이탈리아 화가들의 그림이 더 인기가 있었거든. 그러다 1911년 어느 날, 루브르에서 실내 공사 일을 잠깐 하던 이탈리아 남자가 이 그림을 훔치는 사건이 벌어졌지. 그로부터 2년 뒤, 그 남자는 〈모나리자〉를 이탈리아의 그림 상인에게 팔려다가 발각되었어. 그는 〈모나리자〉는 이탈리아 화가가 그린 그림이니 이탈리아로 돌려주고 싶었을 뿐이라고 주장했지."

"그의 애국심은 이해가 되지만, 그렇다고 해서 〈모나리자〉를 이탈리아 상인에게 돈을 받고 팔려고 했다니 떳떳해 보이지는 않네요."

이 사건 이후 〈모나리자〉는 더욱 유명세를 탔고, 전 세계가 주목하는 그림이 되었다. 그렇다고 해서 이 그림이 겨우 도난 사건만으로 인기를 끈 것은 아니다. 〈모나리자〉는 이전의 그림들과는 아주 다른 독특함이 있었다. 먼저 여인의 자세가 그랬다. 당시 다른 화가들은 초상화를 그릴 때 정면을 보고 있거나 완전히 옆을 보는 모습으로 그렸다.

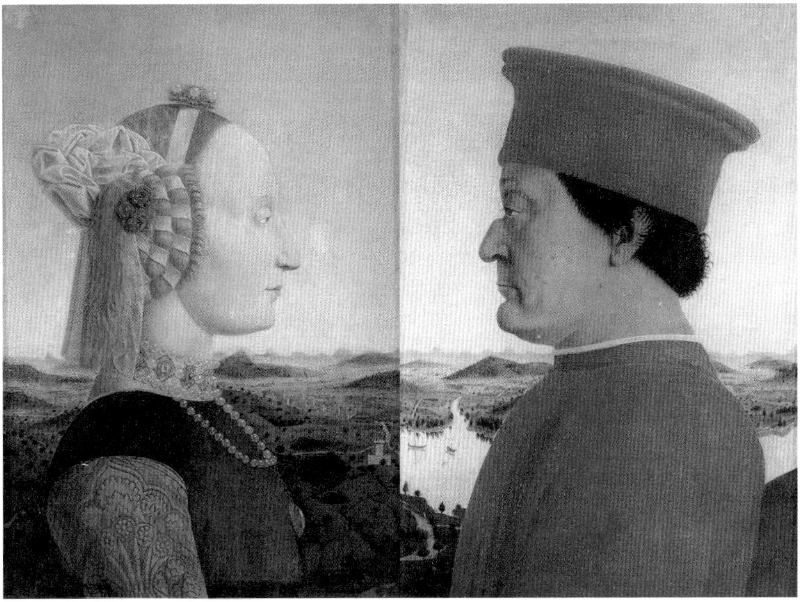

피에로 델라 프란체스카 〈페데리코 다 몬테펠트로 부부의 초상화〉

1465~1466년, 목판에 템페라, 33×47cm

르네상스 시대에는 한동안 자취를 감췄던 개인의 초상화를 자주 그렸다. 르네상스 사람들은 자신의 옆모습을 금속 메달이나 동전에 담긴 로마 황제의 모습처럼 그리고 싶어 했다. 이는 근엄하고 권위 있어 보이긴 하지만 부자연스러운 느낌도 있다.

"옛날 로마 황제나 귀족들은 자신의 옆모습을 새긴 동전이나 메달 등을 주문하곤 했어. 르네상스 시대에 귀족들이나 돈 많은 상인들은 초상화를 주문하면서 황제의 메달처럼 옆모습을 그리도록 요구했지. 그런데 다 빈치는 옆모습이 아니라, 살짝 옆으로 비켜 앉아 몸의 4분의 3이 정면을 향하는 초상화를 그린 거야. 그래서 그림이 더욱 실제같이 자연스러워 보인 거지. 또한 그는 눈이나 코 등을 그릴 때 윤곽선을 흐릿하게 처리했어. 이런 걸 '스푸마토' 기법이라고 하는데, 이 기법을 사용하면 얼굴이 훨씬 더 진짜 사람처럼 느껴지지. 작품 속 모나리자의 미소가 그토록 신비로운 것도 바로 스푸마토 기법 덕분이야."

다 빈치는 그림 속 여성이 누구인지 정확하게 밝히지 않았는데, 당시 한 미술 전문가가 자신의 책에서 이 그림을 피렌체의 부자 상인 조콘도의 아내를 그린 것으로 소개했다. 그 때문에 이 그림은 이탈리아어로 '조콘도 씨네 부인'이라는 뜻의 '라 조콘다'라고 불리기도 한다. '모나리자'는 '리자 부인'이라는 뜻으로, 그녀의 이름 '엘리자베스'가 보통 '리자'라는 애칭으로 불린 데서 비롯한다. 하지만 아직도 이 그림이 리자 부인, 즉 조콘도 부인을 그린 것인지 아닌지는 정확하게 알 수 없다.

다 빈치가 남긴 또 하나의 유명한 작품은 밀라노의 한 수도원

식당에 그린 벽화 〈최후의 만찬〉이다. 예수가 로마 병사들에게 끌려가기 직전 열두 제자를 모아 놓고 마지막으로 식사하는 모습을 벽화로 그린 것인데, 실제로 그 앞에 서면 대체 어디까지가 벽이고 어디서부터가 그림인지 헷갈릴 만큼 공간의 표현이 사실적이다. 이는 다 빈치가 원근법을 너무나 완벽하게 잘 사용했기 때문이다.

원근법은 멀리 있는 것은 작게, 가까이 있는 것은 크게 보이도록 평면에 표현하는 방법을 말한다. 오늘날에는 원근법으로 그린 그림을 워낙 많이 봐서 대수롭지 않게 생각하지만, 당시로는 굉장한 발명이었다. 르네상스 시대의 화가들은 대상과의 거리가 멀어짐에 따라 얼마만큼 대상들이 작아 보이는지를 수학적으로 꼼꼼하게 계산했다.

"그러니까 원근법은 르네상스 시대의 화가들이 그림을 사실적으로 그리기 위해, 공간감을 실제와 같이 자연스럽게 묘사하려고 만든 하나의 방법이군요!"

"그렇지! 중세에는 대상을 보이는 대로 그리는 것보다 그것이 의미하는 바에 더 관심을 두었지. 그렇기 때문에 원근법이 필요 없었지만, 자연주의를 주창하던 르네상스 시대에는 원근법이 꼭 필요했던 거야."

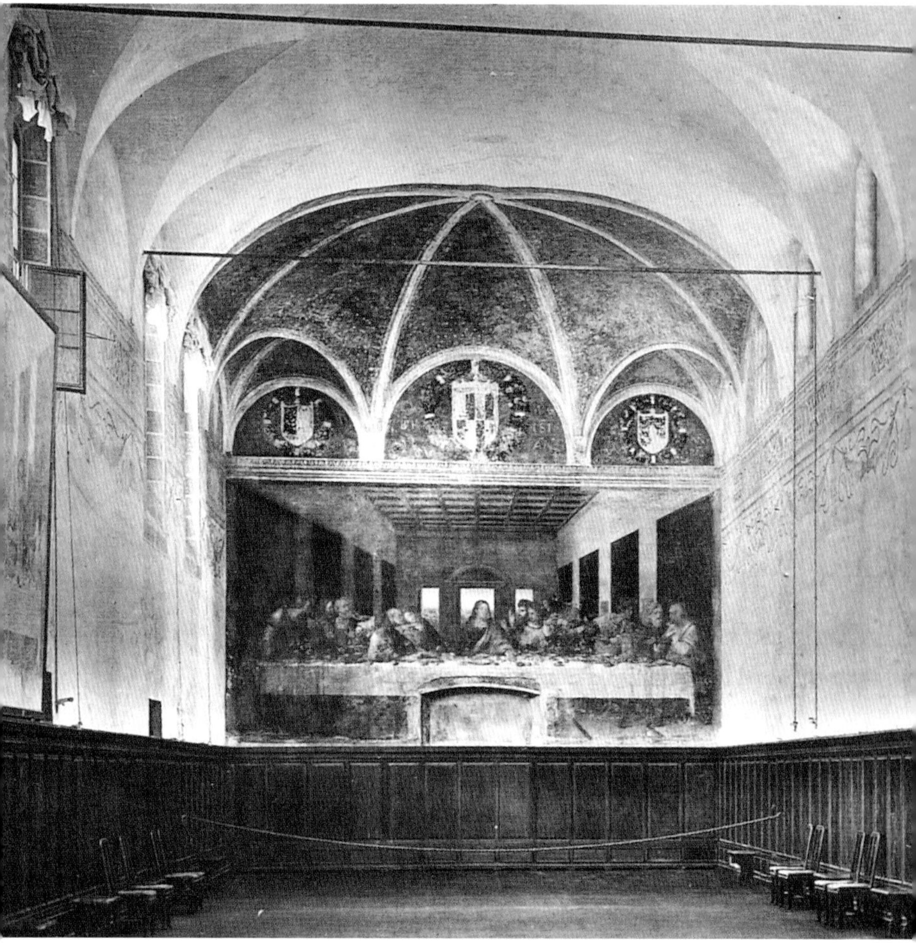

〈최후의 만찬〉이 걸려 있는 밀라노 수도원의 정면 모습

1498년

탁자에 앉은 예수와 열두 제자 양쪽 벽과 천장이 뒤로 갈수록 규칙적으로 작아져서 그림 속 공간이 마치 실제의 공간처럼 느껴지는데, 이는 레오나르도 다 빈치가 원근법을 잘 이용했기 때문이다.

“중세와 달리 어떤 대상을 사실적으로 그리려 한 르네상스 화가들의 강한 의지는 해부학 공부와 원근법 이야기만 들어도 이해가 가네요. 그런데 그림 속 원근법에는 멀리 떨어질수록 점점 작게 보이다가 거의 안 보이는 지점까지 있는데, 교실에서는 그게 불가능한가 봐요?”

“무슨 말이니?”

“교실 제일 뒷자리 구석, 선생님 눈으로는 거의 안 보일 것 같은 곳에서 일어나는 제 개인적인 일들도 다 들키고 말거든요. 메시지 보내기, 만화책 열혈 탐독, 게임 하기 등 말이죠!”

원근법을 사랑한 르네상스 화가

✦

르네상스 미술가들에게 가장 놀라운 사건은 바로 원근법의 발명이었다. 멀리 있는 것이 작게 보이고 가까이 있는 것이 크게 보인다는 걸 모를 리 없겠지만, 그것을 정확하게 그림으로 잘 표현하는 방법은 르네상스 시대에 와서 본격적으로 연구되었다. 많은 화가가 이 원근법에 놀라움을 감추지 못했다. 성부, 성자, 성령이 결국 하나임을 보여 주는 〈성삼위일체〉는 실제의 공간처럼 그려졌다. 평평한 면에 그려졌지만 마치 그 뒤로 쑥 들어간 어떤 공간이 있는 것처럼 보이는 이유는 정확하게 계산된 원근법 덕분이다.

십자가에 못 박힌 예수 뒤로 하나님이 서 있다. 예수의 발치에 푸른 옷을 입은 마리아와 붉은 옷을 입은 제자 요한이 있다. 예수와 하나님, 마리아와 요한은 모두 후광을 내비치고 있지만 밖에 앉아 있는 두 남녀에겐 후광이 없다. 그들은 이 그림을 주문한 상인 부부이다.

마사초 〈성삼위일체〉

1425~1428년, 프레스코, 317×667cm

마사초를 비롯한 르네상스 시대의 화가들은 수학적으로 잘 계산된 원근법을 사용해 자연스럽고 사실적인 작품을 그리고자 했다.

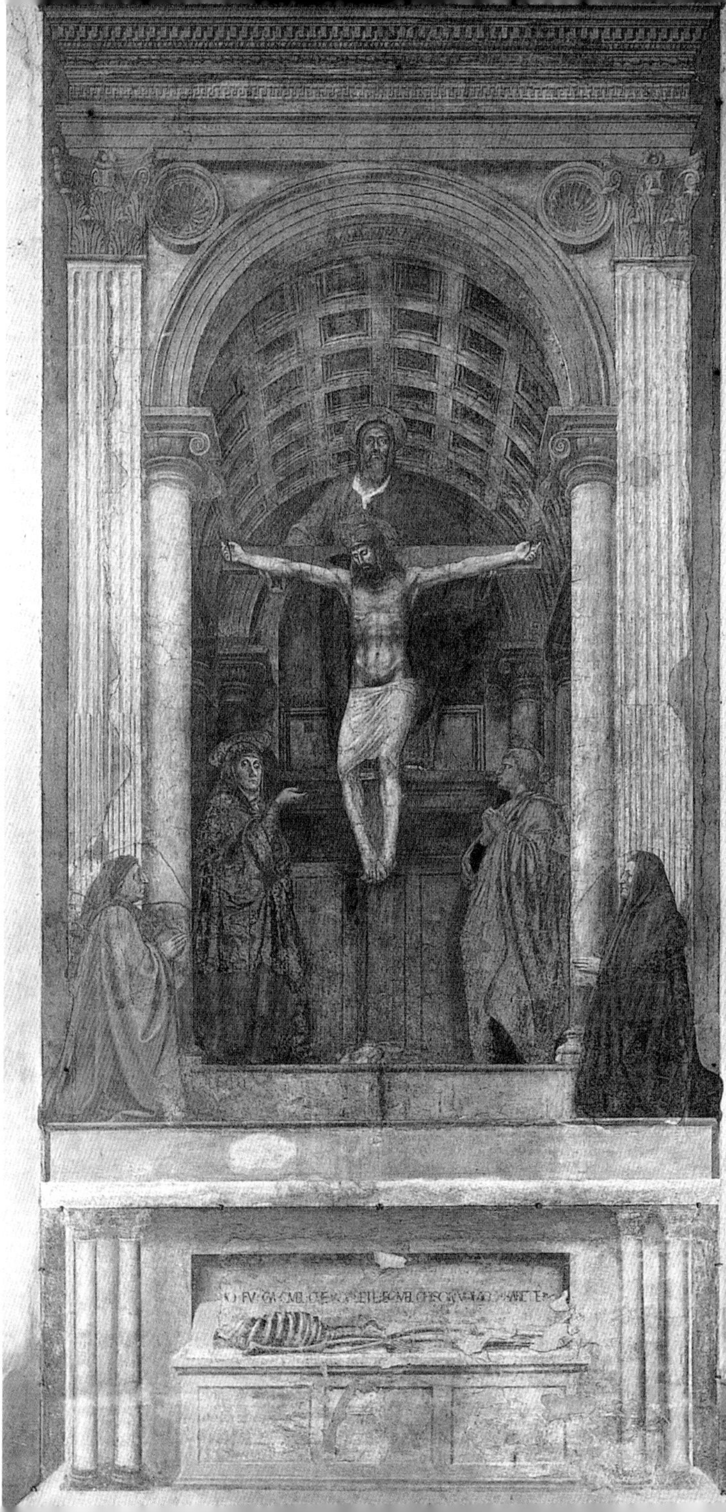

내가 다 그렸고, 내가 다 조각했다!

누구도 뛰어넘기 힘든 천재 미술가, 미켈란젤로

교황이 살고 있는 바티칸에는 시스티나 예배당이 있는데 이곳은 늘 인산인해를 이룬다. 종교적인 이유로 그곳을 찾는 사람도 많지만 그보다는 그 안에 그려진 한 천재의 작품을 감상하기 위해 몰려든 사람이 훨씬 더 많아 보인다.

그 위대한 천재의 이름은 미켈란젤로 부오나로티(Michelangelo Buonarroti, 1475~1564). 조각가로 불리길 원했던 그는 화가이자 건축가로서 누구에게도 뒤지지 않을 작품을 남겼다. 미켈란젤로의 아버지는 아들이 미술가가 되는 것을 극구 반대했지만, 그는 뜻을 굽히지 않았다. 매질까지 해 가며 말리던 아버지는 결국 열세 살 난 미켈란젤로를 당시의 유명한 화가 기를란다요(Domenico Ghirlandajo, 1449~1494)에게 데려가 공부하게 해 주었다. 기를란다요는 미켈란젤로의 그림 솜씨가 예사롭지 않음을 한눈에 알아차렸다. 그의 조각 솜씨도 만만치 않았다. 미켈란젤로는 어린 시절 어머니를 여의고 유모의 손에서 자랐는데, 그 유모의 남편이 돌을 다듬는 석공이었다. 그는 유모의 손에 이끌려 자주 작업장을 방문하면서 일찌감치 돌에 대한 지식을 쌓을 수 있었다.

미켈란젤로는 기를란다요의 제자가 된 지 2년 만에 메디치가의 부름을 받는다. 메디치가에는 고대 그리스와 로마의 조각상들을 수집해 모아 둔 정원이 있었는데, 미켈란젤로는 그곳에서 작품을 실제로 보며 공부할 기회를 얻게 된 것이다. 얼마 지나지 않아 그의 뛰어난 실력은 입소문을 타고 멀리 로마까지 전해졌다. 이윽고 로마로 진출한 미켈란젤로는 〈피에타〉 하나로 대가의 자리에 올랐다.

"피에타가 무슨 뜻인가요?"

"원래 이탈리아어로 '자비를 베풀어 주세요' 혹은 '저희를 불쌍히 여겨 주세요'라는 의미지만, 죽은 예수 그리스도를 안고 슬퍼하는 마리아의 모습을 그리거나 조각한 작품을 '피에타'라고 부르기도 하지."

"아, 그렇다면 이 작품은 마리아와 예수의 모습을 조각한 거군요. 그런데 좀 이상한 점이 있어요. 사랑하는 아들의 죽음 앞에서 마리아가 너무 평온해 보여요."

"아들의 죽음에 마리아가 너무 담담한 거 아니냐고 사람들이 미켈란젤로에게 물었는데, '신의 어머니는 인간의 어머니와 다르게 운다'라고 대답했다고 해."

"와, 멋진 말이군요. 마리아는 우리 같은 보통 사람이 아니니까요!"

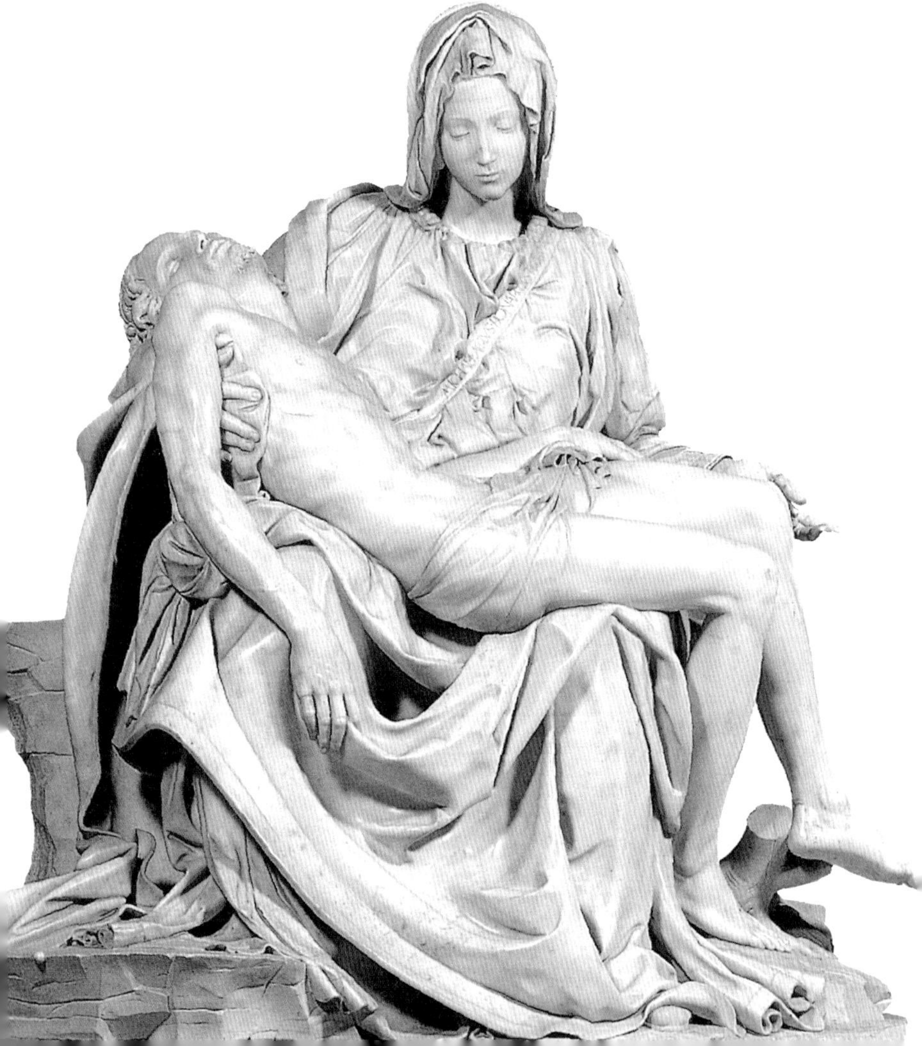

"그렇지. 고대 그리스 조각이 그랬던 것처럼 미켈란젤로는 마리아의 모습을 훨씬 젊고 아름답게, 완벽한 아름다움을 가진 존재로 조각했어."

"이상화한 거로군요."

"맞아. 그를 비롯한 르네상스 미술가들은 적어도 그림이나 조각에서만큼은 인물이 더욱 우아하고 품위 있고 차분해 보이기를 원했어. 감정을 표현하더라도 되도록 조용한 느낌이 나도록 처리했지. 그래서 르네상스의 그림이나 조각들은 조용하다는 의미에서 '정적이다'라고들 말해."

〈피에타〉의 성공 이후 미켈란젤로는 잠시 피렌체로 돌아와 〈다비드〉 조각상을 제작했지만, 그곳에 오래 머물 수 없었다. 교황 율리우스 2세의 부름이 있었기 때문이다. 그는 미켈란젤로에게 자신이 죽고 난 뒤에 묻힐 무덤의 장식을 의뢰했다. 미켈란젤

미켈란젤로 부오나로티 〈피에타〉

1499년, 대리석, 높이 174cm

미켈란젤로는 자신의 작품이 어떻게 평가되는지 궁금한 나머지 사람들 틈에서 모른 척하며 반응을 살폈다. 그러다 누군가가 "이 작품은 분명 나이가 지긋한 엄청난 노장의 작품일 거야!"라고 하는 말을 듣고 분노해, 그날 밤 몰래 마리아 가슴의 띠에 '피렌체 출신의 미켈란젤로'라는 글자를 새겨 넣었다고 한다.

로는 시신을 담을 석관과 그것이 놓일 건물 내부를 장식하기 위해 무려 40여 개의 거대한 인물상을 조각하기로 했다.

하지만 갑자기 교황의 마음이 바뀌는 바람에 문제가 생겼다. 교황은 4세기에 지어져 이미 낡을 만큼 낡은 성 베드로 성당을 재건축하는 일에 몰두했다. 그 때문에 무덤 장식 작업에 필요한 경비 지급을 차일피일 미루었다. 크게 실망한 미켈란젤로는 피렌체로 돌아가 버렸다. 분노한 교황은 피렌체 시의원들에게 당장 미켈란젤로를 돌려보내라고 협박했다. 결국 미켈란젤로는 어쩔 수 없이 그에게 용서를 구해야 했다. 그만큼 교황의 권력이 막강했던 것이다.

로마로 돌아온 미켈란젤로에게 교황은 시스티나 예배당의 천장화를 그리라고 주문했다. 하지만 그는 그림을 그리는 것보다 조각하는 것에 훨씬 자부심을 느끼는, 그야말로 '조각가'였다. 그는 "미술에서 가장 으뜸은 회화이다"라는 레오나르도 다 빈치에 맞서서 "조각이야말로 미술의 꽃이다"라고 늘 주장해 오던 터였다. 몇 번이나 거절했지만 결국 그는 교황의 명령을 어길 수 없었다. 그렇게 만든 작품이 바로 시스티나 예배당의 천장화이다.

프레스코로 그린 이 그림은 중간에 실수를 하면 그렸던 부분을 모두 뜯어내고 다시 그려야 했기에 무척이나 까다롭고 어려

미켈란젤로 부오나로티 <다비드>

1504년, 대리석, 높이 434cm

거인 골리앗을 돌멩이 하나로 무찌른 다비드(다윗)를 찬양하기 위해 만들어졌다. 다비드의 몸매는 해부학적으로 완벽하다. 현재 피렌체의 미술관에 원작이 보관되어 있고, 복제품은 피렌체 시청사 앞 광장에 전시되어 있다.

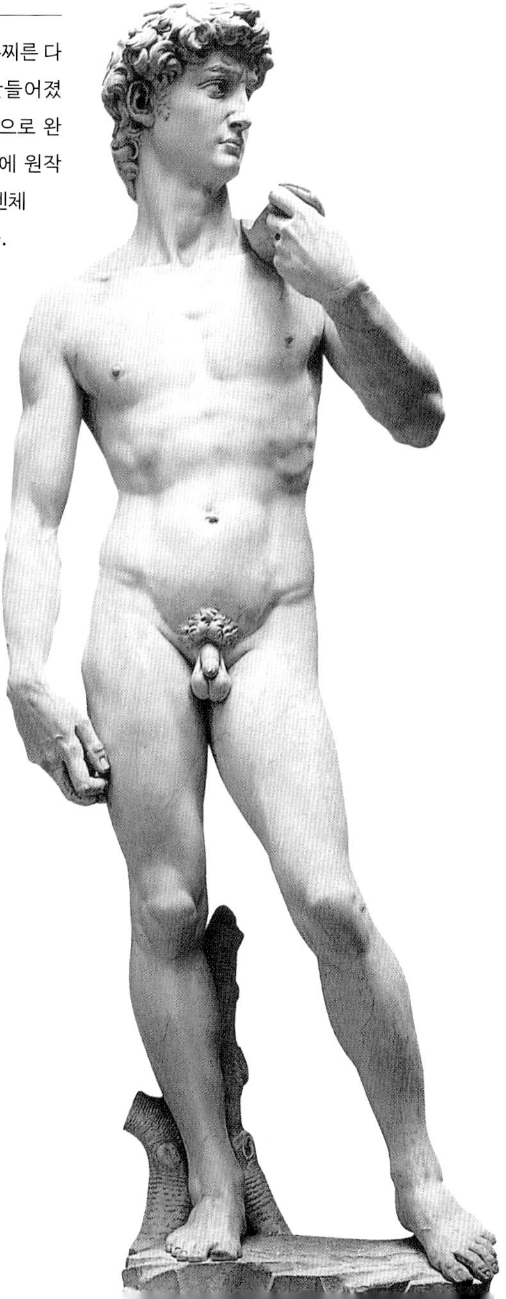

운 작업이었다. 미켈란젤로는 천장 아래에 작업대를 달아 놓고 사다리를 타고 올라가 고개를 완전히 뒤로 젖힌 채로 꼬박 4년을 그림에 열중했다. 결국 작품을 다 완성한 이후에도 오랫동안 제대로 몸을 펴지 못해 애를 먹었다는 소문도 있다.

시스티나 예배당 천장 벽화의 중앙 부분은 구약 성서의 창세기 편에 나오는 〈아담의 창조〉, 〈이브의 창조〉, 〈인간의 타락〉, 〈노아의 제사〉, 〈대홍수〉를 포함해 총 아홉 개의 장면으로 이루어져 있다. 그 양쪽으로 선지자와 예언자 들도 그려 넣었다. 작품 속 인물들은 마치 대리석 조각처럼 단단한 형태의 몸으로 표현되어 있다. 미켈란젤로가 이 천장화에 그린 사람의 수는 300여 명이 넘는다.

교회의 제단 위나 뒤에 설치하는 그림을 제단화라고 하는데, 이로부터 30여 년이 지난 뒤 제단화로 그려진 〈최후의 심판〉도 마치 고대 그리스의 조각상들이 우글대는 느낌을 준다. 이 그림은 등장인물들이 모두 누드여서 많은 말이 오갔다. 비록 르네상스 시대부터 다시 누드를 많이 그리거나 조각했다고 하지만 교회 안에서 사람들 눈에 가장 잘 띄는 정중앙의 제단화에, 심지어 예수까지 누드로 그렸으니 몇몇 성직자들이 강한 불만을 표현한 것이다. 결국 이 그림은 미켈란젤로의 제자에 의해 옷으로 성기를 슬쩍 가린 모습으로 수정되었다.

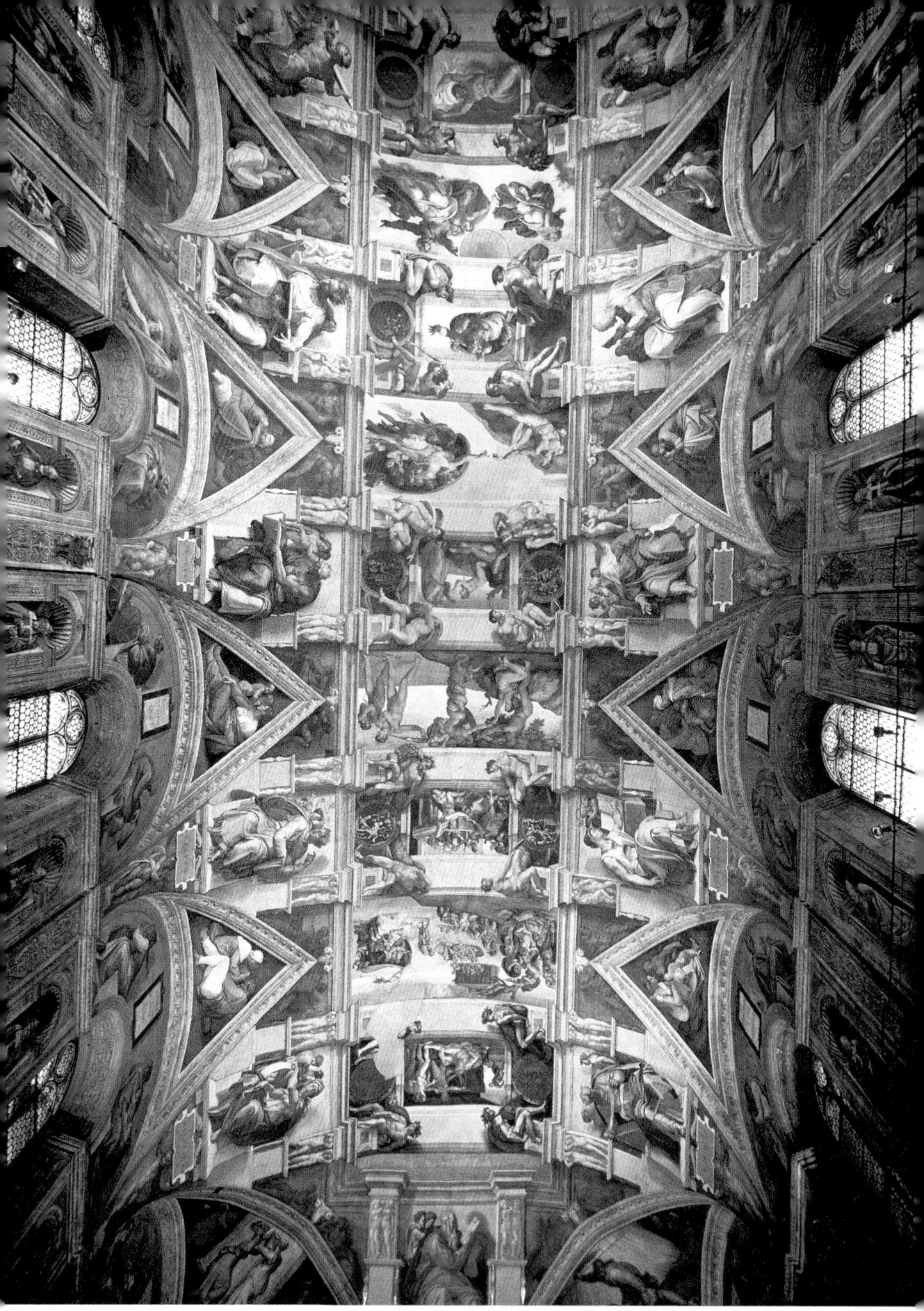

미켈란젤로 부오나로티, 〈시스티나 예배당 천장화〉

1508~1512, 프레스코, 부분 그림

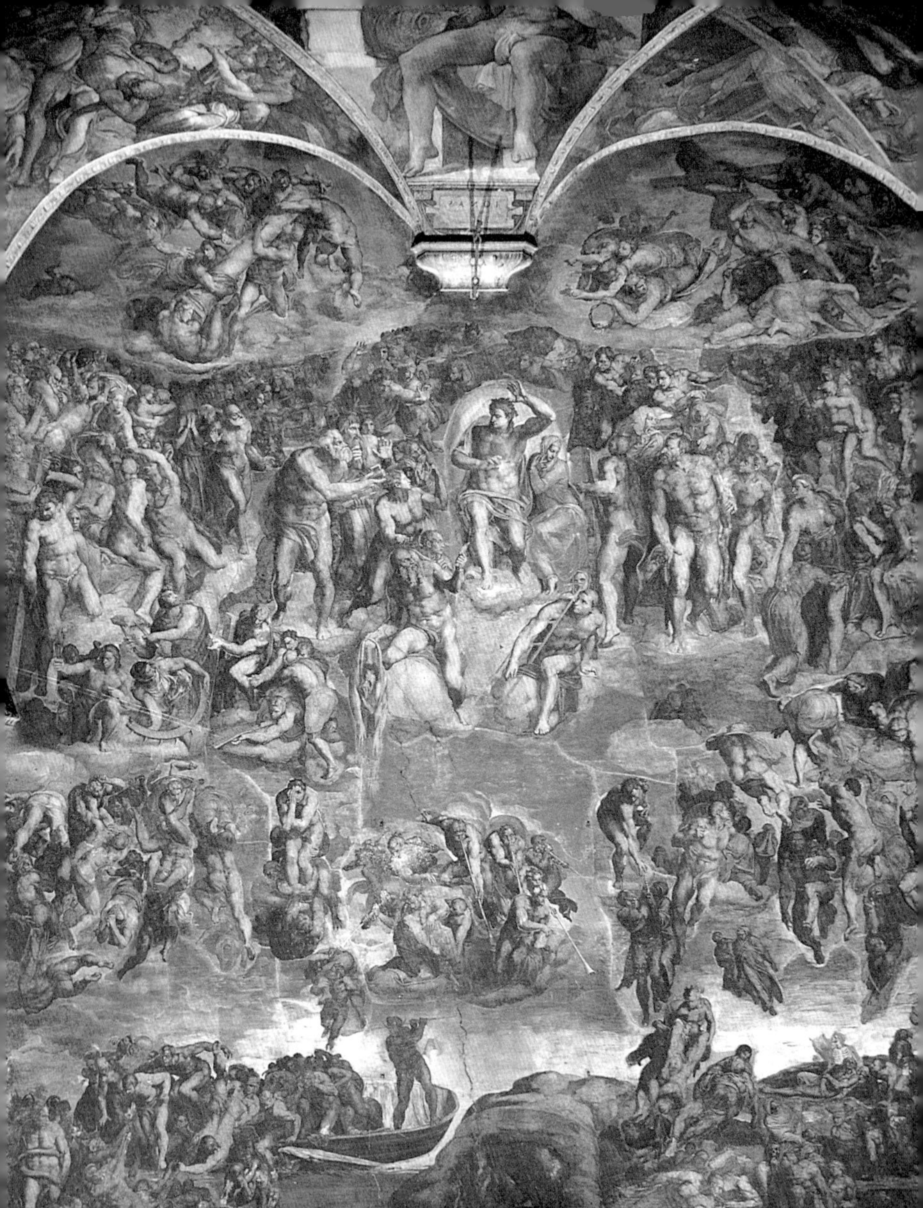

미켈란젤로 부오나로티 〈최후의 심판〉

1537~1541년, 프레스코, 1220×1370cm

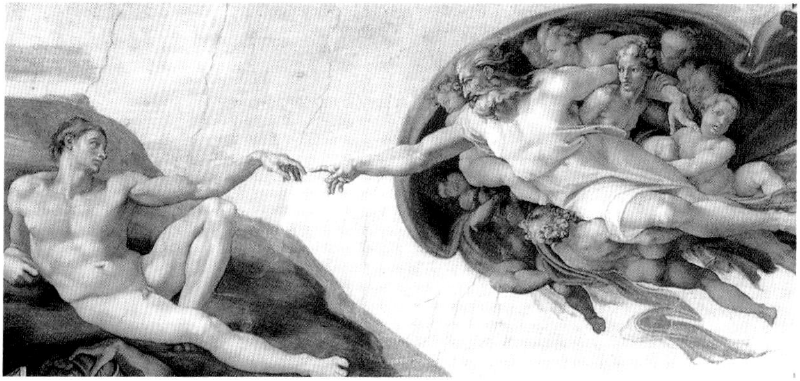

미켈란젤로 부오나로티 〈아담의 창조〉

1510년, 프레스코, 시스티나 예배당 천장화 부분 그림

〈최후의 심판〉이 보여 주는 것처럼 미켈란젤로는 인간이 자신의 몸으로 취할 수 있는 모든 자세를 그림으로 표현해 냈다. 덕분에 이후의 화가와 조각가 들은 미켈란젤로가 완성한 작품들을 참고해서 손쉽게 그림을 그리거나 조각할 수 있었다.

종교개혁과 〈최후의 심판〉

미켈란젤로가 〈최후의 심판〉을 그리던 당시 이탈리아를 비롯한 유럽은 무척 혼란스러운 시기를 보내고 있었다. 1519년, 마틴 루터가 교황청의 잘못을 조목조목 짚으며 종교를 개혁해야 한다는 글을 발표하자, 기독교는 교황을 중심으로 하는 가톨릭과 루터의 뜻을 따르는 프로테스탄트 세력으로 나뉘어 대립했다. 흔히 가톨릭은 구교, 프로테스탄트는 신교로 부르기도 하는데, 우리나라의 경우 가톨릭 신자들은 성당을, 프로테스탄트는 교회를 다닌다고 표현하기도 한다.

교황청의 후원을 받고 일하는 미켈란젤로는 교회가 혼란스러울수록 더욱 정신을 가다듬고 신앙에 몰두하라는 의미에서, 죄를 지은 자들과 그렇지 않은 자들이 최후의 심판대에 섰을 때 과연 어떤 모습일지를 그림으로 표현해 냈다. 이 그림은 '가까이 있는 것은 크게, 멀리 있는 것은 작게'라는 원근법을 무시하고 있다. 또한 인물들이 뒤엉켜 있어 르네상스 시대의 그림이 보여 주었던 자연스러움과 질서는 사라진 듯 보인다. 미켈란젤로 정도의 실력 있는 화가가 원근법을 몰랐다거나 질서가 잘 잡힌 완벽한 구도를 몰랐다기보다는,

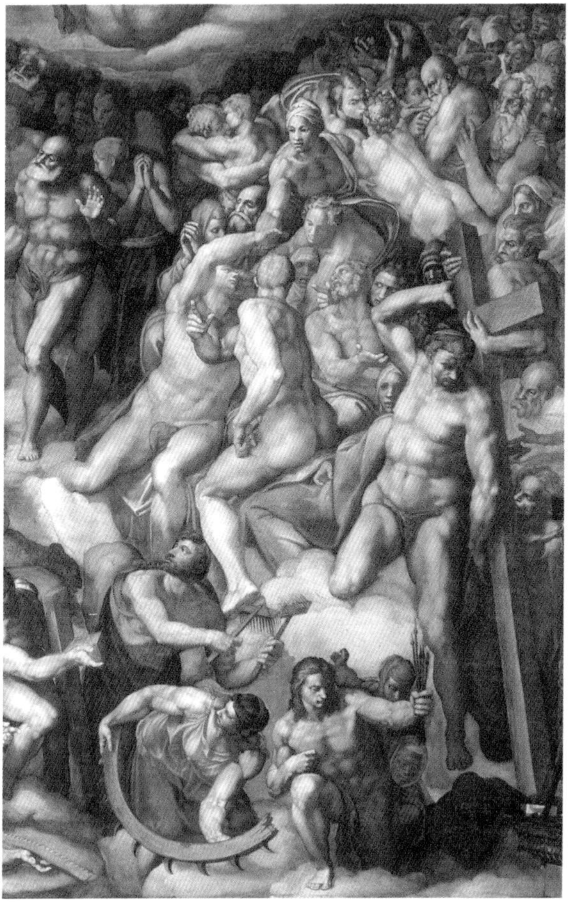

미켈란젤로 부오나로티 〈최후의 심판〉 부분도(카타리나 성녀)

화면 가장 아래쪽의 여자가 들고 있는 것은 부서진 바퀴이다. 성녀 카타리나는 바퀴에 깔려 죽었다.

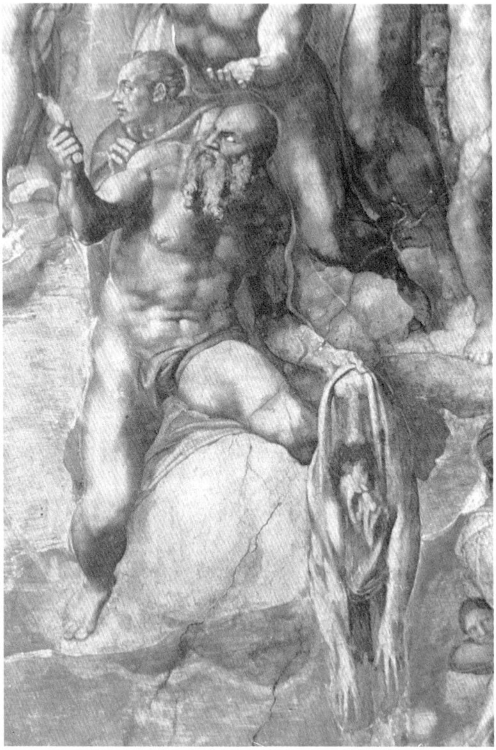

미켈란젤로 부오나로티 〈최후의 심판〉 부분도(바르톨로메오 성인)

바르톨로메오가 들고 있는 살가죽의 얼굴은 바로 미켈란젤로의 모습이다.

상상 속의 장면을 표현하기 위해 일부러 그런 것을 무시했다고 볼 수 있다.

그림에 등장하는 약 400여 명의 인물은 모두 서로 다른 자세를 취하고 있다. 한 손을 위로 올린 채 늠름한 자태로 서 있는 예수와 마리아가 중간에서 지옥으로 떨어질 자와 천국으로 오를 자를 심판하고 있다. 기독교를 위해 몸을 바친 순교자들은 각각 자신을 나타내는 상징물과 함께 그려져 있다.

예를 들어 성녀 카타리나는 기독교를 믿는다는 이유로 바퀴에 깔리는 벌을 받았고 성 바르톨로메오는 살가죽을 벗기는 고문을 당하다 죽었기에 그림에서 각각 바퀴나 살가죽을 상징물로 한다. 특히 미켈란젤로는 바르톨로메오의 벗겨진 살가죽 얼굴을 자신의 얼굴로 그려 넣었다.

차분하고 고요하고 아름답다

르네상스 미술의 전성기를 살다 간
라파엘로

라파엘로 산치오(Raffaello Sanzio, 1483~1520)는 르네상스 시대의 위대한 예술가를 말할 때 레오나르도 다 빈치나 미켈란젤로와 늘 어깨를 나란히 하는 화가이다. 라파엘로에게 가장 처음 그림을 가르쳐 준 사람은 화가였던 그의 아버지다. 아들의 그림 실력이 예사롭지 않자 아버지는 당시 유명한 화가였던 페루지노(Pietro Perugino, 1450~1523)에게 그림을 배우게 했다.

라파엘로는 기회가 닿을 때마다 미켈란젤로나 레오나르도 다 빈치 등 거장들의 뛰어난 작품들을 유심히 살피고 그것을 자신의 작품에 완벽하게 응용하곤 했다. 우선 그는 다 빈치로부터 윤곽선을 흐리게 하는 스푸마토 기법을 배웠다. 또한 삼각형 구도를 사용해서 화면을 편안하고 안정적으로 보이게 하는 법 역시 배웠다.

미켈란젤로의 작품들을 통해 라파엘로는 인간이 취할 수 있는 여러 자세를 어떤 식으로 그릴 수 있는지 알게 되었다. 그 때문인지 미켈란젤로는 늘 자신을 따라 하는 라파엘로에게 강한 불쾌감을 표현하기도 했다. 미켈란젤로는 종종 "라파엘로가 아는 건 전부 나한테 배운 것이다"라고 말했다.

라파엘로는 당시 미켈란젤로가 싫어하던 미술가 브라만테와 무척 친한 사이였다. 미켈란젤로는 교황이 자신에게 조각이 아닌 그림을 주문한 것이 바로 자신의 실패를 은근히 바라는 브라만테의 음모라고 생각할 정도로 그를 적대시했다. 하지만 라파엘로는 자신의 그림 〈아테네 학당〉에 미켈란젤로를 그려 넣음으로써 그에 대한 애정을 표현했다. 이 그림은 고대 그리스의 유명한 철학자들이 모여 있는 장면을 그린 것으로 레오나르도 다 빈치도 플라톤의 모습으로 등장한다.

"와플 모양을 한 원형 천장들이 뒤로 쭉 늘어서 있어서 그림 속 공간이 마치 실제 공간처럼 느껴져요. 원근법을 잘 사용해서겠죠?"

"그렇지. 이 그림은 교황 율리우스 2세가 서재로 쓰던 방을 장식하기 위해 그려진 거야."

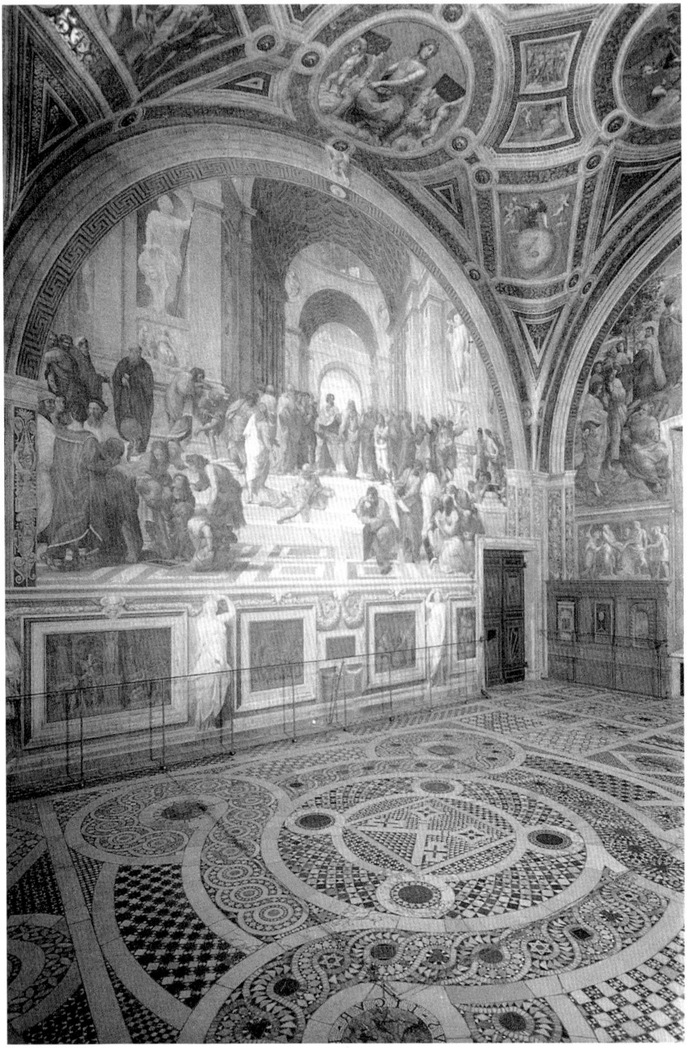

라파엘로 산치오의 작품으로 가득 찬 서명의 방 내부 모습

1510~1511년

교황 율리우스 2세가 서재로 쓰던 이 방은 역대 교황들이 문서에 서명을 하던 방이라는 의미에서 서명의 방이라 불렀다. 오른쪽에 가장 잘 알려진 〈아테네 학당〉이 보인다.

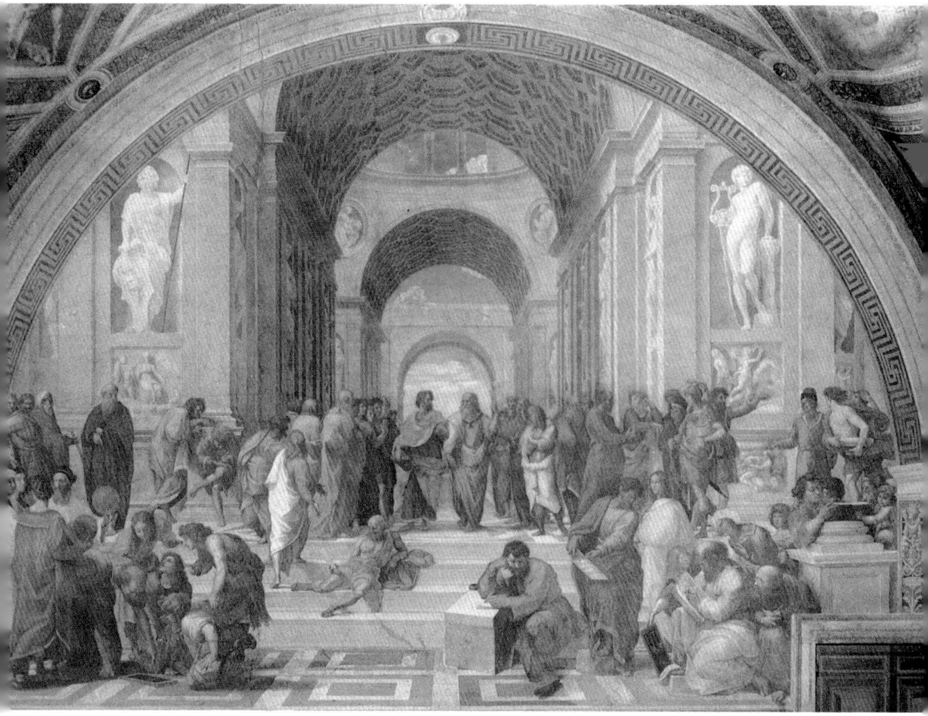

라파엘로 산치오 〈아테네 학당〉
1509년, 프레스코, 824×580cm

"미켈란젤로가 시스티나 예배당 천장을 그리고 있는 동안, 이 방에서는 라파엘로가 그림을 그리고 있었군요! 르네상스 시대의 위대한 미술가 둘이 동시에 한곳에 모여 있었다니!"

"위대한 두 거장이 아주 가까운 곳에서 작업을 하고 있었다는 사실도 재미있지만, 〈아테네 학당〉 안에 르네상스 시대의 내로라하는 미술가들이 한자리에 모여 있는 것도 정말 흥미롭지."

"대체 어디에 미켈란젤로가 있다는 거죠?"

"제일 공부 안 하게 생긴 사람! 찾아봐."

"그렇다면 당연히 저랑 가장 자세가 비슷한 사람일 텐데요. 옳거니, 앞쪽에 팔로 머리를 받치고 졸고 있는 분?"

"그래, 하지만 졸고 있는 건 아닐 거야. 생각에 잠겨 있는 거지. 철학자들은 생각이 많잖아. 미켈란젤로의 얼굴을 하고 있는 이 철학자가 바로 그 유명한 헤라클레이토스야. 세상의 근원은 불이라고 주장한 사람이지."

그러나 정작 이 작품을 본 미켈란젤로는 자신이 형편없이 못생겨 보인다고 투덜거렸다. 게다가 미켈란젤로의 경쟁자인 레오나르도 다 빈치는 화면 정중앙에서 하늘을 향해 손을 뻗고 있는 플라톤으로 표현된 반면 그림 속 자신의 모습은 시선이 덜 집중된다며 못마땅해했다.

"물론 라파엘로도 자신의 모습을 그려 넣었어. 그림 제일 오른쪽 구석을 봐, 빨간 옷에 까만 모자를 쓴 사람이 바로 라파엘로야. 그의 시선이 그림을 보고 있는 우리를 향해 있지."

"중세 시대에는 서명조차 안 하던 화가들이 르네상스 시대에 오면 자기 이름을 그림 안에 써넣거나 아예 이렇게 등장인물로 자신을 그려 넣는 걸 보니 참 변해도 많이 변했구나 싶어요."

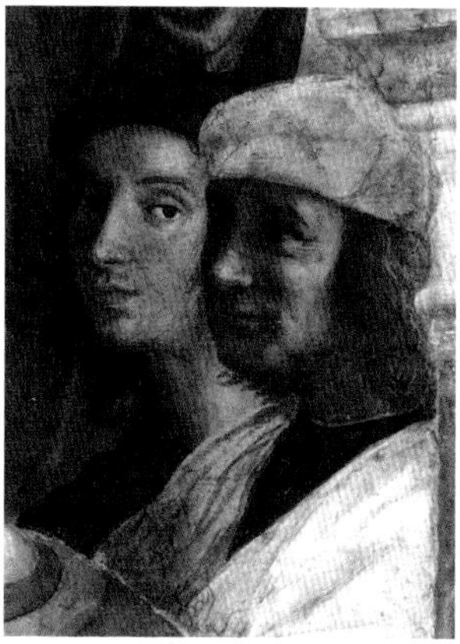

라파엘로 산치오
〈아테네 학당〉 부분도

라파엘로는 자신만의 세계에 빠져 있던 다 빈치나, 불같은 성격 때문에 주변 사람들과의 다툼이 그치지 않는 미켈란젤로와는 달리 무척이나 싹싹하고 부드러운 사람이었다. 많은 르네상스 시대 미술가의 삶을 책으로 기록한 바사리라는 학자는 라파엘로가 주변 사람들에게 무척 인기가 많았다고 전하고 있다.

라파엘로가 사망한 1520년경, 이탈리아를 비롯한 유럽에서는 큰 사건이 연이어 벌어졌다. 당시는 교황 레오 10세의 돈 씀씀이가 너무 큰 나머지 그전 교황 때부터 이어져 오던 성 베드로 성당의 재건축마저 어려울 지경이었다. 레오 10세는 "헌금을 많이 내면 그간의 죄를 씻고 천국에 갈 수 있는 면벌부를 주겠다"

라면서 무지한 신도들의 주머니를 털어 내는 일에 더욱 열을 올렸다. 참다 못한 강직한 성품의 성직자 마틴 루터는 교황과 종교 지도자들이 저지른 잘못을 조목조목 짚어 반박하는 글을 발표했고, 이 사건은 종교개혁으로 이어졌다.

한편 1527년에는 에스파냐와 현재의 오스트리아, 독일 지역을 다스리던 에스파냐제국의 왕이 군사를 이끌고 로마로 쳐들어와 엄청난 학살을 저질렀다. 닥치는 대로 부수고 죽이고 약탈하는 동안 교황을 비롯한 많은 사람은 도시가 하루아침에 잿더미가 되어 가는 모습을 두 눈으로 지켜봐야 했다.

라파엘로가 세상을 떠난 뒤부터 시작된 이 혼란스러운 상황은 미술에도 변화를 가져왔다. 평온한 표정, 완벽하고 이상적인 인물들의 고상한 자태, 안정된 구도와 우아한 색감을 자랑하던 르네상스 미술이 점점 달라지기 시작한 것이다.

"그러니까 라파엘로가 세상을 떠나면서 르네상스의 전성기가 끝났다는 것이군요."

"그렇지 그때부터 미술이 또 변하기 시작했거든."

"시대가 변하니 미술도 바뀌는 거군요."

"종교개혁 이후 신교도와 구교도 간의 전쟁, 그리고 로마 약탈 등 무시무시한 일이 연속적으로 터지니 미술도 이젠 더 이상 고상하고 평온할 수가 없었던 거야."

"사회가 혼란스러워지면 미술은 어떻게 변할까요?"

"그걸 알아보기 위한 좋은 방법이 있지. 지금 차분한 마음으로 그림을 하나 그려 봐. 그리고 매우 화가 나 있을 때 한 번 더 그려 보렴. 그림이 어떻게 달라지는지."

스승과 제자, 페루지노와 라파엘로

라파엘로는 스승 페루지노의 영향으로 그림 실력이 상당히 늘었다. 페루지노는 르네상스 시절 그 출중한 실력으로 이미 피렌체나 로마 등을 다니며 많은 작품을 남겼던 터였다. 마리아와 요셉의 약혼식 장면을 그린 스승과 제자의 두 그림은 얼핏 보면 같은 작품으로 착각할 정도로 거의 비슷하다. 중요한 등장인물인 유대인 대제사장, 마리아, 요셉 그리고 나뭇가지를 꺾고 있는 한 청년의 위치만 약간 다르게 보일 뿐이다.

성경과 관련한 옛이야기에 따르면, 이스라엘의 대제사장은 마리아의 남편감을 구하기 위해 동네의 신앙심 깊은 청년들에게 나무막대기를 하나씩 들고나오게 했다. 요셉은 이미 나이가 많은 자신이 마리아처럼 아름답고 순수한 여인의 남편이 될 리가 없다고 생각했지만, 통보를 받은 사람은 무조건 참석해야 했기에 그 자리에 마지못해 나갔다. 그러나 신비롭게도 그가 가져간 막대기 위에 하나님이 보내 주신 비둘기가 내려앉았고, 꽃이 피기 시작했다. 이에 유대인 제사장은 요셉을 마리아의 남편감으로 인정했고, 두 사람은 서로 결혼을 약속하게 된다. 그림 속 한 남자는 자신이 마리아의 남편감이 되지 못한 것에 화가 나 막대기를 부러뜨리고 있다. 약혼식을 하는

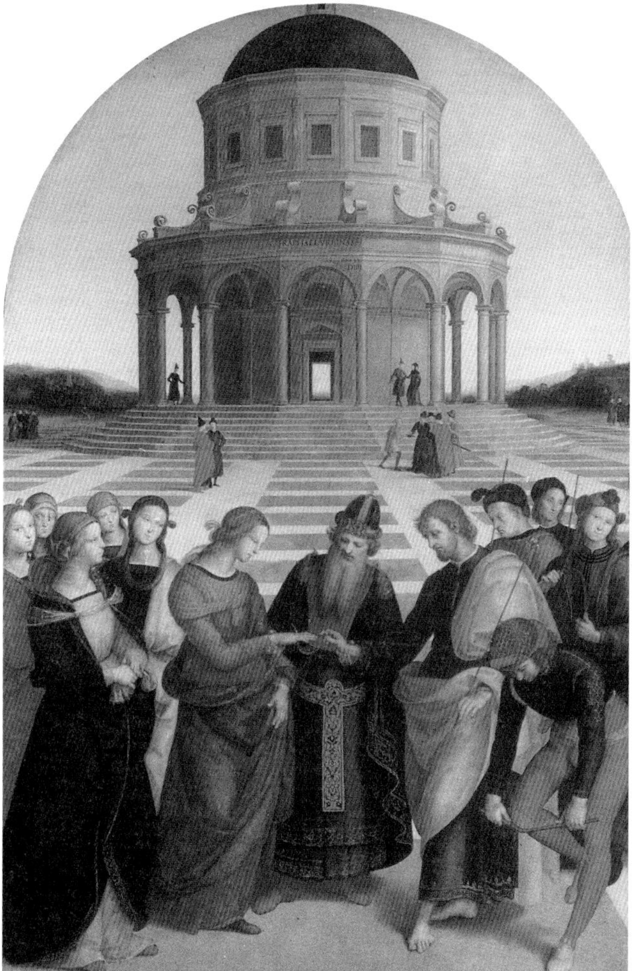

라파엘로 산치오 〈성모의 약혼〉

1504년, 목판에 유채, 117×170cm

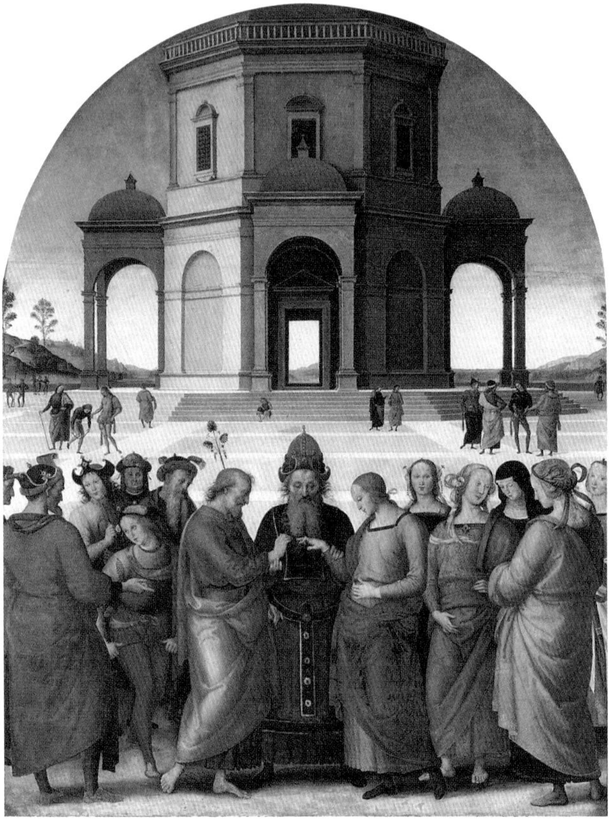

일 페루지노 〈성모의 약혼〉

1500~1504년, 목판에 유채, 185×234cm

이들 뒤로 르네상스 시대에 유행하던 건축물이 보인다. 르네상스의 건축물은 건물의 전체 모양과 창문 등이 그리스 로마 시대의 양식을 따르면서도 삼각형, 사각형, 반원, 원의 기하학적 모양으로 만들어져 단정해 보이고 좌우가 서로 대칭되어 조화롭다.

3부

플랑드르, 베네치아, 그리고 매너리즘 시대 미술

그림에서 중요한 건 선일까, 색일까?

베네치아의 거장, 티치아노

이탈리아의 여러 도시국가 중 베네치아는 물 위에 지은 신비로운 곳이다. 이른 새벽 바다에서 올라오는 안개로 도시는 신비에 휩싸이고, 햇살이 수증기를 이겨 내고 달아오를 때에는 그 찬란한 빛이 다른 어느 곳보다 강렬하고 벅차기까지 하다.

같은 이탈리아지만 피렌체나 로마를 중심으로 한 미술과 베네치아의 미술은 약간 다른 느낌이 든다. 피렌체 사람들은 그림을 그릴 때 무엇보다도 선을 잘 사용해야 한다고 생각했다. 선을 잘 사용한다는 것은 대상의 형태, 즉 모양을 세밀하고 완벽하게 그리는 것을 의미했다. 미술가가 꿈인 학생들이 화실에서 하얀 석고상을 놓고 목탄이나 연필로 열심히 데생하는 것이 바로 완벽한 형태를 만들어 내는 연습이다.

"그래서인지 라파엘로나 미켈란젤로의 그림은 마치 조각처럼 보이곤 했어요."

"그렇지? 진짜 사람을 닮게 그리긴 했지만 반듯하게 이상화하다 보니 조각상 같은 몸이 나올 수밖에 없었겠지. 피렌체나 로마 화가들은 완벽한 인간을 그리기 위해 고대 그리스 로마 시대 조각상들을 많이 참고했어. 다양한 자세를 만들어야 했기에 실제 모델을 부르기도 했지만 말이야."

그에 비해서 베네치아 출신의 화가들은 형태보다는 색채를 중요하게 여긴다. 이는 아마도 베네치아 화가들이 바다 가까이에 살다 보니 색에 민감했기 때문일 수도 있다. 그들은 수시로 하늘의 빛이 달라지는 것을 쉽게 관찰할 수 있었고, 그에 따라 물, 나뭇잎, 도시 건물의 색깔이 달라 보이는 것을 자주 접했다. 베네치아 사람들은 풍경에 관심이 깊어서 조르조네 같은 유명한 화가는 폭풍이 몰아치는 날에 번개가 떨어지는 풍경을 그림으로 그리기도 했다.

"풍경은 원래 많은 화가가 그리지 않나요? 특별히 베네치아 화가들만 풍경을 그린 건 아니잖아요."

"물론 이탈리아 화가들도 풍경을 그렸지. 하지만 피렌체와 로

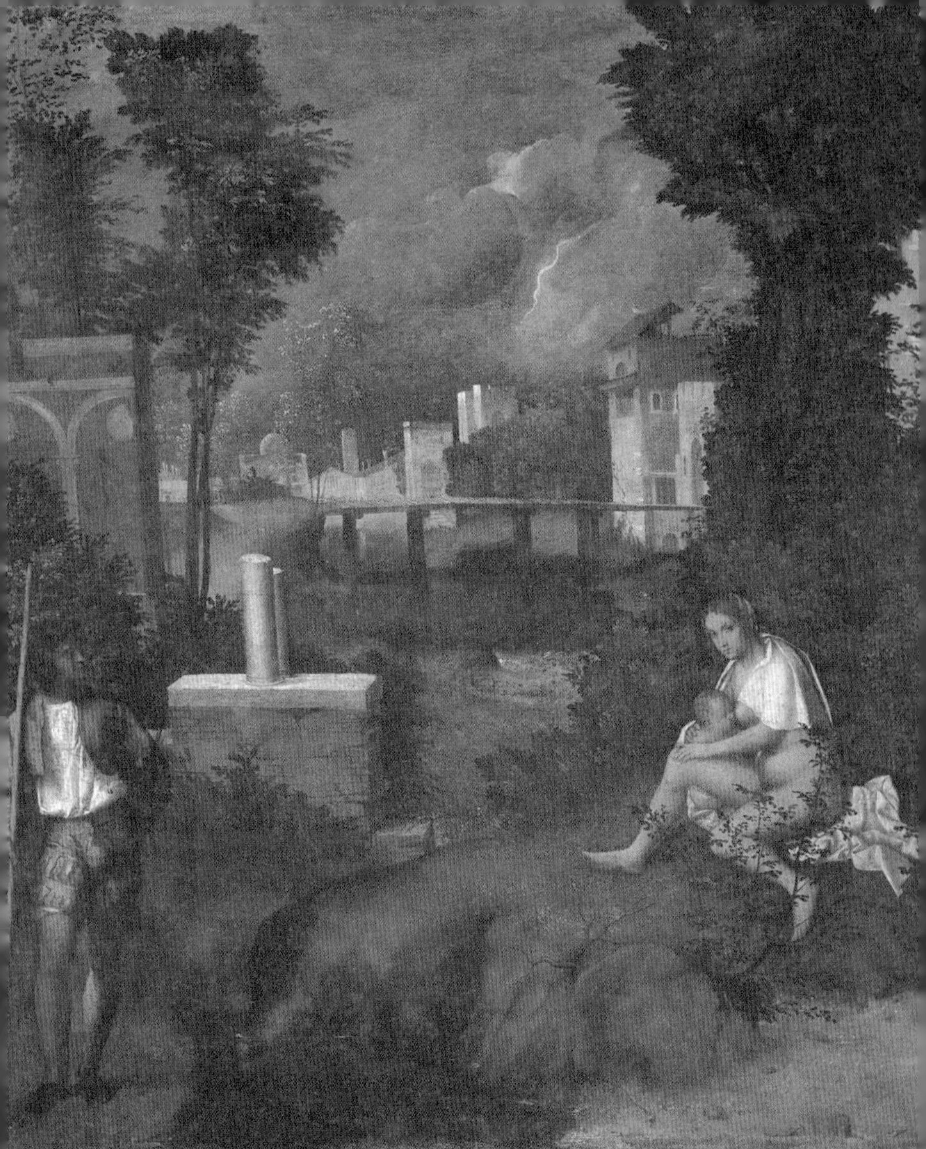

조르조네 〈폭풍〉

1505년, 캔버스에 유채, 73×82cm

마 화가들에게 풍경은 배경에 지나지 않았어. 사람들의 시선이 배경보다는 조각 같은 인물이나 그 인물들이 하는 일을 향하도록 그렸거든. 어느 정도 예외는 있지만, 배경은 좀 흐릿하게 처리한다거나 색을 엷게 해서 별로 튀지 않게 그려 넣는 편이었어. 그러나 베네치아 화가들은 풍경 그 자체를 무척 중요하게 생각했어. 그들의 그림은 그 속의 주인공과 행동뿐만 아니라 풍경에도 마음을 빼앗기게 만드는 힘이 있어. 워낙 사실적으로 그릴뿐더러 계절, 시간, 날씨의 변화를 느낄 수 있도록 표현했거든. 피렌체나 로마의 그림은 인물들을 가리고 배경만 보면 좀 어설퍼 보이지. 그런데 조르조네의 그림은 등장인물이 없다고 생각하고 봐도 한 폭의 훌륭한 풍경화로 보여."

베네치아 화가들은 형태보다 작품 속 대상의 색채와 질감 표현에 탁월한 능력을 발휘했다. 그들은 입고 있는 옷이나 피부, 머리카락 등에 떨어지는 빛의 변화를 잘 관찰해 야들거리거나 매끈하거나 거친 표면의 느낌, 즉 질감을 생생하게 표현해 냈다.

피렌체에 보티첼리와 레오나르도 다 빈치가, 로마에 라파엘로와 미켈란젤로가 있었다면, 베네치아에는 베첼리오 티치아노(Vecellio Tiziano, 1488~1576)가 있었다. 당시 티치아노의 명성은 이미 이탈리아 반도를 넘어 유럽 각지에도 널리 알려져 있었고, 교황을 비롯한 왕과 귀족들은 어떻게 하면 티치아노가 그린 그림을 소장할 수 있을까 애를 태울 정도였다.

"뭔가 바뀐 느낌이 드는군요. 이젠 오히려 왕과 귀족, 성직자들이 화가의 그림을 한 점 얻겠다고 쩔쩔매다니 말이에요."

"그렇지. 중세 시대만 해도 화가나 조각가는 그냥 손재주가 특별난 사람에 불과했어. 그래서 미술가라는 이름보다는 장인이라고 불렀지."

"장인이요?"

"장인이란 손으로 물건을 만들어 그것을 팔아서 생활하는 사람을 뜻해. 중세 시대 장인들은 자기 나름의 독창적인 작품을 만들기보다는 교회나 주문자의 요구에 따랐어. 주문이 들어오면 작은 작업실에 몇몇이 모여 함께 작품을 만들었지. 필사본도 그런 식이었어. 그렇다 보니 굳이 자기 이름을 서명하는 일도 드물었던 거야. 하지만 르네상스 시대부터 미술가의 지위가 점점 높아지기 시작했어. 작품을 주문한 사람들의 요구에만 맞추는 게 아니라, 미술가 나름대로 원하는 작업을 시도하고 그림이나 조각에 자기 서명을 넣기도 했지."

"미술가들이 큰소리 뻥뻥 치며 사는 세상이 온 거군요!"

"하지만 다 그런 건 아니었어. 아주 뛰어난 미술가들이나 그런

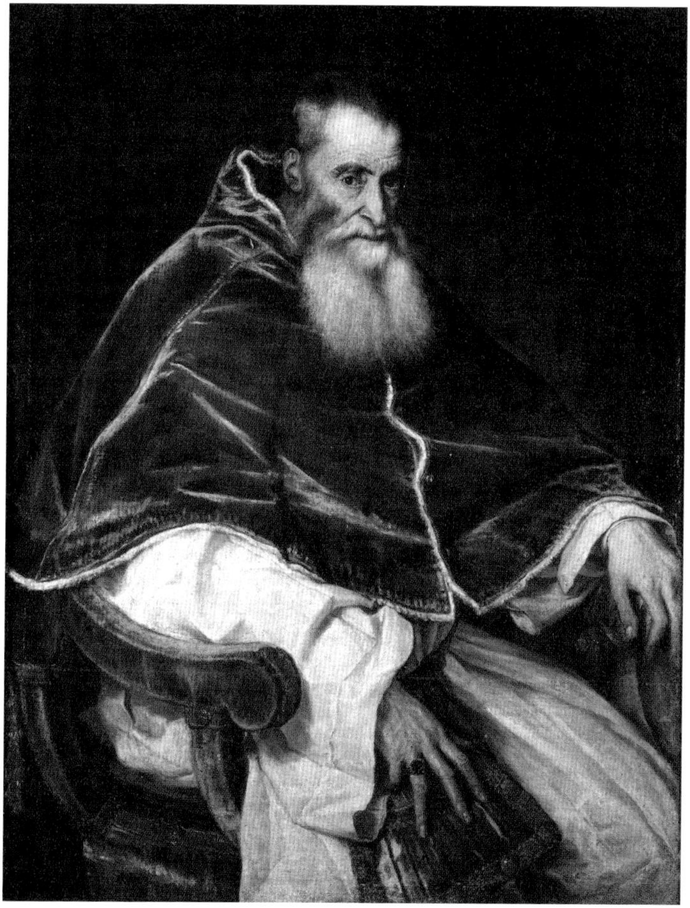

베첼리오 티치아노 〈교황 바오로 3세〉

1545~1546년, 캔버스에 유채, 85×106cm

수염과 옷의 촉감이 고스란히 느껴지는 초상화이다. 티치아노는 사람의 겉모습만 비슷하게 그리는 것에서 더 나아가 인물의 성격을 은근히 표현해 내는 기술이 있었다. 그림 속 교황 바오로 3세는 늙고 구부정한 모습이지만, 초롱초롱한 눈매와 반듯한 손 모양 때문에 위엄이 느껴진다.

대접을 받았다는 거지. 르네상스 시대의 미술가들은 여러 학자와 함께 고대 그리스의 문학과 신화, 철학 등에 대해서 공부하고 해부도 하는 등 중세 시대보다 지식이 풍부했어. 그래서 더 대접받을 수 있었고. 하지만 모두가 미켈란젤로나 다 빈치, 라파엘로 혹은 티치아노 같을 수는 없었겠지."

티치아노는 초상화에 뛰어나 각국의 유명 인사로부터 주문이 끊이질 않았다. 워낙 위대한 화가이다 보니 이름만 들어도 죄다 벌벌 떠는 신성로마제국의 황제 칼 5세마저 티치아노가 그림을 그리다가 붓을 떨어뜨리자 직접 허리를 숙여 집어 줄 정도였다. 그러고는 "당신 같은 위대한 화가는 황제의 시중을 받아야 마땅하지 않겠소"라는 말을 남겼다고 한다.

사람들은 미켈란젤로의 형태와 티치아노의 색채가 합쳐진다면 이 세상 그 누구의 그림보다 훌륭할 것이라고 말했다. 그만큼 티치아노는 이미 미켈란젤로와 어깨를 나란히 하는 거장 중의 거장이었다. 그는 그림 속 사물들의 질감을 더 자연스레 표현하기 위해서 붓이 아닌 손가락과 그림용 나이프를 사용하기도 했다.

"그림이 좀 울퉁불퉁해졌겠군요."

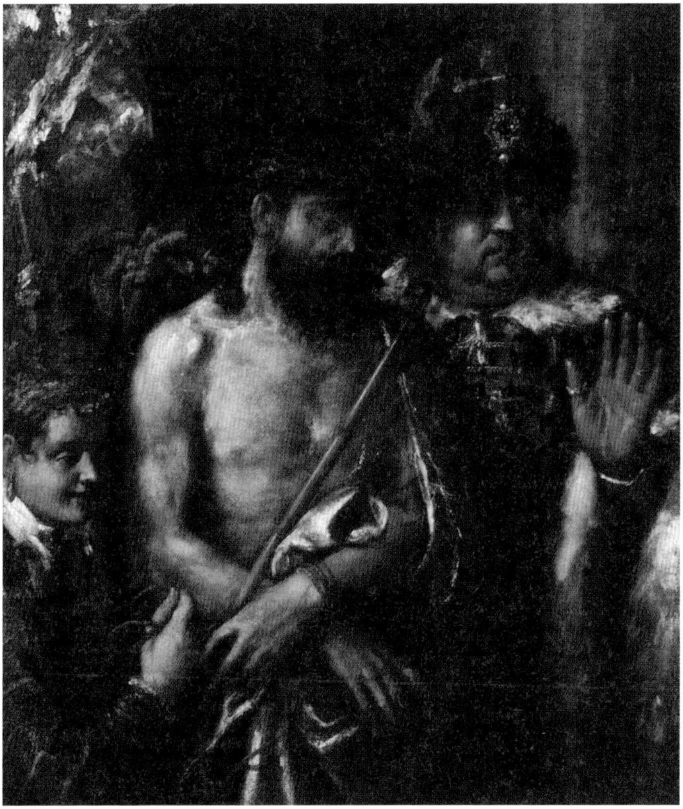

베첼리오 티치아노 〈예수를 조롱함〉

1570~1575년, 캔버스에 유채, 92×109cm

예수를 고문하고 조롱하는 장면을 그린 그림이다. 병사의 옷, 모자 등에 달린 장신구에 빛이 닿아 반짝이는 모습이 무척이나 섬세하고, 옷이나 머리카락의 질감도 잘 표현되어 있다. 티치아노는 피렌체나 로마 출신 화가들과는 달리 붓자국을 거칠게 남기곤 했다.

"그렇지. 사실 붓을 사용하지 않고 그림을 그릴 수 있다는 생각 자체가 당시로서는 파격이었어. 아무래도 손가락이나 나이프를 이용한 그림은 붓으로 그린 것보다 표면이 더 두껍고 거칠게 보일 수밖에 없지. 이런 두꺼운 물감 위에 빛이 비추면 그림 표면에 자잘한 그림자가 드리워지면서 독특한 분위기를 내는 효과도 가져오겠지."

"어떻게 이런 기발한 생각을 할 수 있었을까요?"

"질감을 잘 표현하고 싶다는 의욕도 있었을 거고, 한편으로는 나이가 들면서 시력이 떨어져 거의 앞을 못 볼 정도가 되었던 점도 이유가 되겠지."

"오호, 단점을 장점으로 승화시킨 거로군요!"

당시 대부분의 화가가 주로 목판, 즉 나무판을 손질해 그 위에 그림을 그렸다. 그러나 베네치아 화가들은 나무로 사각의 틀을 만든 뒤 그 위에 천을 팽팽히 당겨 고정시킨 캔버스에 그림을 그렸다. 캔버스는 목판보다 훨씬 가벼운데다가 적은 양의 물감으로도 선명한 색을 표현할 수 있다. 티치아노는 천장화 등 어쩔 수 없는 경우를 제외하고는 대부분 캔버스에 유화를 그렸다.

티치아노 이후로 캔버스에 유화를 칠하는 방식은 유럽 각 지역의 화가들에게 유행처럼 번지기 시작했다. 또한 티치아노는 붉은색 물감으로 전체 바탕을 칠한 뒤 연필이나 목탄이 아닌 붓으로 밑그림을 그렸다. 그 위에 새빨갛거나 샛노란 원색들을 계속 덧입히면서 자신이 원하는 분위기의 색을 찾아냈다. 이런 기법은 피렌체 화가들에게선 그리 흔하지 않은 방법이었다.

좀 이상해 보인다고?

독특함을 창조한 연금술사, 파르미자니노

흔히 르네상스 미술의 최고 전성기는 라파엘로가 세상을 떠나면서 끝이 났다고들 말한다. 이는 그즈음 에스파냐군의 로마 약탈 사건이나 종교개혁으로 같은 기독교인들 사이에 싸움이 이어지면서 미술이 달라지기 시작했기 때문이다. 서로가 서로를 죽이고 다치게 하는 시끄러운 세상 속에서 미술 또한 과거처럼 고요하고 평화롭기만 할 수는 없는 노릇이었다.

"르네상스 미술은 정적이라고 했던 게 생각나요. 차분하고 조용하고 우아하고요."

"그렇지. 질서가 잘 잡혀 있고 깔끔한 느낌이 들지. 그렇지만 지역에 따라 미술이 달라지듯 시대에 따라서도 달라지잖아? 그래서 이젠 어수선하고 혼란스러운 시기를 잘 드러내 주는 미술이 나타난 거야."

당시 미술가들에게는 넘을 수 없는 산이 있었다. 그 넘을 수 없는 산은 다름 아닌 라파엘로, 다빈치, 미켈란젤로와 같은 위대한 미술가들이었다. 화가들은 이들 거장의 그림을 연구하고 그것을 제대로 따라 그릴 수만 있어도 된다고 생각할 정도였다. 르네상스 후기, 이런 식의 생각들이 만들어낸 미술을 '매너리즘'이라고 부른다.

"매너리즘이라, '매너'라는 말은 좋은 뜻으로 쓰이지 않나요? 예절, 예의를 잘 지키면 매너가 좋다고 하잖아요?"

"매너리즘의 매너는 원래 '방법'을 뜻하는 말이야. 물론 사람을 대하는 태도, 예의라는 뜻도 있지. 그런데 매너리즘이라는 말은 주로 부정적인 느낌을 주지. 예를 들어서 사람들이 어떤 일을 할 때 늘 하던 방식 이외엔 도무지 변화가 없어서 일을 하는 자신도, 또 옆에서 보는 사람도 조금씩 지겨워지기 시작하면, '요즘 매너리즘에 빠졌군'이라고 말하거든. 미술에서 '매너리즘 시대'는 거장들의 '방법'을 그냥 베껴다 쓰는 걸 반복하는 시대라는 의미지."

"그렇다면 그 시대에는 그런 미술가들만 있었나요? 거장들이 이루어 놓은 것만 따라 하는?"

"그럴 리가 있겠어? 다른 건 몰라도 예술을 하는 이들은 늘 새로운 것을 찾아 헤매지. 물론 르네상스의 거장들이 너무나 뛰어났기에 한동안은 아무리 열심히 해도 그들을 뛰어넘기 어려웠을 거야. 그들은 늘 새로운 것을 시도했어."

매너리즘 시대의 미술가들이 말 그대로 거장들을 베끼기만 한 것은 아니다. 그들 중 몇몇 위대한 이는 거장들의 뛰어난 '방법'을 잘 익힌 뒤 그것을 바탕으로 더욱 새롭고 독특한 분위기의 작품을 만들어 냈다. 파르미자니노(Parmigianino, 1503~1540)의 그림을 보면 이를 잘 알 수 있다.

"파르미자니노는 파르마라는 도시에서 태어났어. 옛날 이탈리아인들의 이름이나 성은 자신이 태어난 지역이나 그 가문이 살던 지역을 의미하는 경우가 많아. 혹은 어느 지역 출신이라는 단어를 별명처럼 사용하기도 하고. 사실 레오나르도 다 빈치 역시 빈치 지방에서 태어난 레오나르도라는 뜻이야. 파르미자니노의 경우는 원래 이름이 따로 있었지만, 그냥 그렇게 불리는 걸 좋아했던 모양이야."

"아하, 옛날 할머니들이 순천댁, 부산댁으로 불리는 것과 비슷하군요!"

파르미자니노는 서른일곱이라는 너무나 젊은 나이에 세상을 떠났다. 그는 금을 만드는 방법을 연구하는 연금술에 빠지면서 걸핏하면 계약한 그림의 완성을 미뤘다. 이것이 소문나자 그림 주문이 줄어들었고, 그나마 있던 돈도 연금술에 투자하느라 생활은 늘 쪼들렸다. 또한 고집스럽고 퉁명스러운 성격의 소유자였기 때문에 사람들로부터 점점 멀어져 외톨이로 생활하다가 외롭게 죽음을 맞았다. 그러나 파르미자니노의 특이한 그림은 당대 다른 화가들에게서 많은 관심을 받았다. 〈목이 긴 성모〉는 르네상스 그림과 분위기가 많이 다르다.

"일단 사람들의 형태가 무척 길게 느껴져요!"

"그렇지. 르네상스 시대에는 그림 속 인물들이 마치 그리스 시대의 조각상처럼 비율이 잘 맞았잖아. 가장 이상적이고 아름다운 인간은 머리와 몸 전체 비율이 1대 8이라거나 하는 식이었으니. 파르미자니노는 그 비례를 잘 알고 있었는데도 인간의 몸을 마음대로 쭉쭉 늘려 놓았어. 그림 속 성모마리아는 워낙 크고 머리에 비해 몸이 지나치게 길어. 저런 몸매는 있을 수도 없을

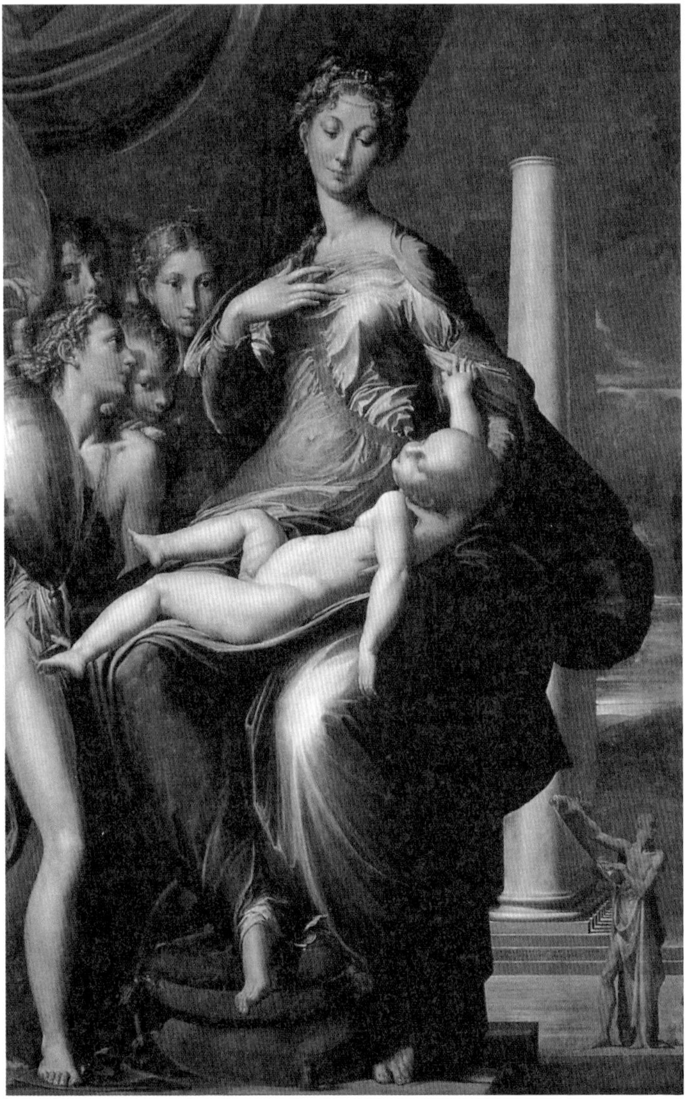

뿐만 아니라, 르네상스나 그 이전 고대 그리스의 기준으로 봤을 때 아름답지도 않지."

"약간 이상하다거나 기이하다는 생각이 드는군요."

"파르미자니노 역시 라파엘로나 미켈란젤로를 무척이나 동경했어. 하지만 그들과는 다르게 인체의 비율을 늘려 버린 거야. 그는 인간의 몸과 사물의 형태를 왜곡함으로써 단정하고 완벽한 르네상스 미술의 안정감에 변화를 주었어. 사실 파르마자니노가 살던 시대는 더 이상 평온하다고 할 수 없는 불안의 연속이었지."

르네상스의 잔잔하고 고요한 아름다움에 반기를 든 매너리즘 시대의 화가들은 한쪽으로 치우친 구도나 어둡고 탁한 색 혹은 보기에 어색할 정도의 현란한 색들을 많이 시도했다.

파르미자니노 〈목이 긴 성모〉

1534~1540년, 목판에 유채, 132×216cm

오른쪽 기둥의 윗부분을 보면 기둥이 하나이지만, 아래를 보면 여러 개의 기둥이 늘어서 있다. 파르미자니노가 채 완성하지 못하고 남긴 작품으로 우피치 미술관에 전시되어 있다.

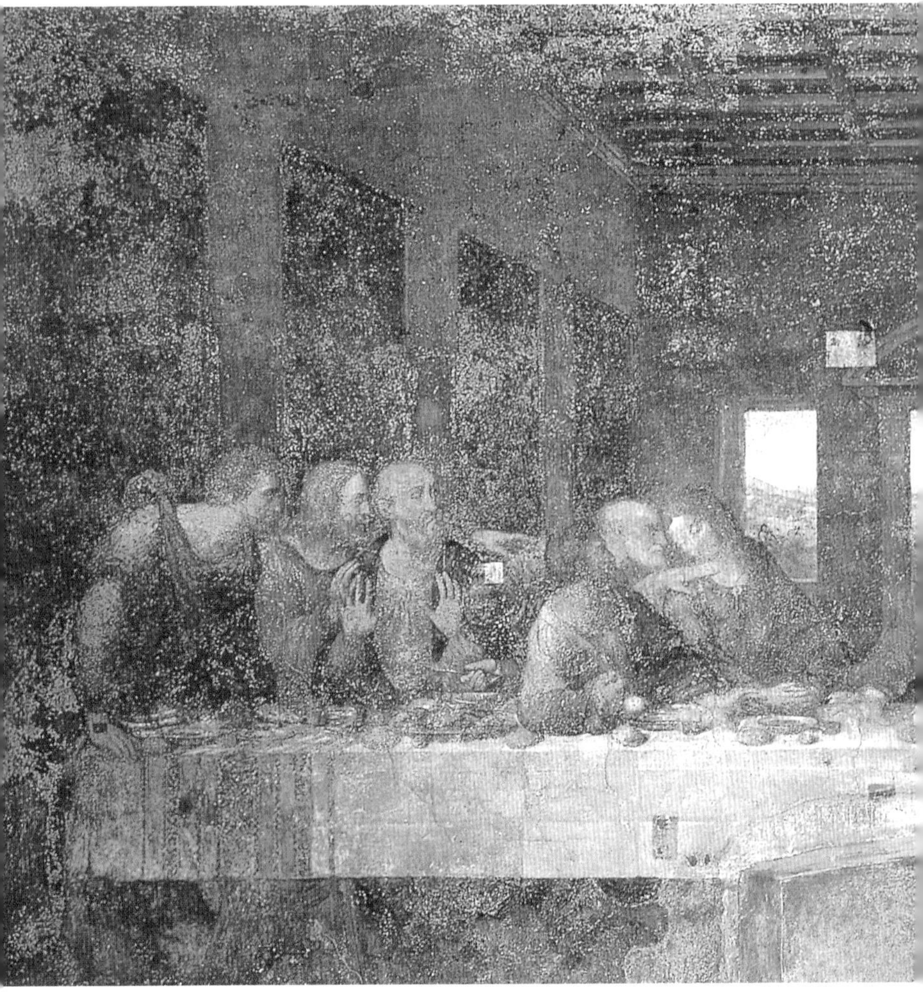

레오나르도 다 빈치 〈최후의 만찬〉

1495~1497년, 회벽에 유채와 템페라, 880×460cm

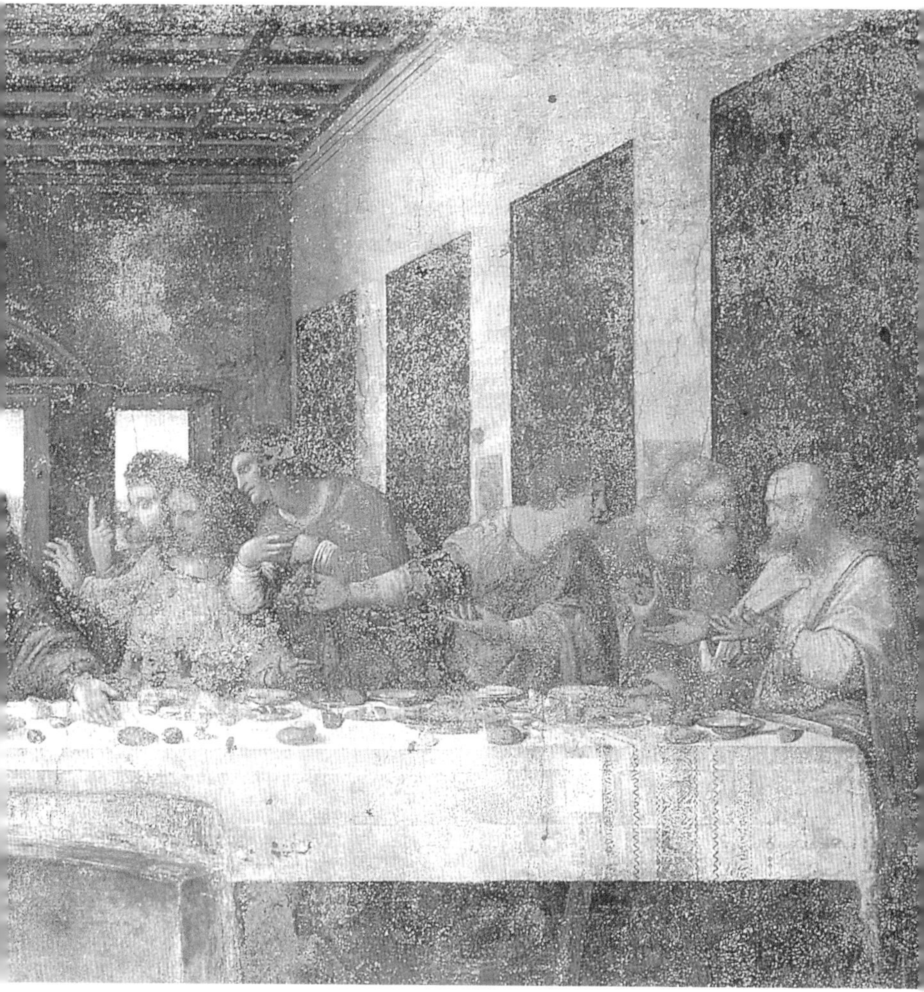

"매너리즘 시대의 유명한 화가 중 틴토레토(Tintoretto, 1588~1594)라는 사람이 있어. 그가 그린 〈최후의 만찬〉을 한번 봐. 레오나르도 다 빈치 그림과 많이 다르지?"

"일단 색깔부터 다르네요. 어둡고 탁해요. 움직임이 크고 소란스러운 느낌도 들고요. 그리고 금방이라도 더 무시무시한 어떤 일이 벌어질 것같이 느껴져요."

"맞아. 그리고 구도도 많이 달라. 다 빈치의 〈최후의 만찬〉은 예수를 중심으로 양쪽 사람의 수가 어느 정도 맞아떨어져. 정면의 창만 봐도 중앙에 하나가 있고, 양쪽에 각각 하나씩 있지? 또한 벽의 창도 오른쪽에 네 개, 왼쪽에 네 개로 그 수가 같지? 이런 식으로 그렸기에 그림이 전체적으로 안정되어 보이거든. 그런데 틴토레토의 구도는 그렇지가 않아. 어디가 중심이라고 말하기도 어렵고, 따라서 양쪽이 서로 대칭되는 느낌도 없잖아."

"그러고 보니 탁자가 한쪽에 비스듬히 놓여 있군요. 사람들이 몰려 있는 느낌도 들고요."

"갑자기 줄다리기가 생각나는군요. 중앙에 심판이 서 있고 양쪽으로 같은 수의 사람들이 줄을 잡고 있어요. 힘의 균형이라고 하잖아요. 그게 르네상스 미술인 거 같아요."

"그래, 르네상스 그림은 양쪽에 비슷한 힘이 균형을 이루고 있지. 멀리서 보면 대칭이 딱 맞고."

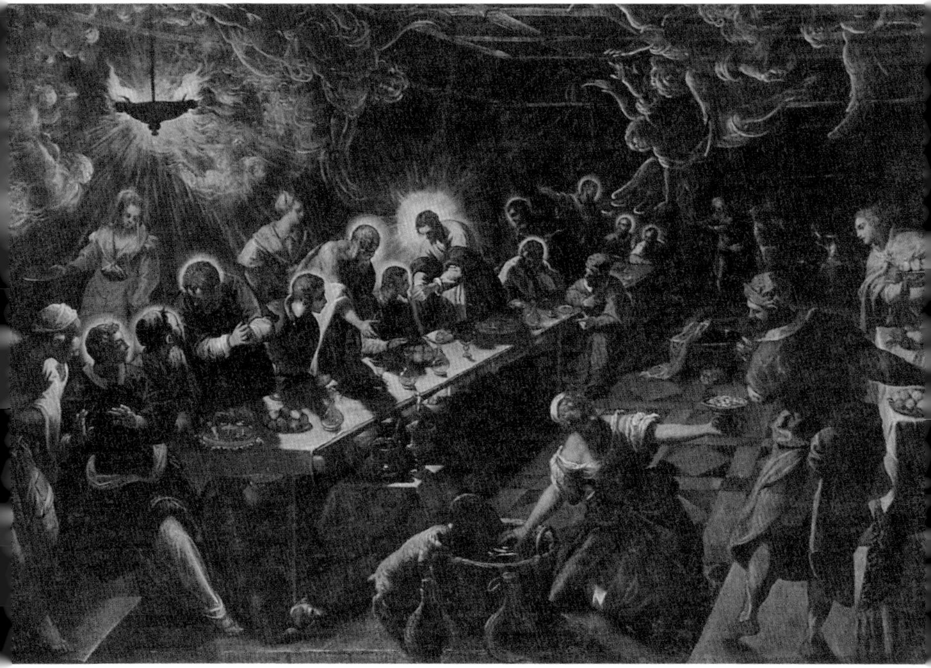

틴토레토 〈최후의 만찬〉

1592~1594년, 캔버스에 유채, 568×365cm

"그러다 경기가 끝났다는 호각 소리가 나고 힘의 균형이 깨지는 거예요. 한쪽으로 줄이 당겨지면서 사람들도 그쪽으로 쏠리겠죠. 바로 그 장면이 매너리즘의 그림 같을 거예요!"

기이한 그림들

라파엘로가 세상을 떠난 1520년대부터 새로운 미술이 발달하기 시작한 1600년경까지는 르네상스 정신이 쇠퇴하는 시기라 해서 '후기 르네상스 미술'이라고 부르거나 '매너리즘 시대 미술'이라고 말하기도 한다. 라파엘로보다 훨씬 늦게까지 살았던 미켈란젤로의 경우, 후기로 갈수록 매너리즘 미술을 구사했다. 덕분에 우리는 시스티나 예배당에서 미켈란젤로가 르네상스식으로 그린 그림 천장화와 매너리즘의 방법으로 그린 〈최후의 심판〉을 한번에 볼 수 있다. 〈최후의 심판〉은 사람들이 복잡하게 얽혀 있고, 원근법에 맞지 않게 사람들의 크기도 들쑥날쑥하다.

엘 그레코(El Greco, 1541~1614)는 원래 그리스에서 태어났지만 주로 에스파냐에서 활동한 화가이다. 엘 그레코라는 이름은 '그리스 사람'이라는 뜻의 에스파냐어다. 그는 밝은 곳에서 그림 그리는 것을 무척 싫어해서 자신의 작업실을 늘 두꺼운 커튼으로 가려 빛이 조금도 새어 들어오지 못하게 했다. 캄캄한 방에 촛불 몇 개만 켜 놓고 그림을 그린 엘 그레코는 사람의 몸을 길쭉하게 늘리기도 하고, 탁하고 무시무시한 색도 많이 사용했다.

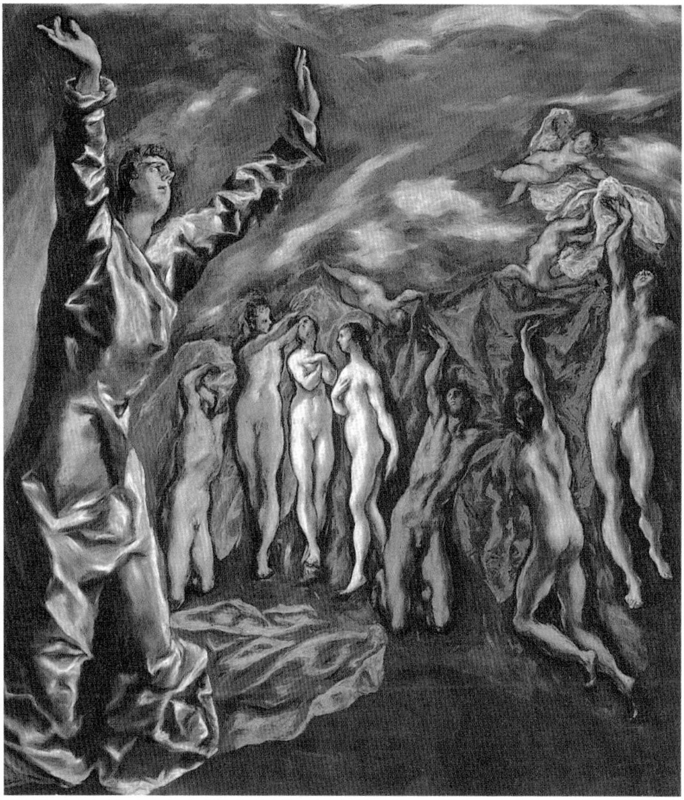

엘 그레코 〈성 요한의 묵시록〉

1608~1614년, 캔버스에 유채, 193×222cm

이 그림은 신약 성서 '요한 계시록'에 있는 장면으로 최후의 날, 기독교를 위해 죽은 성인들이 천국으로 올라가게 될 것이라는 내용을 그린 그림이다. 한쪽으로 치우친 구도, 길쭉길쭉한 인물, 르네상스의 균형 잡히고 아름다운 몸매와는 거리가 먼 누드들, 원래 사람의 몸이나 하늘과는 다른 색, 묘한 분위기를 주는 구름과 하늘 등은 매너리즘 미술의 특징을 잘 보여 준다.

이보다 꼼꼼할 수는 없다!

사실적이고도 상징적인 그림,
얀 반 에이크

화가들은 여러 도구를 이용해 종이나 나무판, 벽 등에 그림을 그리곤 한다. 색을 입히는 물감은 수채화 물감, 유화 물감, 아크릴 물감 등 그 종류가 무척이나 다양하다. 그중 기름에 색 재료를 혼합해서 사용하는 유화는 르네상스 시대에 와서야 본격적으로 사용되었다.

"그림을 보면 그 아래에 그림에 대한 정보가 나와 있는데 템페라, 프레스코는 무슨 뜻인지 궁금해요."

"먼저 프레스코에 대해 알아볼까? 프레스코는 주로 오래된 성당이나 큰 건물의 벽에 그려져 있어. 집을 지을 때 보면 벽돌 같은 걸 쌓고 그 위에 석회와 모래, 물을 섞어서 벽을 넓게 바르지? 프레스코는 그렇게 발라 놓은 면이 마르기 전에 재빨리 물감을 이용해 그림을 그리는 것을 말해. 시간이 지나면서 벽이 서서히 마르는 동안 물감이 벽 속에 스며들며 같이 마르게 되는 거지."

"아하, 그럼 완성되면 색이 무척 선명해지겠어요!"

"그렇지. 하지만 단점이 있어. 그림을 그리는 중에 화가가 실수를 하거나 마음이 바뀌었을 때 그림을 수정하는 게 쉽지 않거든. 젖은 벽에다 그림을 그리면 붓으로 칠하는 순간 이미 벽에 스며들어 버리니 말이야."

"그럼 어떻게 고치죠?"

"수정할 부분의 벽면을 뜯어낸 뒤 새로 바르고 칠해야 하지."

"어휴, 너무 번거로운 일이군요."

"비가 많이 오지 않아 늘 건조한 편인 이탈리아 지방에는 이런 프레스코화가 많아. 수정하기는 힘들지만, 넓고 큰 벽면이나 천장에 그림을 그리기에는 프레스코 만한 게 없었고, 세월이 많이 흘러도 비교적 오랫동안 잘 보존할 수 있으니까."

"그래서 미켈란젤로가 프레스코로 그린 천장화가 아직까지도 그렇게 선명하게 남아 있는 걸까요?"

"그건 아니야. 아무리 오랫동안 보존할 수 있다고 해도 몇백 년의 세월을 견딜 수는 없거든. 군데군데 때가 끼거나 벽면이 바스러져 내리기도 하고 색이 바래기도 해서 형태를 못 알아볼 정도가 되었는데, 후대의 복원 전문가들이 말끔하게 고쳐 낸 거야."

프레스코는 대부분 대형 벽화의 형태로 그리기 때문에 그림을 다른 장소로 옮길 수 없다는 치명적인 단점이 있었다. 그래서 화가들은 목판이나 캔버스에 그림을 그릴 때 템페라를 사용했다. 템페라는 색을 내는 여러 재료, 즉 안료들을 가루로 내어 달걀과 섞은 뒤 그림을 그리는 방법이다. 이 방법을 사용하면 프레스코에 비해 비교적 그림을 수정하기 쉬워서 벽화 같은 대형 작품보다 작은 그림을 그릴 때 유용하게 쓰였다. 그러나 이 또한 물감이 너무 빨리 말라 버려서 그림을 신속하게 그려야 한다는 단점이 있었다.

오늘날 벨기에와 네덜란드 일대를 일컫는 플랑드르 지방에서 얀 반 에이크(Jan van Eyck, 1395~1441)와 그의 형은 유화를 발명해 냈다. 유화는 템페라처럼 말라도 갈라지지 않을뿐더러, 물감이 마르지 않은 상태에서 몇 번씩 덧칠해 수정해도 전혀 문제가 되지 않았다.

이탈리아에 비해 알프스 북쪽에 사는 플랑드르인의 그림은 꼼꼼한 표현이 특징이다. 얀 반 에이크의 그림은 이탈리아인들의 그림보다 아주 작은 것 하나까지도 치밀하게 묘사되어 있다. 이는 분명 몇 번씩 수정할 수 있는 유화 덕분이기도 하지만, 무엇보다 플랑드르인 특유의 '정확함'이 한몫했다고 볼 수 있다.

이탈리아의 미술은 플랑드르에 비해 과장이 심한 편이다. 그들은 그림을 그리거나 조각을 할 때 대부분 인체를 최대한 이상적으로 표현했다.

"그들은 예수를 누가 보아도 감탄할 수밖에 없는 완벽한 몸을 가진 신으로 표현하고 싶었던 거야. 그렇다 보니 현실감이 좀 떨어진 거지. 마리아도 마찬가지고."

"하지만 알프스 북쪽의 플랑드르나 독일 쪽 화가들은 마리아나 예수조차도 얼굴과 몸매를 평범하게 그렸다는 거죠?"

"바로 그런 이유에서 이탈리아의 화가들은 플랑드르인의 그림을 다소 무시하는 경향이 있었어. 미켈란젤로는 '플랑드르인들은 비례라곤 몰라!'라고 흉볼 정도였지."

플랑드르나 독일의 화가들은 이상적인 아름다움에는 큰 관심을 두지 않았다. 그들은 실제의 사람들처럼 못생기면 못생긴 대로, 몸매가 좋지 않으면 좋지 않은 대로 그리곤 했다. 그래서인지 북유럽과 플랑드르의 그림 속 인물들은 마리아나 예수조차

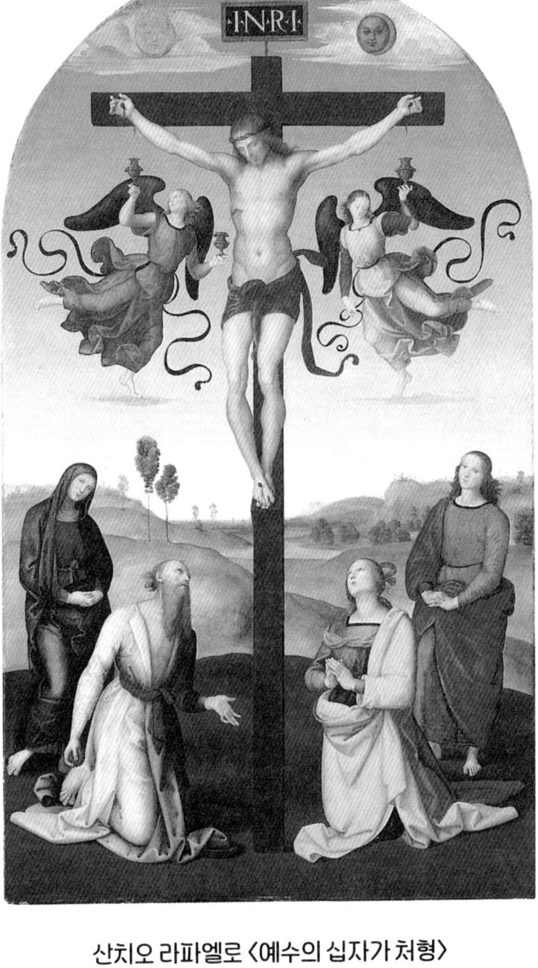

산치오 라파엘로 〈예수의 십자가 처형〉

1502~1503년, 목판에 유채, 165×281cm

십자가를 중심으로 오른쪽과 왼쪽에 천사와 사람들을 똑같은 수로 그려 넣어서 그림이 서로 대칭된다. 따라서 그림의 구도가 안정되어 보인다. 비록 예수가 운명하는 장면을 그린 것이지만, 그 슬픔을 담담하게 참아 내고 있는 모습은 이탈리아 르네상스의 정적인 아름다움을 보여 주고 있다.

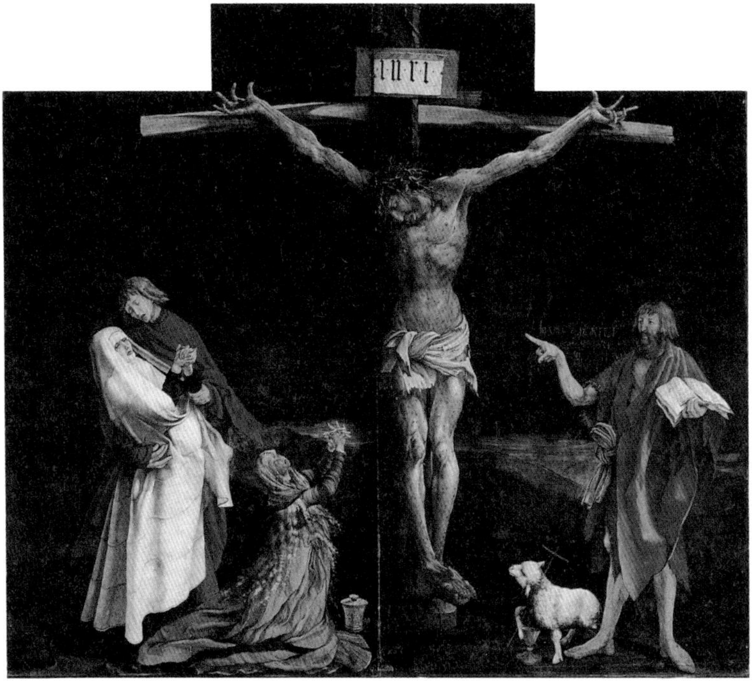

마티아스 그뤼네발트 〈십자가 처형〉

1515년, 목판에 유채, 307×269cm

독일 지역에서 활동한 그뤼네발트의 〈십자가 처형〉은 예수나 마리아, 그 밖에 성인, 성녀들의 몸과 얼굴을 전혀 이상화하지 않았다. 오히려 수난을 당한 뒤 십자가에 매달려 상처 입고 피 흘리는 예수의 모습이 너무나 사실적이어서 보는 이로 하여금 걷잡을 수 없는 슬픔과 분노를 느끼게 한다.

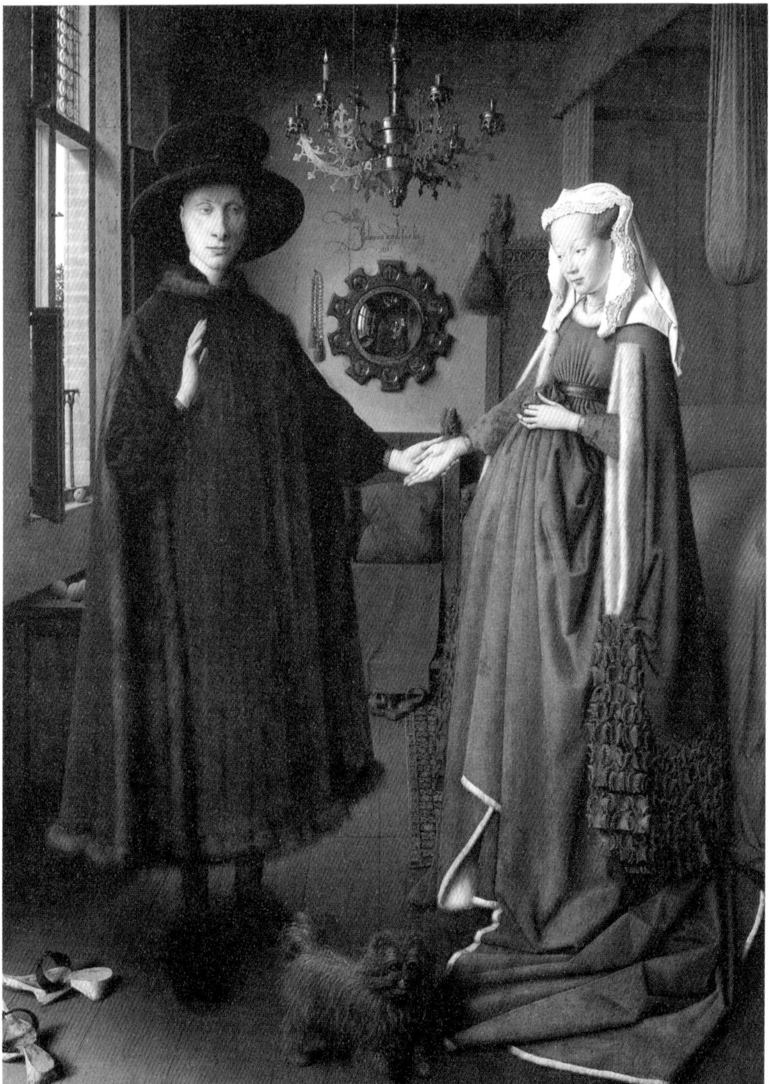

도 몸매가 평범하다.

얀 반 에이크의 〈아르놀피니 부부의 결혼식〉이라는 그림 속 사람도 이탈리아풍의 그림에 비해 좀 초라해 보인다. 남자의 얼굴은 하얗다 못해 병을 앓고 있는 사람 같고, 여자 또한 멋들어진 옷을 입고 있는데도 비너스 같은 몸매나 외모가 아니다.

이 그림은 아르놀피니 부부의 결혼을 기념하고 있다. 남자는 자신이 모피를 파는 부유한 상인이라는 사실을 과시라도 하듯 모피 옷을 입고 서서 자세를 취했다. 여자는 배가 불룩 튀어나와 있는데, 당시에는 그렇게 보이는 옷이 여자들 사이에서 유행이었다. 강아지의 털과 거울에 비친 몇몇 사람의 모습과 천장에 걸린 샹들리에는 입이 떡 벌어질 정도로 꼼꼼하게 그려졌다. 그러나 플랑드르 미술가들은 이처럼 세밀하고 사실적인 그림에만 머물지 않고, 그림 속에 어떤 뜻을 숨겨 놓곤 했다.

얀 반 에이크 〈아르놀피니 부부의 결혼〉

1434년, 목판에 유채, 60×82cm

볼록거울에 부부의 결혼을 증명하기 위해 모인 사람들의 모습이 비친다. 거울 위에 필기체로 "나 얀 반 에이크가 여기 있었노라"라고 쓰여 있는데, 이는 '그들의 결혼을 축하하고 증명하기 위해 내가 이 장소에 있었다'라는 뜻도 되고, '이 위대한 그림을 내가 그렸다'라는 뜻도 된다.

"그림 속에 숨은 뜻이라뇨?"

"창가의 사과를 봐. 이 사과는 아담과 이브의 사과를 떠올리게 한다는 점에서 결국은 인간의 죄를 상징하지. 따라서 우리가 알게 모르게 저지르는 많은 죄를 반성하라는 뜻을 숨겨 놓았다고 볼 수 있는 거야."

"그냥 사과가 있다고만 생각하고 넘어갔는데, 그게 아닌가 봐요?"

"그렇게 봐도 틀린 건 아니야. 그냥 사과 그 자체로 봐도 되지. 사과 아래에는 오렌지도 한가득 있어. 오렌지는 당시 플랑드르 지역에서 무척 비싼 과일이었어. 따라서 아르놀피니의 부유함을 과시하기 위해 오렌지를 그린 것일 수도 있어. 또 하나, 사과든 오렌지든 탐스러운 과일은 군침을 돌게 하는, '유혹'에 대한 이야기로 읽을 수 있어. 사실 이 그림은 그냥 결혼식 장면으로 볼 수도 있지만, 종교적 내용도 담고 있거든."

"그냥 봐선 이 그림이 종교적이라는 생각은 그다지 들지 않는걸요. 뭐, 그냥 강아지 한 마리 있는 실내에서 남자와 여자가 잘 차려입고 서 있는 그림일 뿐이잖아요."

"워낙 작게 그려져 잘 보이진 않지만, 화면 중앙에 보이는 볼록거울 말이야. 자세히 보면 볼록거울 주위로 열 개의 원이 보이지? 놀랍게도 얀 반 에이크는 그 안에 아주 작은 그림을 그려 넣었어. 내용은 예수가 십자가에 매달려 처형되기까지 겪은 수난의 모습이야. 채찍으로 맞고 조롱받으며 끌려가 처형당하는 모습이 하나하나 꼼꼼하게 그려져 있지. 거울 옆에는 신도들이 가지고 다니는 묵주가 있는데, 이는 늘 예수를 생각하며 기도하라는 의미일 거야. 그리고 대낮인데도 샹들리에에 촛불 하나가 켜져 있지? 이 촛불은 예수를 상징해. 세상을 밝히는 빛이잖아. 곧 세상의 빛과 같은 예수가 죄 많은 우리를 구원하기 위해 수난을 당하고 십자가에 처형당했다는 사실을 잊지 말자는 뜻이겠지."

"그저 결혼 이야기만 하는 그림이 분명 아니군요?"

"맞아. 또 그림을 자세히 보면 벗은 신발이 놓여 있지? 실내에서도 늘 신발을 신고 있는 서양인들이 이렇게 신발을 벗고 있나는 건 이 장소가 무척 신성한 곳임을 의미해. 결혼은 신성한 것이라는 의미로 읽어도 되고, 하나님 앞에 예의를 다 갖춘다는 뜻으로 읽어도 되지. 강아지도 그냥 그린 게 아니야. 보통 강아지는 충성심을 상징해. 말하자면 둘이 이제 결혼했으니 서로에게 충성하자는 뜻인 동시에, 종교적으로 보면 하나님께 충성하는 신자가 되자는 의미도 되지."

4부

바로크와 로코코의 미술

거칠게 살았으나 멋지게 그리다

빛과 어둠을 잡아내는 화가,
카라바조

라파엘로가 세상을 떠날 무렵부터 시작된 매너리즘 혹은 후기 르네상스 미술은 17세기에 들어서면서 바로크 미술에 자리를 내어 준다. '바로크'라는 말은 '일그러진 진주'를 뜻하는 포르투갈어, '바로코'에서 온 말이다. 진주가 고결하고 귀중한 보석을 의미한다면 일그러진 진주는 고결함이 무너져 버렸다는 부정적인 의미를 가지고 있다. 르네상스 미술이 진주, 즉 최고라고 생각하는 이들이 그 이후의 17세기 미술을 낮추어 부르기 위해 '바로크 미술'이란 말을 사용한 것이다.

"종교개혁으로 기독교도들 간의 다툼이 심해지면서 신도들의 신앙심도 흔들리기 시작했어. 그렇다 보니 가톨릭교회 지도

자들은 성당을 좀 더 화려하고 아름답게 꾸며서 그곳에 들어오는 신도들이 위안 삼을 수 있도록 배려하려 했지. 마틴 루터의 주장을 이어받은 신교 측은 교회를 화려하게 꾸미는 걸 부정적으로 봤지만, 가톨릭은 오히려 그 반대로 생각한 거야. 하루하루 살아가느라 힘든 사람들이 성당에 들어와서만큼은 멋진 그림들과 조각들에 둘러싸여서 세상일을 잊고 천국을 경험하라는 의도였어. 그러면서 약해져 가던 신앙심이 다시 강해질 수 있다고 믿었던 거고."

"그렇다면 르네상스 시대보다 성당 건물이 더욱 화려해졌겠군요."

"그런 셈이야. 르네상스 시대에는 건축물도 간결하고 단순한 모양을 좋아했지. 그러나 바로크 시대에 오면서는 건물에 주렁주렁 화려하고 복잡한 장식물을 더 달기 시작했어. 그뿐 아니라 그림도 좀 더 감정을 울리는 방식으로 그렸어."

"좀 더 감정을 울린다니, 어떻게요?"

바로크 시대 미술의 거장이라고 하면 이탈리아에서는 카라바조(Michelangelo da Caravaggio, 1571~1610)를 꼽는다. 그의 독특한 그림은 17세기 이탈리아를 포함한 전 유럽에서 최고의 관심을 받았고, 그 이후로도 오랫동안 많은 미술가에게 지대한 영향을 끼쳤다. 그는 화가로서뿐만 아니라 특이한 삶으로도 유명세를 탔다. 카라바조는 여섯 살 되던 해에 페스트라는 유행병으로 할아버지와 아버지, 삼촌을 잃었다. 자신의 든든한 배경이 되어 줄 어른들을 한꺼번에 잃은 뒤부터 그는 괴팍하고 날카로워졌으며 보는 사람마다 시비를 거는 폭군이 되어 갔다. 하지만 그런 그에게도 한 가지 뛰어난 재주가 있었으니, 바로 그림이었다.

로마에 머물고 있던 카라바조는 술집에서 엉망으로 취해 옆자리에 앉은 사람과 시비가 붙었다. 싸움은 걷잡을 수 없이 격해졌고, 결국 카라바조는 상대방을 칼로 찔러 죽음에 이르게 했다.

카라바조는 급히 짐을 챙겨서 나폴리로 도망을 갔다. 나폴리의 귀족들은 로마에서 그림으로 이미 소문나 있던 카라바조가 오자 살인자라며 고발하긴커녕 오히려 귀빈 대접을 했을 정도였다. 극진한 대접을 받은 그는 나폴리에서 추격을 피해 다시 몰타라는 곳으로 건너갔다. 몰타에서도 카라바조는 환영받았고, 예배당에 걸 그림을 주문받아 그리는 등 화가로 활동했다. 그러나 그의 폭력적인 행동은 그곳에서도 계속되었고, 급기야 감옥 신세를 지기에 이르렀다.

카라바조는 자신을 좋아해 주는 이들의 도움으로 몰래 감옥을 탈출했고, 이곳저곳 떠돌이 생활을 했다. 언제 잡힐지 모른다는 불안감 때문에 늘 머리맡에 칼을 놓고 자야 하는 위태로운

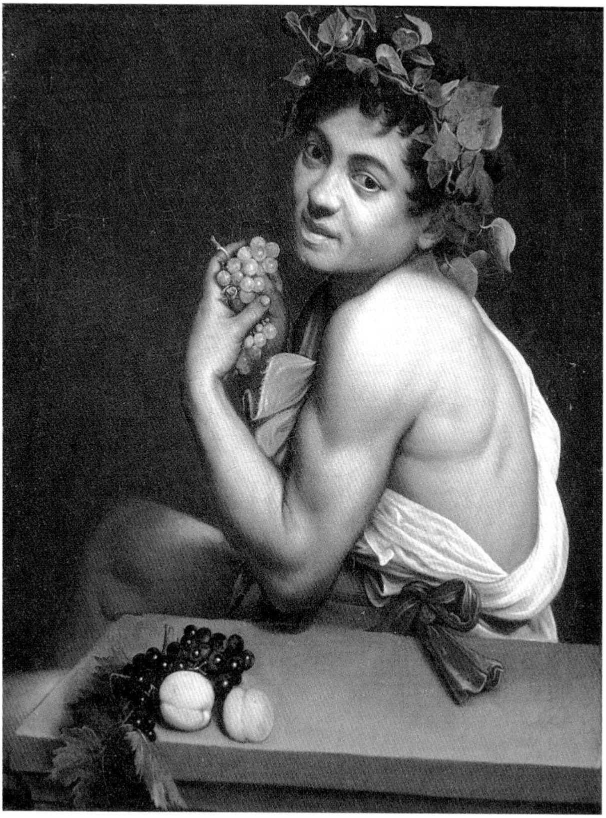

미켈란젤로 다 카라바조 〈병든 바쿠스〉

1593년, 캔버스에 유채, 53×67cm

바쿠스(디오니소스)는 술의 신이다. 늘 술에 취해 싸움질을 일삼던 카라바조는 자신을 병든 바쿠스 신으로 그렸다. 르네상스 시대의 초상화나 자화상은 대부분 그 인물을 우아하고 귀품 있게 이상화했지만, 카라바조의 그림은 몸과 마음 모두에 병이 든 사람의 모습을 섬뜩하게 그려 내고 있다.

생활에 몸과 마음이 지쳐 갈 무렵, 로마에서는 그의 죄를 용서하자는 의견에 힘이 실리기 시작했다. 비록 폭행에 살인까지 저지른 죄인이지만, 카라바조만큼 그림으로 사람들을 감동시킬 수 있는 화가가 드물다는 판단 때문이었다.

소문을 들은 카라바조는 얼른 짐을 싸 로마로 향했지만 급작스레 죽음을 맞이한다. 그의 나이는 겨우 서른일곱이었다. 카라바조의 죽음을 둘러싼 추측들이 난무하지만 열병에 걸린 탓이라는 이야기가 가장 설득력 있다.

"그런데 그의 그림은 대체 어떤 점에서 특이한가요? 어떤 면이 바로크적이라는 것이며, 또한 얼마나 잘 그렸기에 그런 죄를 짓고도 용서를 받을 수 있었을까요? 게다가 도망가는 나라마다 그를 고발하기는커녕 오히려 그림을 주문하기까지 했다니 말이에요."

카라바조의 그림은 르네상스의 그림과 많이 다르다. 가장 큰 특징은 빛의 과장이 심하다는 점이다. 밝은 부분은 지나치게 밝고, 어두운 부분은 너무 어둡다. 말하자면 명암의 차이가 심한데, 이로 인해 인물의 모습이 훨씬 더 생동감 있어 보인다.

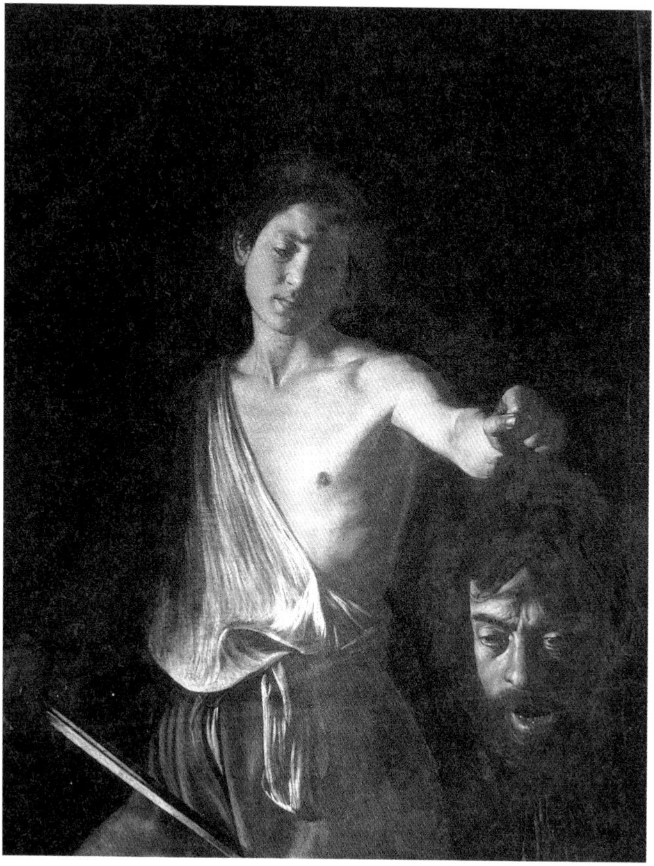

미켈란젤로 다 카라바조 〈다비드〉

1605~1606년, 캔버스에 유채, 100×125cm

골리앗을 물리친 뒤 그 목을 쳐서 들고 있는 다비드의 모습이다. 카라바조는 어린 다비드를 자신의 어릴 적 얼굴로, 골리앗을 어른이 된 자신의 모습으로 그렸다. 늘 사고 치고 쫓겨 다니는 자신을 원망하고, 또 반성하는 의미로 골리앗의 얼굴에 자기 모습을 빗댄 것이다. 바로크 시대에는 이처럼 보기에 무시무시한 장면을 자주 그렸다. 사람들이 점점 더 자극적인 그림을 좋아했기 때문이다.

"마치 연극 무대에 선 배우를 보는 느낌이 들어요."

"그렇지? 르네상스 시대의 그림도 명암의 차이를 보이긴 하지만, 바로크 시대의 카라바조만큼 심하진 않았어. 르네상스 시대의 그림은 뭐랄까, 낮 12시쯤 길 한복판에 서 있는 느낌이라고 할까? 사방이 밝아서 모든 부분이 골고루 밝은 느낌이 들지. 그렇다 보니 훨씬 평온해 보이기도 하고. 하지만 카라바조의 그림은 연극 무대를 보는 듯해. 워낙 명암 차이가 커서 가만히 있어도 곧 무슨 일이 일어날 것 같은 느낌을 주잖아."

카라바조 그림의 또 다른 특징은 성경 속 인물들이 매우 평범해 보인다는 점이다. 그림 속 마리아와 예수, 성인, 성녀들은 화려한 옷을 입고 우아한 자태를 뽐내기 일쑤였지만, 카라바조는 이들을 마치 가난한 서민처럼 묘사했다.

"교회에서는 처음엔 카라바조의 그런 그림들을 불경스럽다고 여겼어. 하지만 정작 교회에 왔다가 그의 그림을 본 일반 신도들은 예전 그림보다 훨씬 더 깊은 감동을 받았지. 사실 세상의 부와 명예 따위는 상관없이 살며 설교를 전하다가 결국 온갖 고초에 생을 마감한 예수, 그리고 그런 예수를 따르던 제자들이 마치 할리우드 영화의 주인공처럼 멋진 몸매를 하고 최고

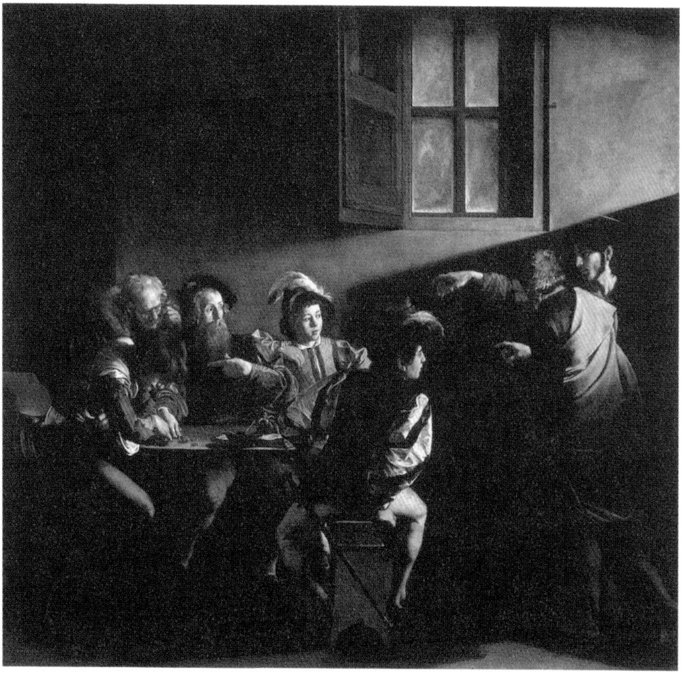

미켈란젤로 다 카라바조 〈마태를 부르심〉

1599~1600년, 캔버스에 유채, 340×322cm

'마태복음'을 쓴 마태는 세금을 걷어 로마에 보내는 일을 했다. 이 그림은 어느 날 예수가 마태와 그의 동료들이 일하는 곳에 찾아와 제자가 되라고 명하는 장면을 그린 것이다.

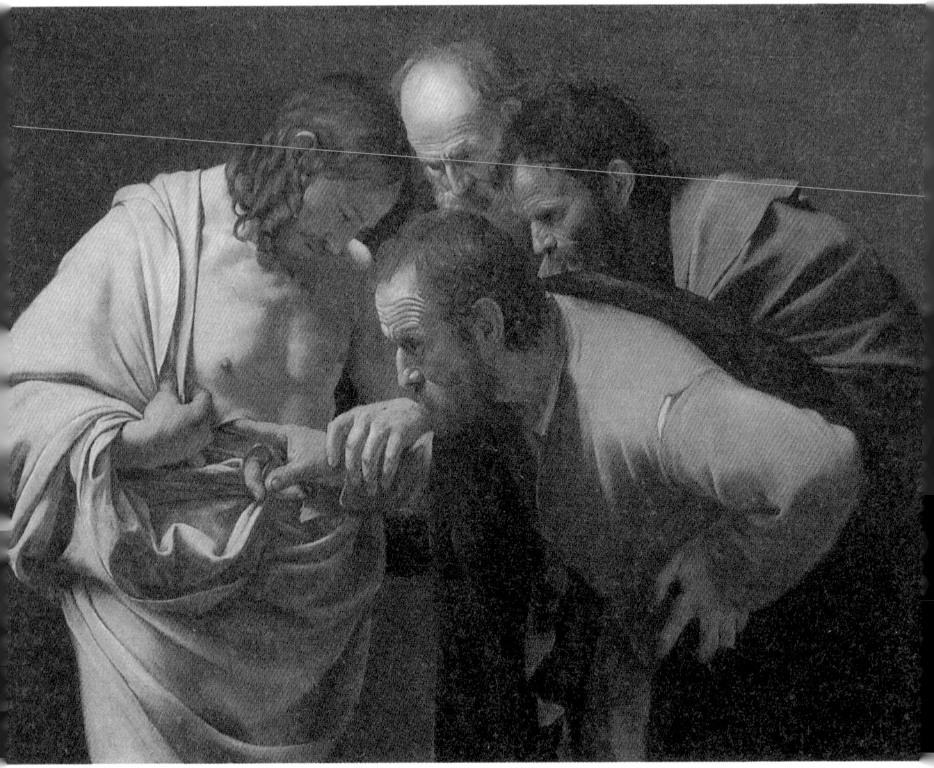

미켈란젤로 다 카라바조 〈도마의 의심〉

1601~1602년, 캔버스에 유채, 146×107cm

예수가 부활했을 때 그의 제자 중 의심이 많았던 도마는 예수의 부활을 믿지 않았다. 그러자 예수는 십자가에 처형당할 때 생긴 옆구리 상처에 손을 넣어 보도록 했다. 그림 속 예수와 도마, 그리고 다른 제자들은 남루한 옷차림이다. 제자들은 이마에 주름이 가득하다.

10대가 알아야 할 마케팅의 모든 것!

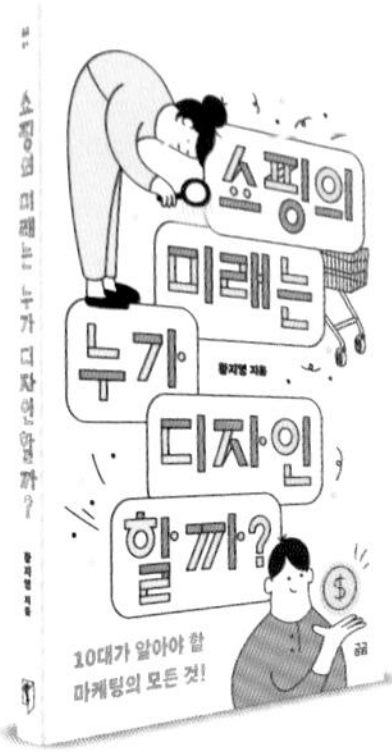

소비자이자 생산자, 노동자이자 창업가로 살아갈 청소년의 눈높이에 맞춘 생생한 인사이트가 가득한 책. Z세대를 공략하는 기업의 브랜딩 전략, 첨단 기술에 따른 마케팅 윤리, 오프라인과 온라인 플랫폼의 변화, 가치 소비의 중요성 등을 담았다.

쇼핑의 미래는 누가 디자인할까?

황지영 지음 | 180쪽 | 14,000원

한국출판문화산업진흥원 청소년 추천도서 | 학교도서관저널 추천도서
(사)행복한아침독서 추천도서 | 책씨앗 추천도서
교보문고 청소년 선정도서 | 청소년출판모임 추천도서

#소비와고용의미래 #경제활동 #마케팅 #합리적소비 #Z세대의소비문화

수학이 즐거워지는 수학사 이야기

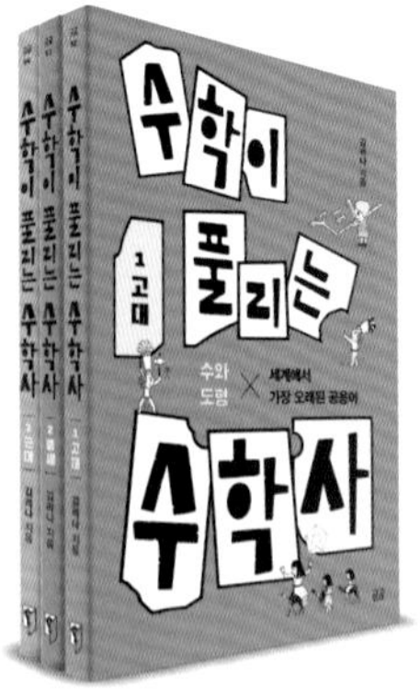

고대부터 근대 초기까지 수학사의 주요한 장면을 중학생 눈높이에 맞춘 글쓰기와 역사적 현장감이 살아 있는 시각 자료로 풀어낸다. 어려운 공식 암기와 지겨운 문제 풀이로 수학에 흥미를 잃은 학생들에게 수학의 재미를 일깨운다.

수학이 풀리는 수학사 1~3

김리나 지음 | 150쪽 내외 | 12,000원 내외

한국출판문화산업진흥원 청소년 북토큰 선정도서 | 한우리 필독서
교보문고 청소년 선정도서

#수 #도형 #피타고라스정리 #방정식 #확률 #삼각비

돈을 '벌고, 모으고, 쓰는' 나에게 힘이 될 경제 이야기

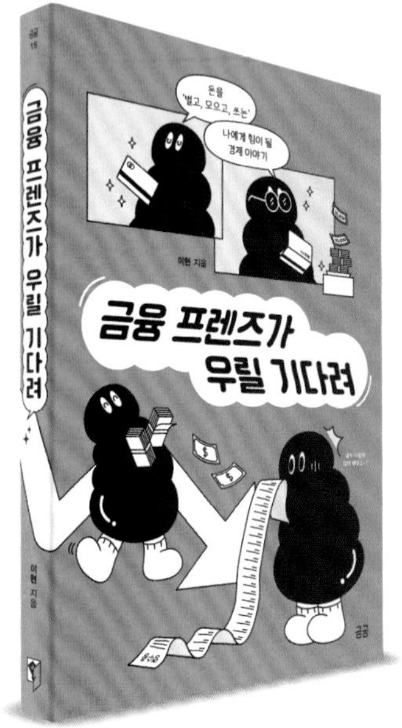

쓰기는 쉬워도 벌고 모으기는 어려운 돈. 금융의 기초 지식을 알면 삶을 주체적으로 운영하는 데 도움이 된다. 이 책은 흥미로운 사례와 저자의 생생한 경험을 들어 경제의 기본 원리부터 금융의 기초 상식까지 안내한다. 돈을 대하는 태도에서 독립을 앞둔 이들이 알아야 할 알짜 정보까지, 오늘과 내일의 나에게 든든한 힘이 될 금융 입문서다.

금융 프렌즈가 우릴 기다려

이현 지음 | 212쪽 | 13,500원

한국출판문화산업진흥원 추천도서 | 학교도서관저널 추천도서 | (사)행복한아침독서 추천도서

#경제 #금융 #경제기초지식 #재테크 #경제적자립

급 옷을 입는다는 건 말이 안 되잖아. 신도들은 카라바조의 그림이 '우리처럼, 어쩌면 우리보다 더 가난하고 힘겨운 생활 속에서도 당당했던 그들의 모습'이라고 믿으면서 더한 존경심과 애정을 가지게 되었지. 그런 신도들의 반응을 보면서 교회 지도자들은 흡족했어. 그림 덕분에 신도들의 신앙심이 더 깊어지는 게 느껴졌거든."

"그럼, 바로크 미술의 특징은 이런 명암법으로 실제 같은 인물을 그리는 데 있는 거네요?"

"그렇지. 실제 같은 인물을 그린다, 즉 자연스럽게 그린다는 점은 르네상스 시대의 화가들도 마찬가지였어. 그러나 바로크 시대의 화가들은 르네상스 때보다 좀 더 현실감 있게 그림을 그리려고 한 거지. 그리고 그림을 보는 사람들에게 차분하고 조용한 감정보다는 좀 더 크고 복잡한 감정이 일어나길 바랐어."

바로크 시대의 조각

바로크 시대의 미술은 흔히 동적이라고 한다. 르네상스 시대의 미술이 고요한 아름다움, 즉 정적인 미를 특징으로 한 것에 비해 바로크는 움직임이 고스란히 느껴진다는 것이다. 카라바조의 그림에서 볼 수 있듯이 명암에 큰 차이를 줘서 보는 사람의 마음을 크게 움직인다는 것도 동적이라고 말할 수 있다.

바로크 시대에는 조각에서도 그런 동적인 느낌이 많이 나는데, 조각가 베르니니(Gian Lorenzo Bernini, 1598~1680)의 작품을 미켈란젤로의 작품과 비교해 보면 그 차이를 확실히 느낄 수 있다. 미켈란젤로의 〈다비드〉는 큰 움직임보다는 고요한 아름다움과 완벽한 비례, 균형이 느껴진다. 그에 비해 베르니니의 〈다비드〉는 금방이라도 다음 동작이 이어질 듯하다.

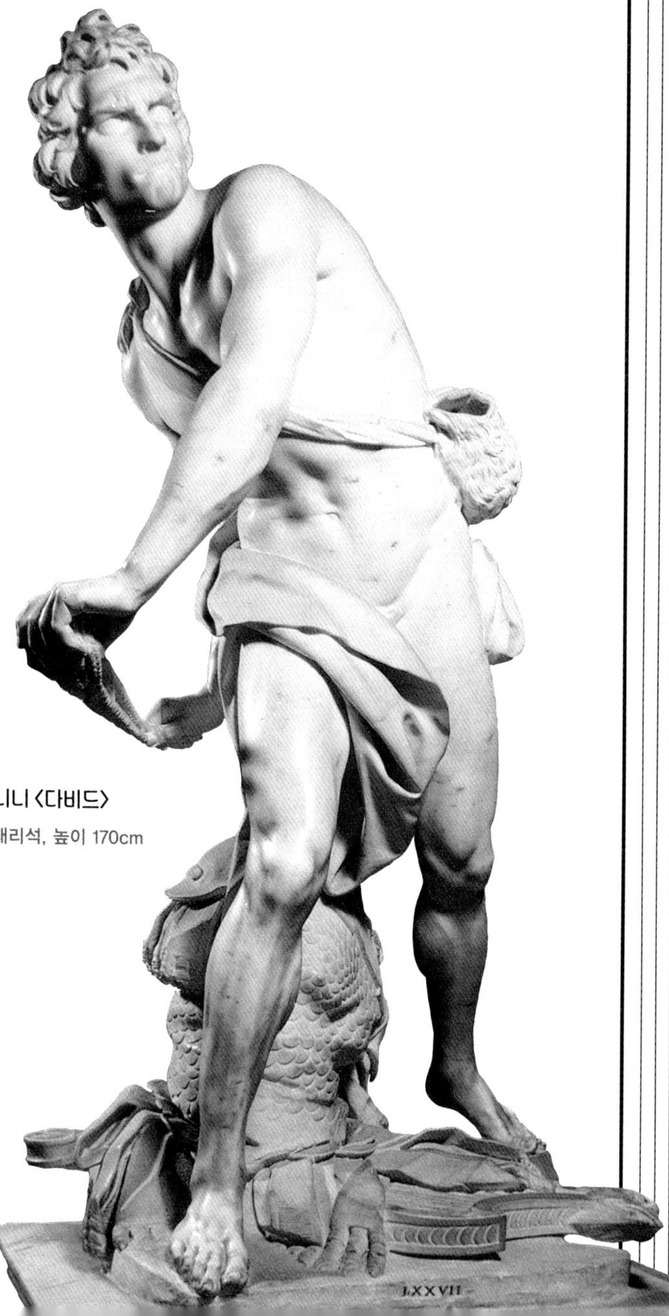

잔 로렌초 베르니니 〈다비드〉

1623~1624년, 대리석, 높이 170cm

꿈틀거리는 생동감

✦

넘치는 에너지를 마음껏 표현해 낸
루벤스

오늘날 벨기에와 네덜란드 지역을 일컫는 플랑드르 지역은 15세기 무렵, 에스파냐의 지배를 받고 있었다. 강력한 가톨릭 국가였던 에스파냐의 폭정에 대항해 신교인들이 독립전쟁을 일으켰고, 긴 투쟁 끝에 북쪽 지역 일부만 독립을 쟁취하게 된다.

"독립을 쟁취해 낸 북쪽 지역은 당시 그 지역에서 가장 발달한 주였던 홀란트의 이름을 따서 홀란드라고 불리기도 했고, 네덜란드라고도 불렸어. 네덜란드는 '바다보다 낮은 나라'라는 뜻이야."

"그럼 독립하지 못한 벨기에 인근은 어떻게 되었나요?"

"17세기, 네덜란드는 독립하면서 신교 국가가 되었지만, 벨기에 지역은 에스파냐의 지배하에 있으면서 계속 가톨릭 국가로 남았지."

"종교도 달라지게 되었군요."

"그렇지. 이제 이 지역은 홀란드, 혹은 네덜란드와 플랑드르 두 지역으로 나누어져서 종교도, 사회도, 미술도 달라진 거야."

"제법 복잡하군요. 종교, 그러니까 신교인 네덜란드와 구교인 플랑드르, 이 둘의 미술이 차이를 보이기 시작했다는 거죠?"

"맞아. 네덜란드에서는 교회가 그림이나 조각 등을 주문해서 주렁주렁 걸어 놓느라 신자들의 헌금을 낭비하는 것을 못마땅하게 여겼어. 루터가 왜 종교개혁을 일으켰는지 기억나지? 성 베드로 성당을 새로 짓는 데 필요한 돈을 마련하느라 결국 면벌부까지 판매한 교황을 비판하면서 시작되었잖아."

"기억나요. 하지만 가톨릭은 그 이후에도 교회를 더 아름답게 꾸미려 했다죠? 신도들에게 교회의 아름다운 모습과 그림, 조각을 보여 주면서 신앙심을 더욱 깊게 하려 했고요."

17세기 플랑드르에서 가장 유명세를 떨친 화가로는 피터 파울 루벤스(Peter Paul Rubens, 1577~1640)를 꼽을 수 있다. 교회의 그림 주문이 뚝 끊긴 네덜란드와 달리 플랑드르의 루벤스는 교회를 위한 대형 제단화를 끊임없이 주문 받아 눈코 뜰 새 없이 바쁜

나날을 보내야 했다.

“17세기니까 바로크 미술을 했겠군요. 동적인 미술!”

“그렇지! 루벤스의 그림도 역시나 꿈틀거리는 듯한 운동감이 일품이지.”

루벤스는 그야말로 어느 하나 빠지는 게 없는 능력자였다. 잘생긴 외모에 뛰어난 말솜씨, 게다가 외국어 실력까지 출중했던 그는 여러 나라를 돌며 외교관으로 일했다. 루벤스는 가는 곳마다 왕과 귀족들, 교회로부터 열렬한 환영을 받았다. 밀려드는 주문량을 감당하기 어려운 지경에 이르자 거의 공장 수준의 큰 작업실을 지어 놓고 수많은 조수를 고용했다.

“그런데 루벤스의 그림은 어둡고 밝은 부분의 차이가 카라바조만큼 크지는 않아요.”

“카라바조보다는 빛이 좀 온화해 보이지? 하지만 그림 속 인물들의 동작은 크게 느껴지지 않아?”

“죄다 꿈틀거리는 것처럼 보여요. 왜 이런 느낌이 드는 걸까요?”

“아마도 직선보다 곡선을 많이 사용했기 때문일 거야. 등장인

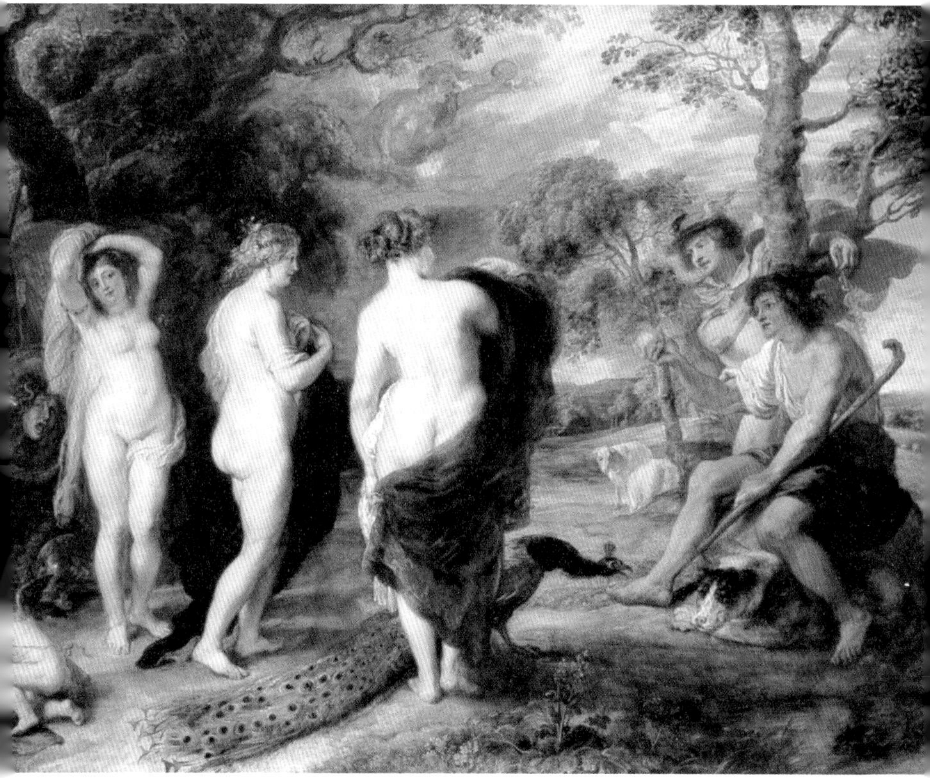

피터 파울 루벤스 〈파리스의 심판〉

1636년, 캔버스에 유채, 194×145cm

아테나(미네르바), 헤라(주노), 아프로디테(비너스) 세 여신이 파리스 앞에 나타나 서로의 미모를 뽐내고 있다. 파리스가 들고 있는 사과에는 '가장 아름다운 여신에게'라고 적혀 있다. 구불구불한 선 때문에 그냥 서 있기만 한 세 여신의 몸이 마치 살아 움직이는 것처럼 보인다.

물들이 이리저리 복잡하게 얽혀 있어서일 수도 있고. 게다가 색채도 무척 화려하지."

"캔버스가 꽉 찬 느낌이 들어요. 그 안에서 사람들이 잠시도 가만있지 않고 움직이는 것 같고요. 그래서 바로크인가 보죠?"

"그런 셈이지. 바로크 미술은 동적이잖아."

루벤스는 신화나 종교와 관련된 그림, 풍경화, 정물화, 초상화 등 모든 종류의 그림을 가장 높은 수준으로 완성했다. 그의 작품들 중 마리 드 메디치(Marie de Medici, 1573~1642)의 일생을 그린 그림들은 지금도 많은 사람의 사랑을 받고 있다. 이탈리아 메디치 가문의 딸로 태어난 마리 드 메디치는 프랑스 앙리 4세와 결혼, 루이 13세를 낳았다. 그녀는 루이 13세가 어린 나이에 왕이 되자 아들을 대신해 정치를 했다. 하지만 그녀는 왕이 성장한 이후로도 정치에 사사건건 관여했고, 결국 서로 권력을 차지하려고 대립하기에 이르렀다. 결과는 아들의 승리. 마리 드 메디치는 프랑스 왕궁에서 쫓겨나는 신세가 되었다.

루벤스는 그녀가 프랑스에 도착해 루이 13세를 낳아 나라를 다스리던 시절에 이루어 놓은 훌륭한 업적들을 화려하고 큰 그림으로 그려 냈다. 그는 마리 드 메디치를 여신처럼 이상화하기 위해 마치 신화 속의 일을 묘사하듯 그림을 그려 냈다. 큼직큼

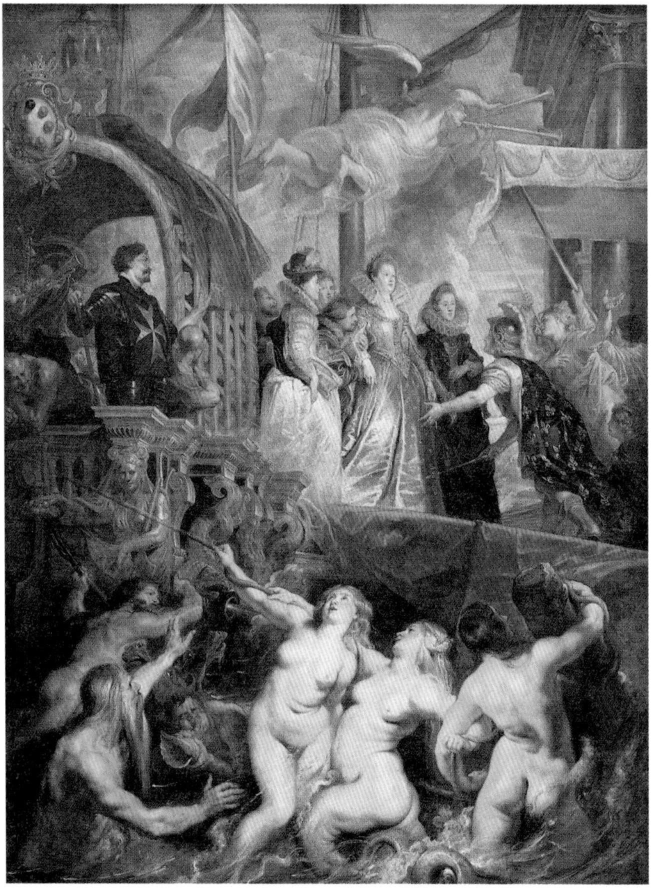

피터 파울 루벤스 <마리 드 메디치가 마르세유 항에 도착하다>

1623~1625년, 캔버스에 유채, 295×394cm

마리 드 메디치가 앙리 4세와의 결혼을 위해 마르세유 항에 도착한 모습이다. 신화에 등장하는 바다의 신과 요정들이 함께 나와 그녀를 반기고 있다.

직한 화면에 구불구불한 선 그리고 수많은 사람이 얽혀 있는 루벤스의 그림은 한눈에 보아도 운동감이 넘친다. 총 24점으로 완성된 이 그림들은 마리 드 메디치의 남편이었던 앙리 4세가 아내를 위해 특별히 이탈리아풍으로 지은 뤽상부르 궁전을 장식하기 위한 것이다. 현재 이 작품들은 루브르미술관에 전시되어 있다.

네덜란드 미술과 렘브란트

그림이나 조각 등으로 성당을 화려하게 꾸미는 일이 사라지다시피 한 네덜란드에서는 다른 형식으로 미술이 발전하기 시작했다.

"성당에 거는 그림들은 대부분 규모가 크잖아요. 조각상들도 마찬가지고요. 그런 주문이 없어지면 미술가들은 어떻게 먹고 살죠?"

"처음엔 많이 당황했을 거야. 이러다 네덜란드나 독일 등 신교 국가의 예술가들이 다 사라지는 건 아닐까 하는 생각도 했을 테지. 하지만 그건 기우에 불과했어."

네덜란드는 바다를 끼고 있어 무역하기에 좋은 여건을 갖추었다. 따라서 상업이 매우 발달했으며, 열심히 장사해서 돈을 모아 부유해진 평범한 시민 계급의 힘이 귀족들에 비해 크게 뒤지지 않았다.

이 시기의 미술은 주로 시민들의 주문 덕분에 발달하기 시작했다. 그들은 가족과 자신을 위해 개인 혹은 가족 초상화를 주문했다. 또 집을 꾸미기 위해서 아기자기한 풍경화나 정물화도 구매했다. 시민들의 참여로 운영되는 민병대, 자선단체 등에서는 건물에 걸어 둘 단체 초상화를 주문하기도 했다. 물론 큰 제단화나 호화로운 저택을 가진 귀족들이 주문한 그림을 그릴 때보다 화가들의 수입은 아무래도 줄어들 수밖에 없었다. 당시 시민들은 검소한 생활을 좋아했기 때문에 무리하게 돈을 들여 예술품을 주문하지는 않았던 것이다.

"개신교 교회나 검소한 상인 출신의 부자들은 대형 그림을 별로 주문하지 않았고, 시민들은 기껏해야 자기 초상화나 큰돈이 들어가지 않는 소소한 작품들을 주문했겠군요. 미술가가 되어 봤자 생활이 어려웠겠어요."

"그래서 미술가들이 변하기 시작했어. 더 이상 주문을 기다리지 않기로 한 거야. 대신 먼저 그림을 그린 뒤에 그걸 직접 들

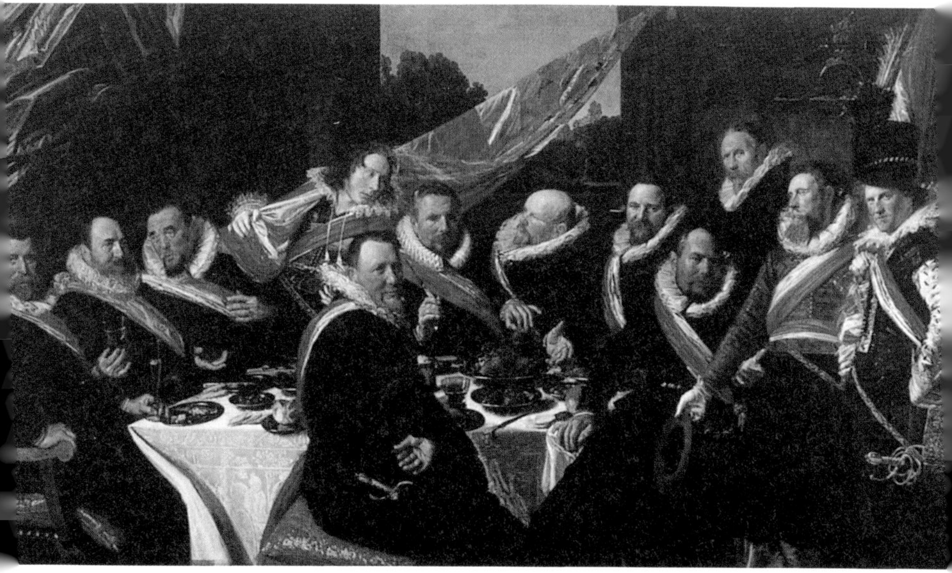

프란스 할스 〈세인트 조지 민병 대원들의 연회〉

1616년, 캔버스에 유채, 324×175cm

네덜란드 할렘 시를 지키는 민병 대원들이 주문한 단체 초상화이다. 당시 프란스 할스는 이런 단체 초상화를 주로 그렸다.

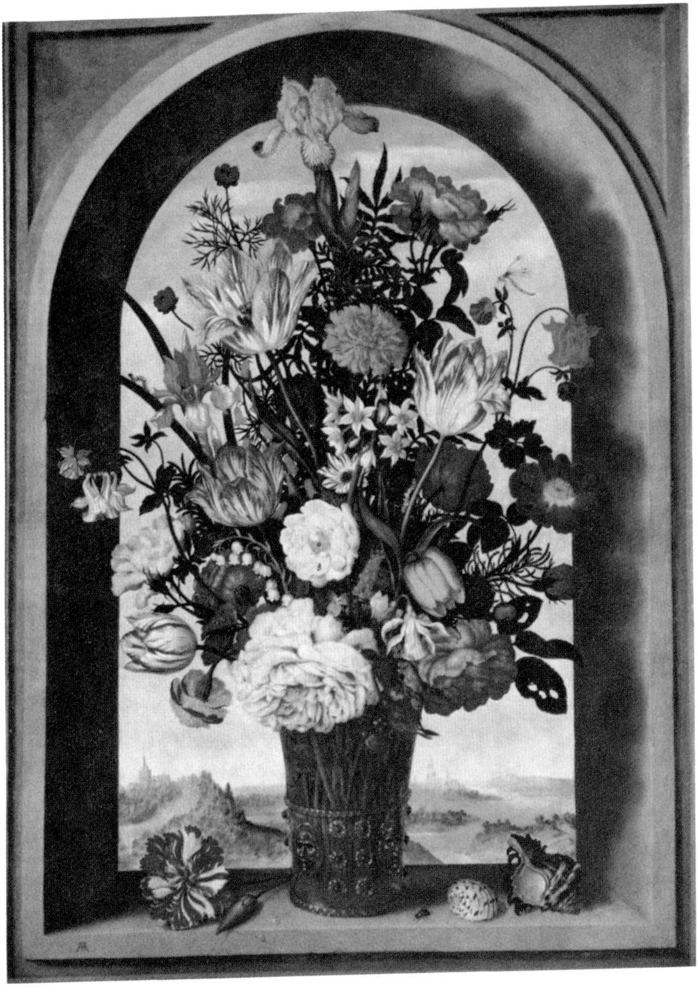

암브로시우스 보스샤르트 <창가에 꽃병>

1618년경, 유채, 46×64cm

고 나가 파는 방법을 택했지. 누가 알아주기를 기다리고만 있는 게 아니라, 자신이 나서서 그림을 알리는 방법을 쓴 거야. 그렇다 보니 그들은 각자 자기가 가장 자신 있는 부분을 골라서 그리게 되었어. '나는 풍경화를 잘 그리니 풍경화를!', '나는 정물화를 더 잘 그리니 우선 정물화만', '그중에서도 나는 꽃만', '그렇다면 나는 동물만!' '그럼 나는 성경 내용을 그리는 종교 화가로!' 이렇게 여러 갈래로 나뉘었지. 주문을 받고 나서 그리는 게 아니기에 화가들은 훨씬 자유롭게 그림을 그릴 수 있었어."

"아, 적어도 스스로를 조각가라고 강조하는 미켈란젤로에게 그림을 그리라고 우기는 교황 같은 사람은 없었다는 말이겠네요. 각자 알아서 제일 잘 그릴 수 있는 걸 그리면 되겠군요."

"그렇지. 화가들은 이제 몇몇 사람이 아니라 많은 사람이 좋아할 만한 그림을 그리기 시작했어. 그래야 더 잘 팔리니까. 또한 비교적 저렴한 가격에 그림을 쉽게 살 수 있도록 작은 크기의 그림도 많이 그렸어."

"역시 상업이 발달한 나라답군요. 작아서 사 가기도 좋고, 그만큼 가격도 저렴하고, 저렴하니까 많이 팔고!"

"이런 식으로 그림을 그리고 팔다 보니, 다른 나라에서는 보기 드문 현상이 벌어졌어. 집집마다 그림 한 점 없는 집이 없을 정도로 그림에 대한 관심과 사랑이 높아진 거야. 예전에는 왕궁이나 교회 혹은 귀족의 저택에나 가야 구경할 수 있던 그림을 평범한 서민들의 집과 상점에서도 쉽게 접할 수 있게 되었어."

"푸줏간에 가면 고기 그림, 생선 가게에는 물고기 그림, 꽃집에는 꽃 그림, 신앙심 깊은 할머니, 할아버지 댁에는 예수 그림, 이런 식인가요?"

"맞아. 말 그대로 '대중화'가 된 거야. 좋아하는 그림을 갖기 위해 사람들은 자기가 구입해서 가지고 있던 그림을 서로 사고팔기도 했어. 괜찮은 화가의 그림을 가지고 있다가 그의 명성이 높아지면 좀 더 높은 값으로 원하는 사람에게 팔았지."

그런 시절 렘브란트 판 레인(Rembrandt Harmenszoon van Rijn, 1606~1669)은 상당히 인기 있는 초상화가이자 종교 화가로 알려졌다. 비록 네덜란드 화가들은 여러 가지로 상황이 좋진 않았지만, 렘브란트처럼 인기 있는 화가들은 제법 큰돈을 벌 수 있었다. 다만 이렇게 인기를 얻기까지는 피나는 노력이 필요했다. 수없이 많은 화가가 있었고, 너무나 많은 그림이 쏟아져 나와 그만큼 경쟁이 치열했기 때문이다.

레이덴의 방앗간 집 아들로 태어난 렘브란트는 대학을 다니다 말고 화가가 되기로 결심했다. 암스테르담으로 건너온 그는 뛰어난 그림 실력으로 얼마 안 가 그 도시의 유명 인사가 되었다. 유복한 가정의 아내와 결혼해 아이를 낳아 키우면서 행복했지만, 그 생활은 오래가지 못했다. 공교롭게도 그의 불행은 자신의 가장 위대한 작품 중 하나인 〈야경〉이라는 그림이 완성된 직후부터이다.

"야경이라면 밤 풍경을 뜻하나요?"

"아니, 야간 경비 정도로 풀이하면 좋아. 당시 네덜란드는 민병대라고 해서 시민들이 스스로 지원한 경찰 혹은 군대가 도시에서 일어나는 범죄로부터 시민들을 보호했어."

"아하, 그럼 밤 순찰을 도는 민병대의 단체 그림인 셈이군요."

"말하자면 그런데, 이 야경이라는 게 좀 잘못된 제목이라고 해. 원래의 그림 제목은 '프란스 배닝 코크 대장의 군대'였어. 밤을 배경으로 한 것이 아닌데도 세월이 지나는 동안 먼지가 내려앉아 그림이 시커멓게 어두워진 거지. 그걸 모르고 후세 사람들은 밤에 순찰을 돌고 있는 장면이라고 착각해 '야경' 혹은 '야간 순찰' 등의 이름을 붙인 거야."

"그런데도 워낙 그 이름이 유명해서 그냥 사용하는 거로군요."

당시 자기 도시를 지키는 민병 대원들의 단체 초상화로 그려진 이 그림은 여러모로 이전의 단체 초상화와는 달랐다. 무엇보

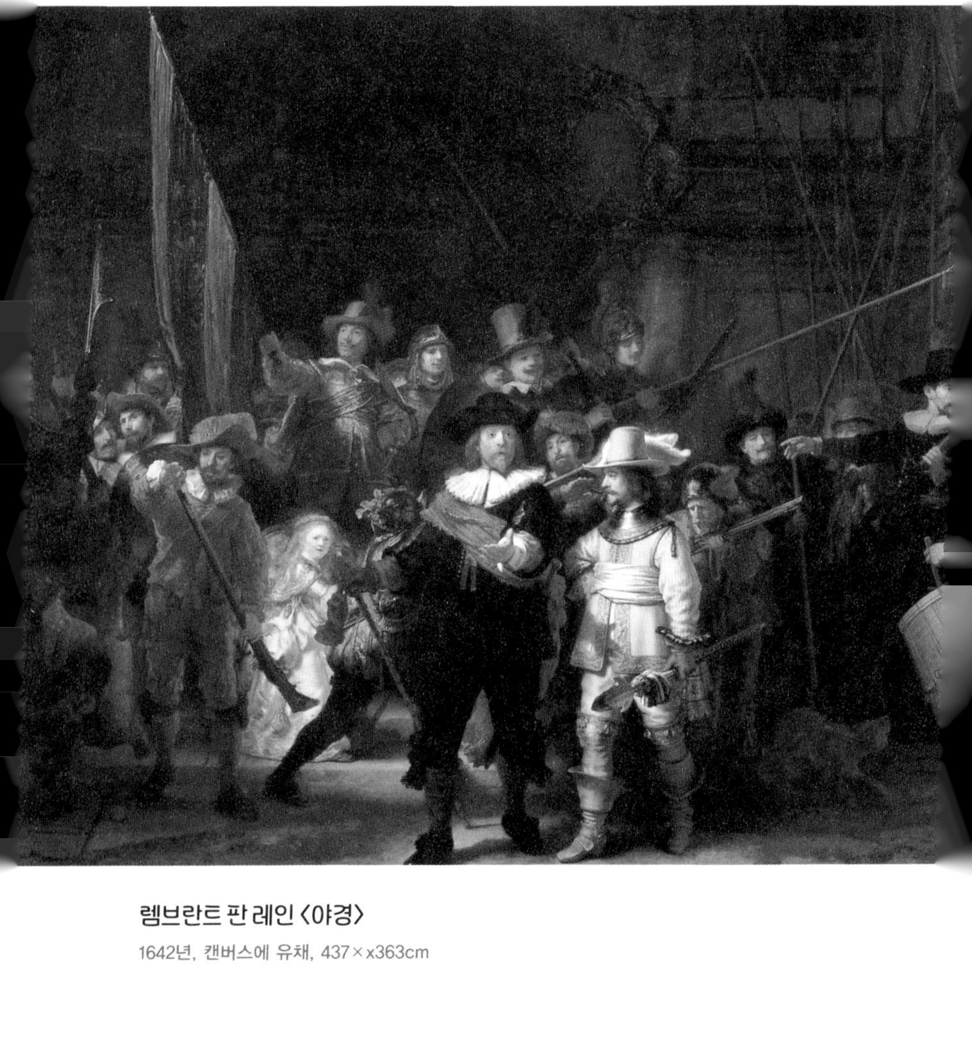

렘브란트 판 레인 〈야경〉

1642년, 캔버스에 유채, 437×x363cm

다 렘브란트는 대원들이 나란히 줄지어 앉아 있거나 서서 무표정하게 정면만 바라보고 있는 모습이 아니라 그냥 여럿이 섞여 있는 모습을 그렸다. 대원들은 마치 사진을 찍기 직전 카메라 앞으로 모여드는 사람들처럼 보인다.

"렘브란트의 그림 속 사람들은 화가를 전혀 의식하고 있지 않은 것 같아요. 그래서 훨씬 더 자연스럽게 보여요."

"우리는 렘브란트의 의도를 충분히 이해할 수 있지만, 문제는 그림 속 주인공들이었어. 생각해 봐. 단체 사진에 내 얼굴만 가려졌다면 기분이 어떨 것 같아?"

"'아니, 내 얼굴은 왜 안 나와? 왜 나만 무시해!'라는 생각을 하겠지요."

"바로 그거야. 단체 초상화를 주문한 대원들은 그림값을 똑같이 나눠서 지불했는데, 내 얼굴은 가려지고 누구 얼굴은 크게 나오면 기분이 상할 수밖에."

〈야경〉은 자연스러운 구도와 바로크 특유의 아름다운 빛 처리로 많은 사람의 찬사를 받았다. 하지만 단체 초상화를 주문하는 사람은 오히려 점점 줄어들었다. 자신의 얼굴만 가려진 채로 등장하는 것에 거부감을 느꼈을 수도 있지만, 사람들의 취향이

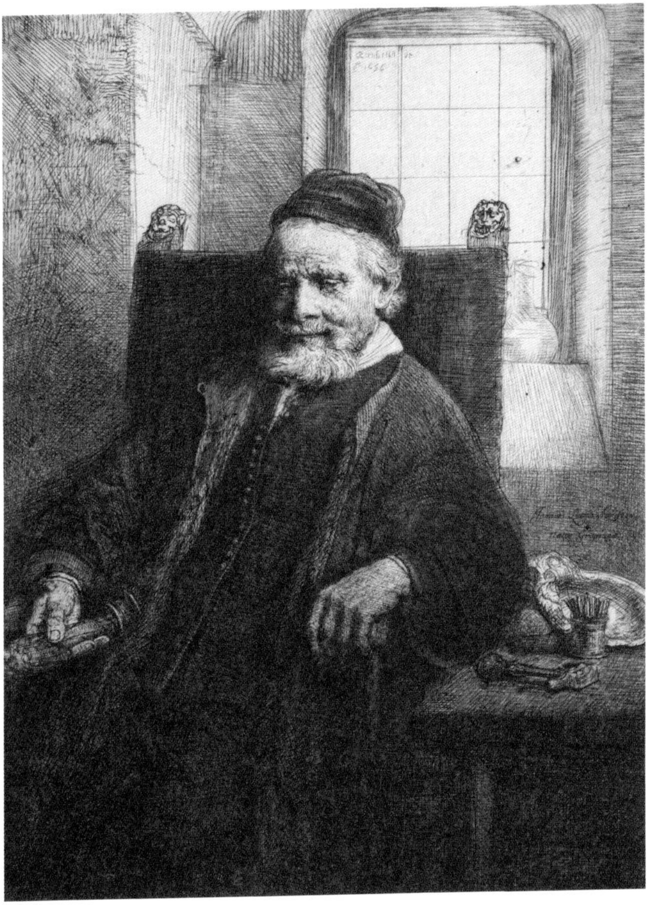

렘브란트 판 레인 〈장 뤼트마의 초상화〉

1656년, 에칭, 15×20cm

구리판에 가늘고 뾰족한 철심으로 그림을 그린 뒤 색을 입혀 찍어 내는 에칭화는 렘브란트에 의해 한층 발달하지만, 당시 사람들로부터 큰 호응을 얻지는 못했다.

변해 렘브란트식의 그림에 흥미가 떨어졌을 수도 있다.

렘브란트의 삶이 복잡해지고 어려워진 것은 사실 아내의 죽음 탓일 수도 있다. 그림 주문량은 예전 같지 않은 데다가 당시로서는 새로운 기법으로 제작한 판화 작품도 잘 팔리지 않았다. 이는 그에게 경제적으로 막대한 손실을 안겨 주었다. 운 좋게 암스테르담 시청으로부터 대형 그림을 주문받았지만, 완성된 작품은 차가운 냉대를 받다가 결국 철거되기까지 했다. 렘브란트는 아내 없는 외로운 삶을 이겨 내고자 낭비와 사치를 일삼다가 그만 파산에 이르고 말았다.

시간이 갈수록 렘브란트는 무너져 갔다. 팔리지 않는 그림, 쌓여만 가는 빚, 자신의 그림을 이해해 주지 않는 대중의 무관심 속에서 렘브란트는 자신이 묻힐 무덤 자리 하나 마련하지 못한 채 세상을 떠났다. 한때 암스테르담 큰 저택에서 살던 그가 말년에 살던 곳은 당시 사람들이 근처에도 가고 싶어 하지 않았던 빈민가였다.

"이 위대한 화가가 그렇게 죽어가다니, 정말 안타까운 일이에요."

"그렇지. 사실 대중의 취향은 빨리 변하거든. 렘브란트가 자신을 그린 자화상들을 봐. 패기만만한 청년에서 힘없고 가진 것이

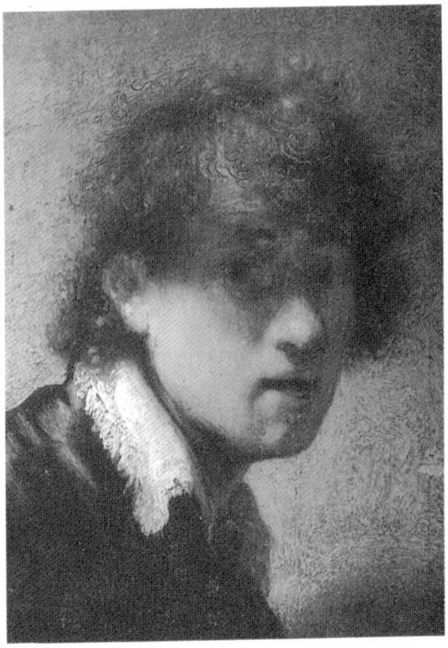

렘브란트 판 레인 〈자화상〉

1629년, 패널에 유채, 13×16cm

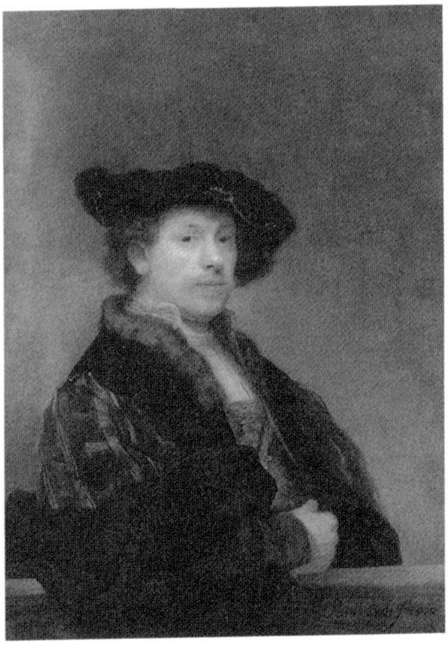

렘브란트 판 레인 〈자화상〉

1640년, 캔버스에 유채, 80×102cm

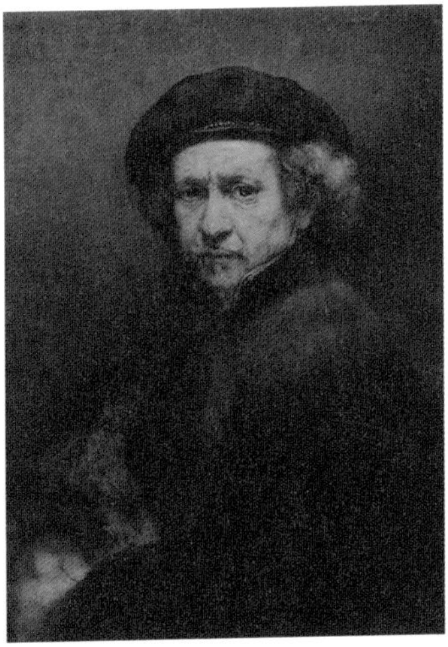

렘브란트 판 레인
〈검은 베레모를 쓴 자화상〉

1659년, 캔버스에 유채, 66×84cm

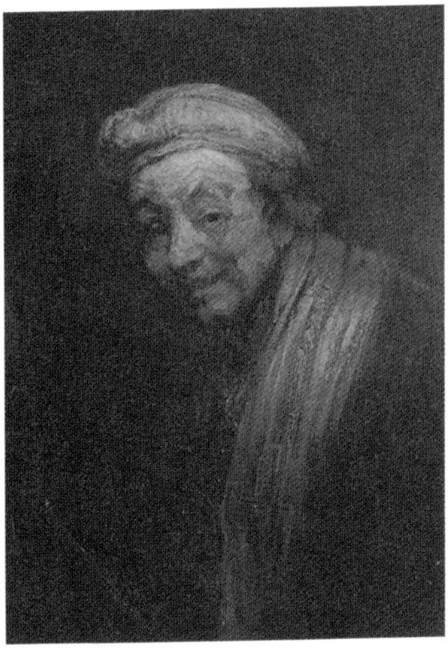

렘브란트 판 레인
〈재욱시스로 분한 자화상〉

1669년, 캔버스에 유채, 65×83cm

라고는 아무것도 남지 않은 쓸쓸한 노인으로 변해 가는 모습이 보이지?”

눈부시게 밝고 화사한 시절

달콤하고 화려한 로코코 미술의 대가, 와토

17세기 이탈리아의 바로크는 크고 아름다운 성당과 신앙심을 솟구치게 하는 힘찬 그림들, 격렬한 감정을 들춰내는 조각품들을 만들어 냈다. 렘브란트가 활약한 네덜란드의 바로크는 차분하고 고요한 빛이 가득한 자연스러운 그림으로 검소한 삶을 살아가는 시민들에게 위안을 주었다. 한편 프랑스의 바로크는 절대 권력을 가졌던 루이 14세(Louis XIV, 재위 1643~1715)의 위엄과 권위를 나타내는 데 큰 역할을 했다. 루이 14세는 "짐이 곧 국가이다"라는 말로 유명한 프랑스 왕이다.

"흔히 자신을 짐이라고 말하는 사람들은 죄다 '수고롭고 무거운 짐 진 자들' 덕분에 잘 살더군요."

"그러게 말이다! 루이 14세는 자신의 힘을 과시하기 위해 프랑스 수도를 파리에서 베르사유로 옮기고, 그곳에 엄청난 규모의 왕궁을 지었어. 귀족들은 파리에 멀쩡한 집을 버려두고 왕 가까이로 이사를 와야 했지. 베르사유 궁은 호화스럽기가 이루 말할 수 없고, 그 규모도 엄청났어. 너무나 어마어마해서 그 안에 들어서기만 해도 숨이 막힐 정도였지."

"사람의 마음을 흔들어 놓는 건축인 셈이군요."

"그렇지. 화려한 장식과 거대한 규모는 말 그대로 상당히 바로크적이라고 할 수 있어. 그 앞에 서면 심리적으로 압도당하게 되니까."

루이 14세는 고대 그리스와 로마의 정신을 이어받은 이탈리아 문화를 자신의 나라 프랑스에서 꽃피우고 싶어 했다. 그는 우선 이탈리아처럼 미술을 전문적으로 교육할 수 있는 아카데미를 만들었다. 아카데미 학생들은 라파엘로의 정신을 이어받아 정확하고 분명한 데생을 배우고, 우아하고 차분하며 단순하면서도 이상적인 그림을 그리도록 교육받았다.

"르네상스 미술을 좋아했다는 말이군요."

"물론이야. 달리 말하면 고전주의인 셈이지."

베르사유 궁전

1661~1690년경

원래 왕가 사람들의 사냥터로 사용되던 곳이었지만 프랑스 왕 루이 14세의 명령으로 당시 유럽에서 가장 화려하고 규모가 큰 궁전이 지어졌다. 늪지대에 불과했던 베르사유 마을에는 귀족 5천여 명, 병사와 시종 약 2만여 명이 와서 살게 되었다고 한다.

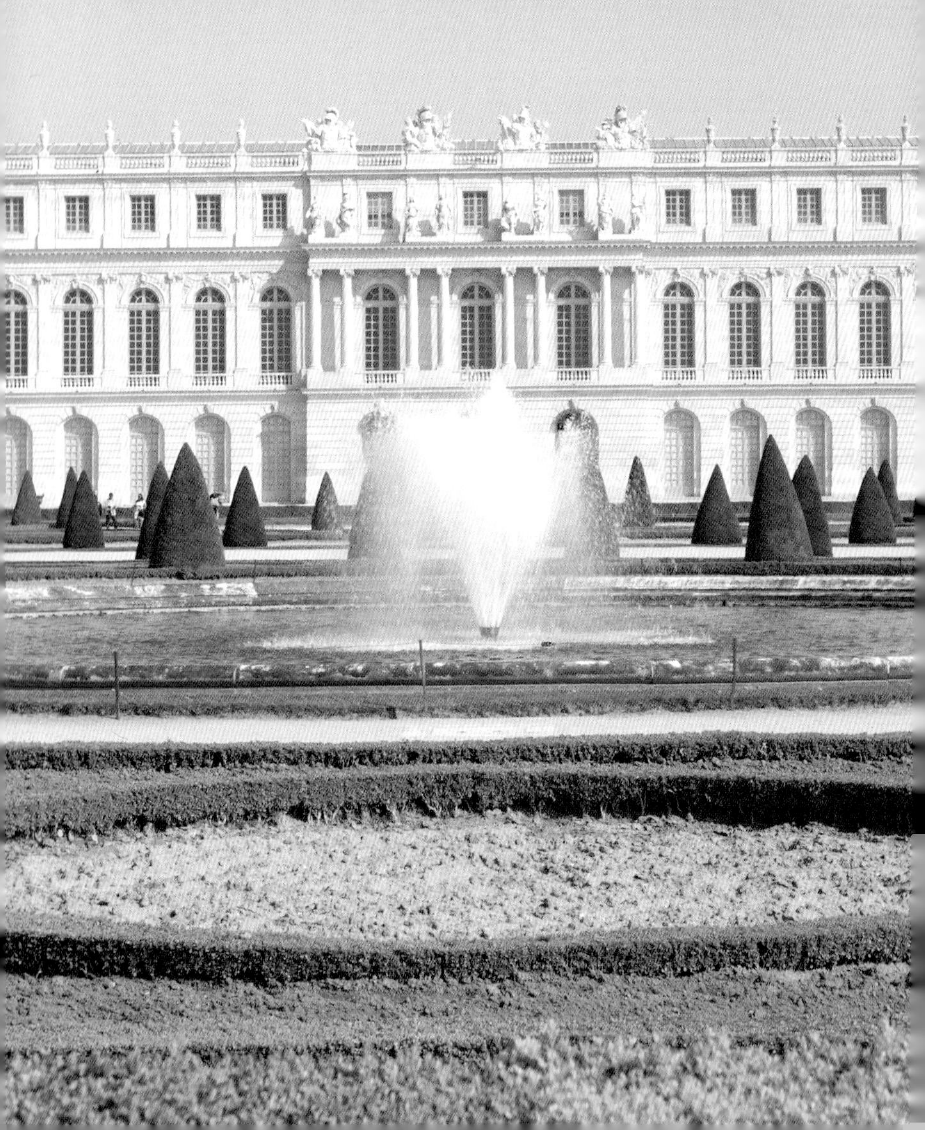

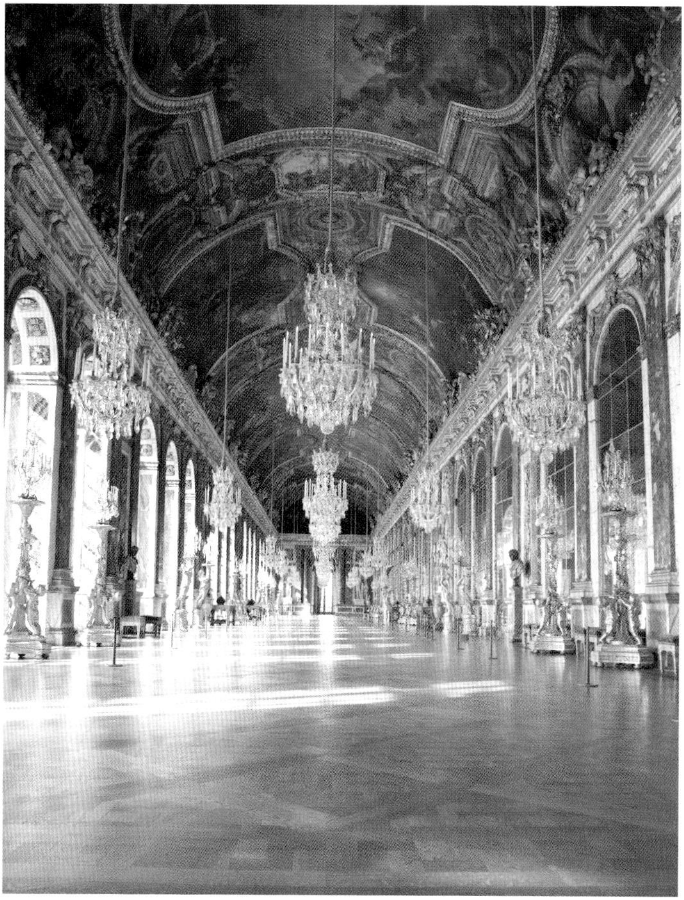

베르사유 궁전 내부

실내는 수정으로 만든 샹들리에, 온갖 색의 대리석 계단과 바닥, 금이나 은으로 장식한 가구로 가득 차 있었다. 엄청난 규모의 건물과 호사스러움의 극을 달리던 이 궁전은 루이 14세가 자신이 교황보다 더 높은 권력을 가지고 있음을 과시하기에 적합했다.

프랑스의 아카데미는 교훈적 내용을 담고 있는 고대 그리스 로마의 신화나 성서 혹은 역사적 사건, 왕실의 권위와 업적을 선전하는 내용을 담은 그림들을 높이 평가했다.

화가 장 앙투안 와토(Jean-Antoine Watteau, 1684~1721)가 막 이름을 떨치기 시작할 때는 이미 루이 14세가 세상을 떠난 뒤였다. 자신을 국가라고 칭했던 절대 권력의 루이 14세가 죽자 귀족들은 막강해진 힘을 등에 업고 베르사유를 떠나 파리의 저택으로 돌아가기 시작했다. 이들은 자신들의 저택을 사치스럽고 아기자기한 분위기로 꾸몄다. 미술도 이런 취향에 맞게 변한다. 귀족들은 밝고 낙천적이고 즐거운 내용의 그림들을 집안 곳곳에 걸어 두기 시작했다. 이 시기의 미술을 '로코코'라고 부른다. 로코코는 장식용으로 쓰는 작은 돌이나 조개를 의미하는 '로카이유'라는 프랑스 말에서 나왔는데, 작고 아름다운 장식이 주렁주렁 달린 건축물, 호화스럽고 아기자기한 내용의 그림이나 조각들을 일컫는다. 바로크 시대가 웅장하고 거대하다면, 로코코는 작고 귀여운 느낌이 든다.

근엄한 고전주의를 최고로 칭송하던 프랑스 아카데미는 와토가 회원이 되겠다며 제출한 그림 〈키테라 섬으로의 순례〉를 보고 고민에 빠졌다. 이 그림은 비너스 여신상을 모시고 있는 키테라 섬에 놀러 간 귀족들의 모습을 그린 것으로 특별히 교훈적이

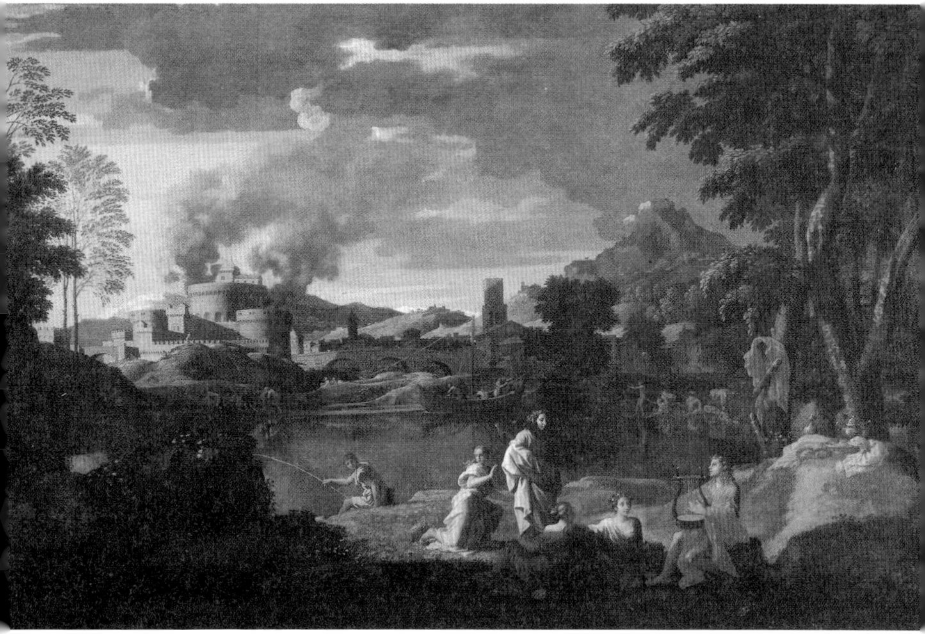

니콜라 푸생 〈오르페우스와 에우리디케가 있는 풍경〉

1648년, 캔버스에 유채, 200×124cm

루이 14세는 특별히 푸생의 그림을 좋아했다. 푸생은 풍경화를 그릴 때 풍경을 있는 그대로 그리지 않고, 구도를 잘 맞춘 뒤 은은한 색상으로 바꿔서 그렸다. 과거 그리스 로마의 위대함을 늘 동경하던 푸생은 그림 속에 고대 로마의 유적을 그려 넣곤 했다. 이 작품은 그리스 신화의 내용을 이상적인 풍경화 속에 넣어 완성한 것이다.

거나 도덕적인 의미는 없었다. 다소 가라앉은 듯한 점잖은 색을 사용해 형태의 아름다움을 돋보이게 하는 이전 그림들과 달리, 와토의 이 그림은 밝고 화사한 색을 사용해 보는 순간 시선을 빼앗았다. 답답하고 고지식하게 느껴지는 고전주의 그림에 싫증을 느끼던 이들의 마음을 사로잡은 것이다.

"이제껏 아카데미가 만들어 놓은 좋은 그림의 정의와는 좀 거리가 멀었지만, 그냥 내치기에는 너무 아깝다는 생각을 한 거로군요."

"그렇지. 결국 그들은 와토를 받아들이기로 결정했어. 대신 이 그림은 역사적인 이야기나 신화의 의미를 풀어내는 그림이 아니라, 아름답고 즐겁고 우아한 귀족들의 생활을 그린 그림이기에 특별히 '페트 갈랑트'라고 부르기로 했어."

"페트? 페트병?"

"이 말은 '전원의 축제'라는 뜻을 가지고 있어. 전원, 즉 야외에서 즐기는 귀족들의 모임을 그렸다고 해서 붙인 이름이야. 와토의 영향을 받은 그 시대 화가들은 이 페트 갈랑트풍의 그림을 많이 그렸어. 귀족들은 딱딱하고 엄격한 주제의 무거운 그림보다 연인들이 야외에서 축제를 벌이는 모습이나 사랑을 속삭이는 장면 혹은 편지를 주고받는 연인들의 설렘 가득한 모습 등이

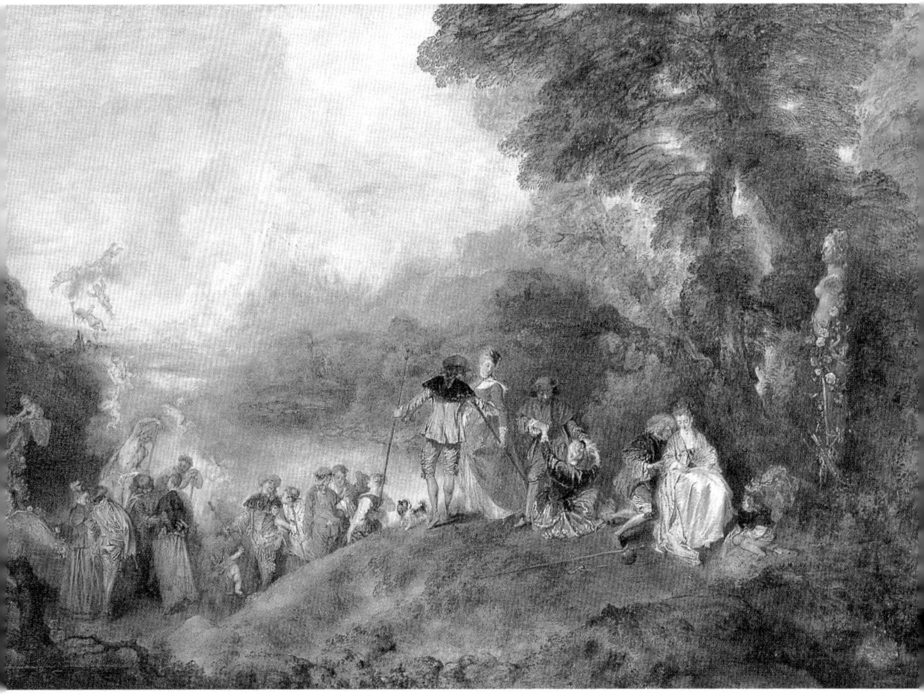

장 앙투안 와토 〈키테라 섬으로의 순례〉

1717년, 캔버스에 유채, 194×129cm

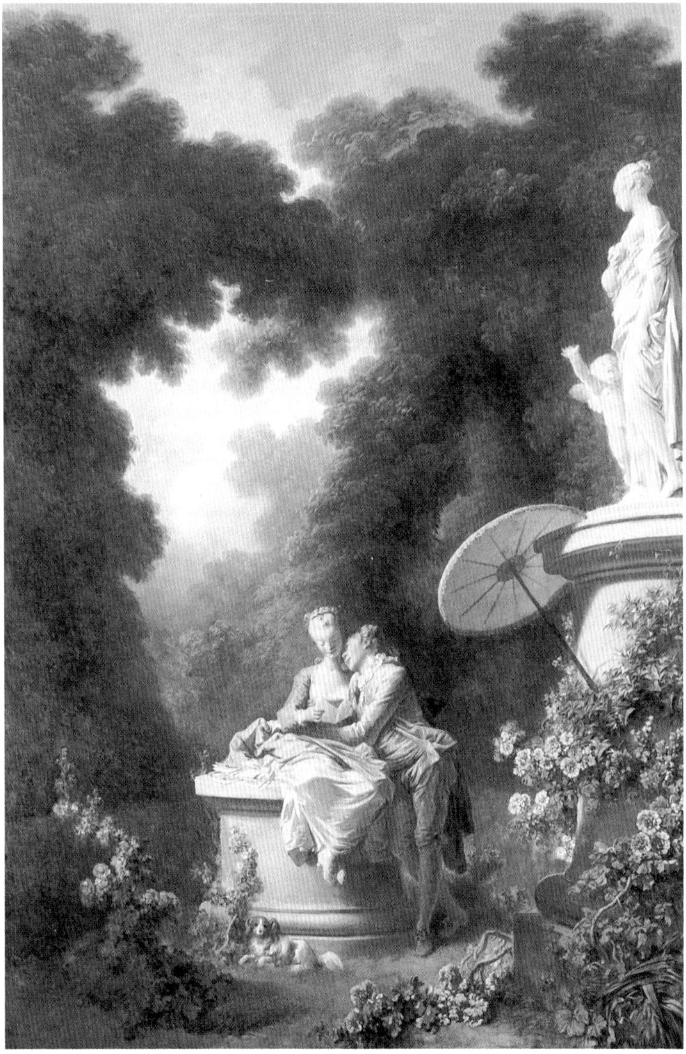

장 오노레 프라고나르 〈사랑을 고백하다〉

1771년, 캔버스에 유채, 215×318cm

등장하는 그림에 열광했어."

로코코 미술은 루이 15세(Louis XV, 재위 1774~1792) 시절 프랑스 파리에서 특히 발달했다. 하지만 아카데미의 호의는 그리 오래가지 않았다. 자신들이 사는 시대의 예술이 너무 향락적이고 사치스럽다는 데 대해 스스로 반성하는 분위기 때문이었다. 와토는 비록 서른일곱의 젊은 나이에 폐병으로 세상을 떠났지만, 살아생전 엄숙하고 고지식한 프랑스 미술에 말랑거리는 달콤함을 제대로 선물한 셈이다.

5부

신고전주의와 낭만주의 미술

어수선한 세상에 질서를 잡은 그림

신고전주의화가,
다비드

루이 15세를 이어 루이 16세(Louis XVI, 재위 1774~1792)가 왕위에 올랐다. 귀족들의 타락이 극심해졌고, 신성해야 할 성직자들의 부패도 도를 넘었다. 나라 살림을 제대로 하지 못한 탓에 루이 16세는 빚만 늘리고 있었다. 견디다 못한 시민들은 "빵이 아니면 죽음을 달라!"고 외치며 거리로 나섰다. 1793년, 프랑스혁명이 일어난 것이다. 모든 사람이 평등하다는 생각이 커지면서 프랑스의 왕정은 막을 내렸다.

자크 루이 다비드(Jacques-Louis David, 1748~1825)는 이 어수선한 시기를 살았다. 그는 어린 시절부터 수준급의 데생 솜씨를 가지고 있었는데, 로마에 세운 프랑스 아카데미의 로마 분교로 유학할 기회를 얻어 이탈리아의 미술을 배워 올 수 있었다.

다비드는 프랑스혁명을 적극적으로 지지했고, 이후 프랑스를 이끌던 자코뱅당의 당원이 되었다. 그런데 자코뱅당의 총수인 로베스피에르는 루이 16세와 왕비인 마리 앙투아네트를 교수대에서 처형한 것으로도 모자라, 자신과 조금만 의견을 달리하면 무자비하게 처형하는 공포정치를 펼쳤다. 이로 인해 프랑스는 다시 혼란한 날들을 보내야 했다.

그러던 어느 날, 로베스피에르의 공포정치에 반대하던 한 여성이 자코뱅당의 주요 인물인 마라를 암살하는 일이 벌어졌다. 그녀는 피부병에 걸려 늘 욕실에서 일하던 마라에게 전해 줄 것이 있다고 경비병들을 설득해 들어가서는 그를 잔인하게 살해했다. 마라와 같은 당원이자 절친한 친구 사이기도 했던 다비드는 그의 죽음을 그림으로 남겼다. 그림 속의 마라는 완벽한 조각상처럼 단단하고 다부지고 멋지게 이상화되었다. 그의 늘어진 팔은 미켈란젤로의 〈피에타〉를 떠올리게 한다.

프랑스의 평화는 쉽게 오지 않았다. 잔혹한 자코뱅당의 공포정치는 로베스피에르를 단두대에서 처형함으로써 끝이 났지만 혼란은 여전했다. 다비드도 옥살이를 했다. 그러나 다행히도 나폴레옹의 눈에 띄어 전속 화가로 발탁되었다.

"다행이군요. 다비드의 그림 세계가 궁금해요. 다비드처럼 혁

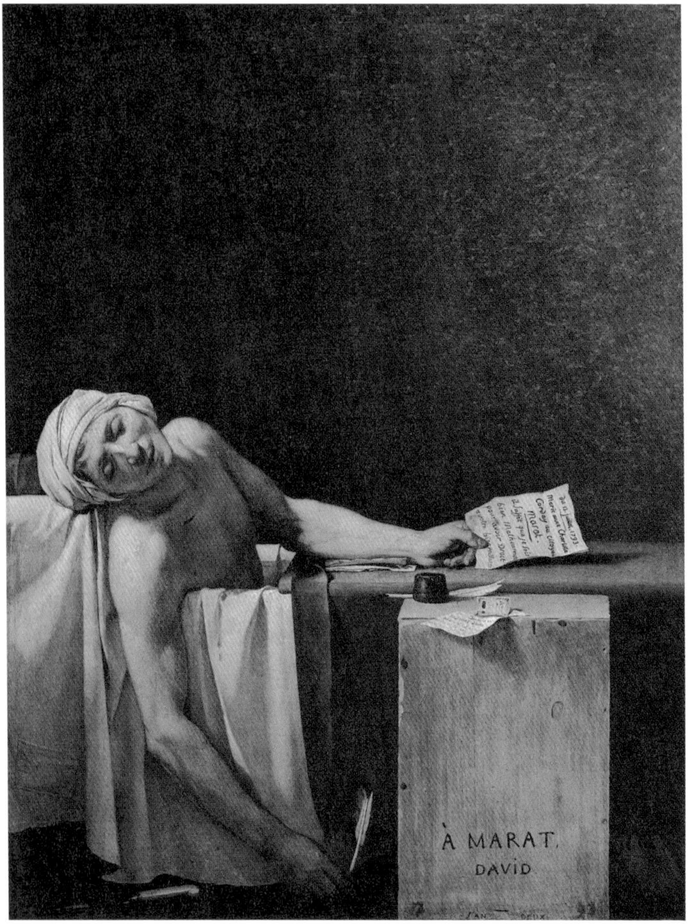

자크 루이 다비드 〈마라의 죽음〉

1793년, 캔버스에 유채, 128×162cm

명을 꿈꾸고 실행한 사람에게 귀족적인 로코코는 좀 맞지 않았을 것 같아요. 그런 사람이 과연 말랑말랑하고 낙천적인 귀족들의 놀이나 그리고 있었을까요?"

"다비드는 그림을 통해 사람들에게 좀 더 의미 있고 중요한 일에 개인의 이익을 희생할 줄 아는 참된 시민이 되라는 말을 하고자 했어. 그래서 그는 고대 로마 시대의 위대한 영웅들 이야기나 역사적으로 가치 있고 의미 있는 장면들을 주로 그리려 했지."

"루이 14세 시절부터 프랑스 아카데미가 좋아하던 주제로 다시 돌아왔군요. 역사적 사실, 신화, 영웅, 종교 등 거창한 이야깃거리 말이에요."

"그렇지. 다비드는 자신이 모시던 나폴레옹을 프랑스를 이끄는, 살아 있는 영웅이라고 생각한 것 같아. 그는 황제의 업적을 그림으로 그려서 사람들로 하여금 존경심을 불러일으키도록 했어."

프랑스의 미술은 이제 로코코에서 벗어나 아카데미의 고전주의를 다시 '새롭게' 이어갔다. 그런 의미에서 다비드와 그의 추종자들이 추구하는 그림 세계를 '신고전주의'라고 불렀다. 신고전주의 미술은 고대 그리스와 로마, 르네상스가 그랬던 것처럼

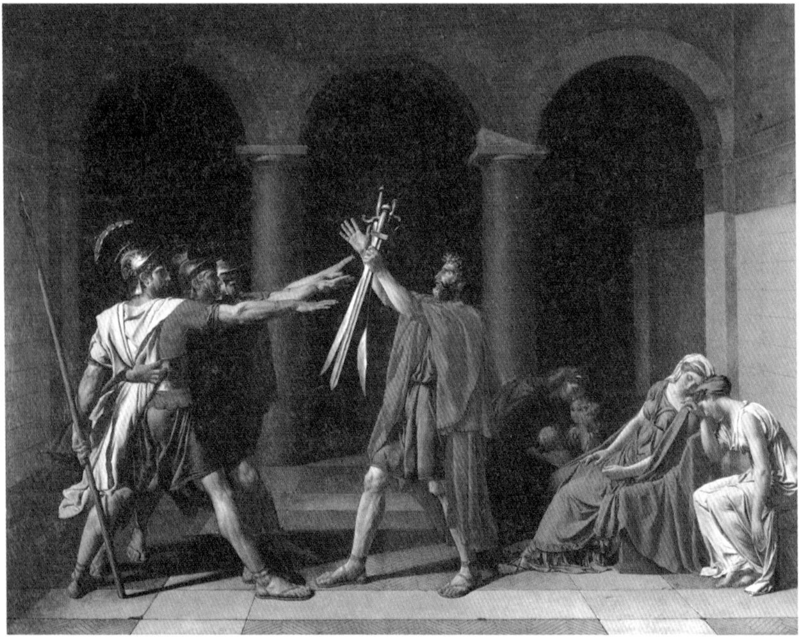

자크 루이 다비드 〈호라티우스 형제들의 맹세〉

1784년, 캔버스에 유채, 425×330cm

전쟁에 나가는 호라티우스 집안의 형제들이 싸움에서 지면 목숨을 버리겠다는 맹세를 하고 있다. 다비드는 아치가 늘어서 있는 로마식 실내를 배경으로 마치 대리석 조각상 같은 그들을 그려 넣음으로써 고대 그리스 로마에 대한 동경을 표현했다.

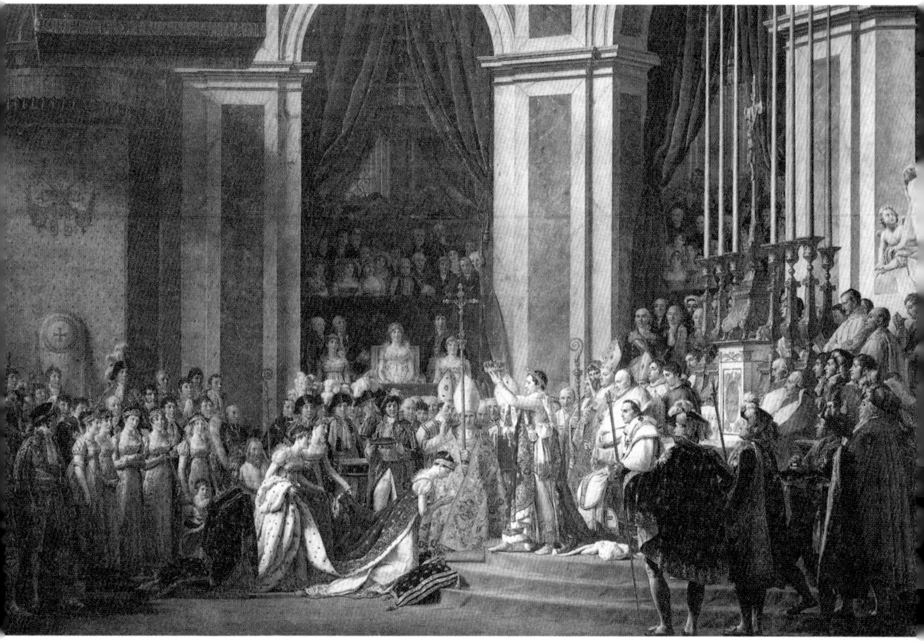

자크 루이 다비드 <나폴레옹 황제의 대관식>

1805~1807년, 캔버스에 유채, 979×629cm

나폴레옹은 결국 프랑스가 혁명을 통해 이루어 놓은 공화정을 무너뜨리고 다시 왕정을 복구했다. 다비드는 나폴레옹이 이미 황제의 관을 쓴 뒤에 아내에게 황후의 관을 씌어 주는 장면을 그림으로 그렸다.

질서, 비례, 조화를 우선으로 했고, 색보다 선을 더 중시했다.

"그런데 나폴레옹이 왕위에서 쫓겨나고 나서 다비드는 어떻게 되었죠?"

"다비드는 바로 이웃나라인 벨기에의 브뤼셀로 쫓겨나 다시 돌아오지 못했지."

"자코뱅당 때문에 감옥에 가고, 나폴레옹 때문에 조국을 등져야 했군요."

"프랑스가 역사상 가장 혼란스러웠던 시기에, 다비드는 그림으로 세상을 바꿀 수 있다는 꿈을 꾼 사람이라고나 할까. 다비드는 비록 프랑스로 돌아오지 못했지만 그의 그림은 프랑스인의 자부심이 되어 지금까지도 루브르를 환하게 밝히고 있지."

희로애락 인간의 감정을 그림에 담다

낭만주의 화가, 들라크루아

다비드와 신고전주의자들은 그림을 통해서 '나'보다 '전체'를 위하는 삶을 이야기하고자 했다. 그들은 그리스와 로마의 위대함을 그림 속에서 표현했고, 혁명에 몸담았던 동료들을 그림으로 칭송했으며, 나폴레옹 같은 당대의 영웅을 이상적인 모습으로 그림으로써 사람들에게 늘 깨어 있으라는 메시지를 전달했다.

따지고 보면 신고전주의자들은 '나'라는 작은 개인보다 더 큰 '우리', 즉 다수를 위하는 이성적인 삶의 소중함을 말하고자 한 것이다.

"인간의 이성은 학문을 발달시키고 과학을 발달시켰지. 더 많은 사람을 위한 것이 무엇인지에 대해 곰곰이 생각할 줄 아는 힘이 혁명을 가능하게 했고 말이야. 사람들의 삶을 더욱 편리하게 만든 산업혁명도 마찬가지지. 그렇다 보니 18~19세기 초엽 사람들은 인간의 이성만 지나치게 강조하는 경향이 있었어."

"이성을 중요시하는 경향이 미술에서는 신고전주의를 발달시켰다고 봐도 되겠군요. 그런데 인간이 이성만 있는 건 아니지 않나요?"

"그렇지. 다비드와 그의 추종자들은 고대 문화에 대한 사랑이 너무나 깊었던 나머지 그리스 로마 시절의 옷차림으로 무리를 지어 시내를 활보하는 소동을 벌일 정도였어. 그러나 한편에서는 이성만이 전부가 아니라는 주장도 나왔어. 그림에서는 페르디낭 빅토르 외젠 들라크루아(Ferdinand Victor Eugène Delacroix, 1798~1863) 같은 화가가 등장했지. 그는 이성 중심의 신고전주의와 뜻을 달리하는 낭만주의를 주창했어. 19세기 프랑스 미술계는 다비드의 제자 앵그르를 중심으로 하는 신고전주의자들과 들라크루아를 따르는 낭만주의자들의 치열한 싸움이 이어졌어."

"낭만주의, 뭔가 달콤해 보이는데요?"

"달콤한 기분, 그런 분위기도 낭만주의라 할 수 있어. 인간에겐 도덕, 교훈, 질서 등과 관련한 이성만 있는 게 아니지. 사랑하고 미워하고, 좋고 싫고, 기쁘고 슬프고, 폭력적이고 때론 어수선하고 무질서한 감정도 있거든. 그런 감정들을 그림으로 표현한 것이 바로 낭만주의 미술이라고 할 수 있어."

들라크루아는 비교적 부유한 집안에서 태어났다. 그러나 외교관이었던 아버지의 죽음에 이어 어머니마저 세상을 떠나자 매우 궁핍한 생활을 했다. 파리 아카데미의 정식 미술 교육기관인 '에콜데보자르'에 입학했지만 오로지 데생만 강요했고, 선과 형태의 완성미만 가르쳤다. 또한 붓 자국이 전혀 느껴지지 않을 정도로 완벽하게 마무리된 그림을 요구했다. 그러나 들라크루아는 잘 그어진 선과 이상적인 형태의 조각 같은 그림보다는 강렬한 색이 인간의 여러 가지 복잡한 감정을 더 잘 표현해 낼 수 있다고 믿었다.

그는 신화나 성서 그리고 영웅들의 이야기를 통해 사람들에게 이성을 강조하던 신고전주의와는 달리 이리저리 얽혀 있는 사건들 속에서 고뇌하고, 아파하고, 때론 웃고 우는 인간의 모습을 담은 문학작품들을 그림으로 그려 냈다. 그의 대표작 중 하나인 〈사르다나팔루스의 죽음〉은 낭만주의 미술이 어떻게 신고전주의와 다른지를 잘 보여 준다.

"너무나 혼란스러워 보인다는 점에서 우선 신고전주의와 다른 건 분명하군요. 그런데 대체 무슨 일이기에 이토록이나 잔인

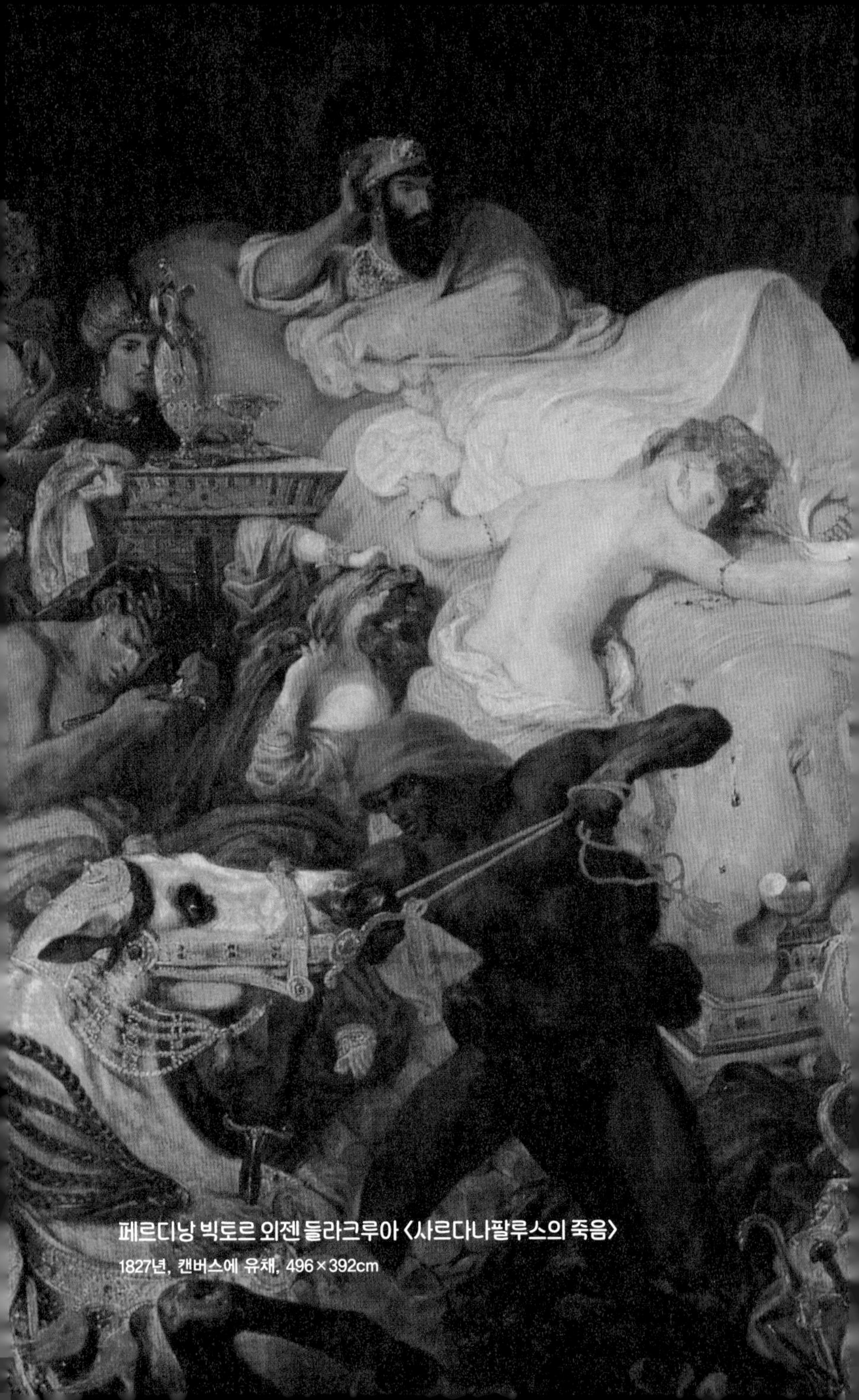

페르디낭 빅토르 외젠 들라크루아 〈사르다나팔루스의 죽음〉
1827년, 캔버스에 유채, 496×392cm

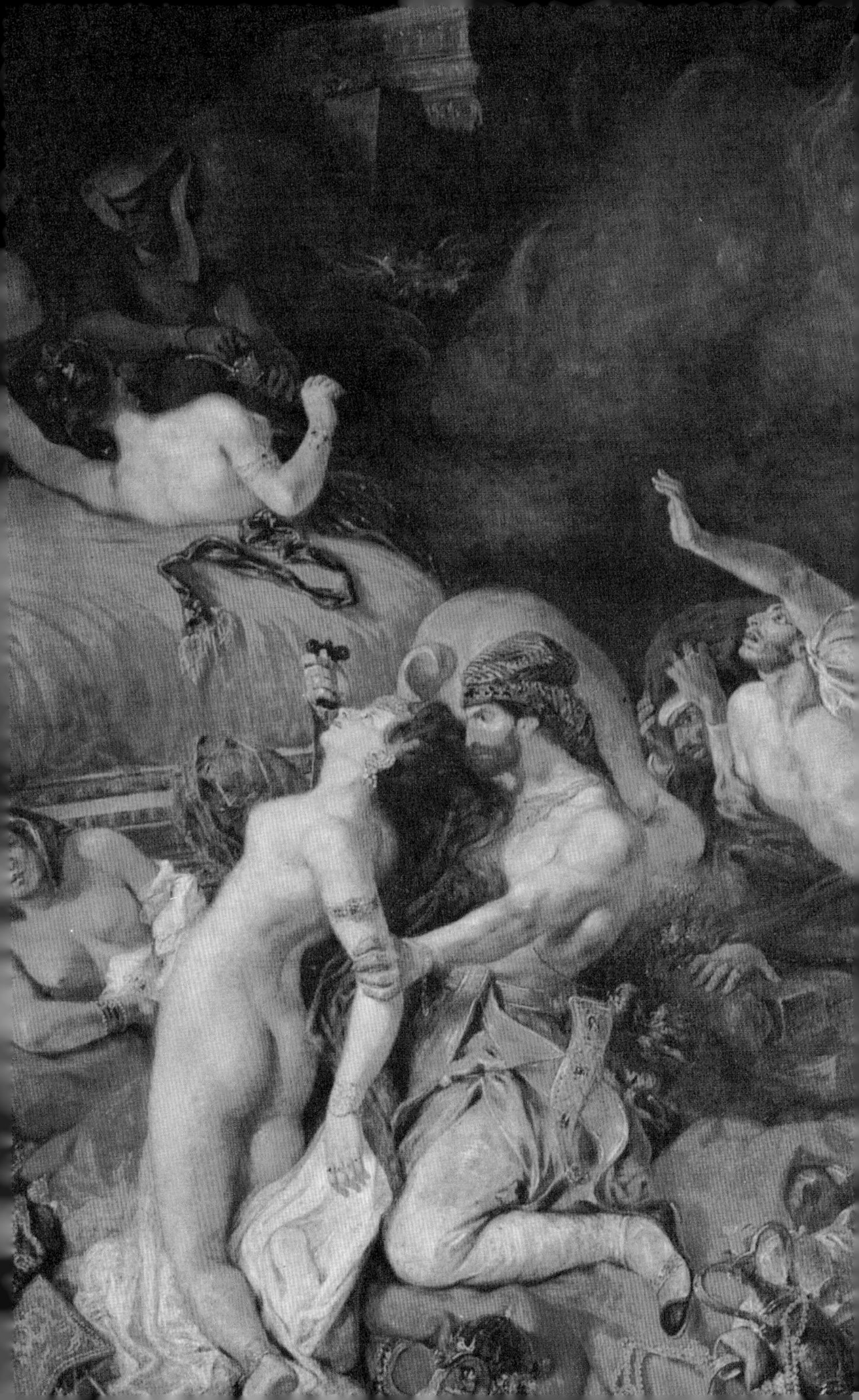

한 걸까요?"

"이 그림은 옛날 동방에서 일어난 한 사건을 주제로 했어. 참, 프랑스 등 서유럽에서 말하는 동방은 한국이나 일본, 중국을 말하는 게 아니라, 그들 나라의 동쪽, 튀르키예를 비롯한 지금의 중동 지역 정도를 의미해. 주로 이슬람 국가들이겠지. 이 동방의 왕 사르다나팔루스는 전쟁에서 패하자 자신의 신하들과 가족들을 모두 처형하기로 했어. 어차피 적에게 잡혀 수모를 당하고 죽게 될 테니 차라리 고통 없이 죽이는 게 낫겠다고 생각한 거지. 들라크루아는 이 장면에 너무 화려해서 오히려 섬뜩해 보이기까지 한 색들을 사용했어. 이런 그림은 신고전주의와 달리, 어떤 교훈을 주기 위해 그렸다고는 할 수 없어. 잔인하다거나 무섭다거나 끔찍하다는 등의 감정을 자극할 뿐이거든."

"내용도 교훈적이지 않고, 장면은 끔찍하고, 색은 너무 튀고! 그래도 교장 선생님 훈화 같은 그림만 보다가 이런 그림을 보면 좀 새롭다는 느낌은 들었겠어요. 그나저나 신고전주의와 낭만주의, 이 둘의 싸움은 누구의 승리로 끝났죠?"

"19세기가 다 가도록 프랑스의 왕립 미술 아카데미는 신고전주의 그림에 더 높은 점수를 줬어. 하지만 새로움을 추구하는 화가들은 낭만주의 미술을 훨씬 더 높이 샀어. 예술, 특히 미술에서는 누가 이기고 지는가는 의미가 없어. 사과가 더 좋은지

배가 더 좋은지를 묻는 것처럼, 차이는 있지만 우열은 없지. 싸우는 동안 정든다고, 이들은 서로 자신이 옳다고 주장하면서도 결국은 상대의 장점을 받아들이곤 했어. 그렇다 보니 나중에는 둘이 다른 듯 비슷해지기도 했지."

6부

인상주의와 그 이후의 미술

우리 모두가 주인공

눈에 보이는 진실만을 그리려 한 화가, 쿠르베

19세기, 유럽 미술의 중심에는 아카데미와 살롱전이 있었다. 아카데미가 주최하는 살롱전은 미술로 성공하고자 하는 많은 이가 작품을 제출해 경연을 벌이는 곳이었다. 살롱전에 좋은 성적으로 입선했다는 것은 곧 파리에서 훌륭한 평판을 받는 미술가로 활동할 수 있다는 것을 의미했다.

미술 아카데미는 신화, 종교, 영웅의 이야기와 역사적으로 큰 의미를 지닌 사건들을 주제로 한 그림을 '역사화'라고 불렀고, 이를 가장 높이 평가했다. 상대적으로 풍경화나 정물화 등은 낮추어 보는 경향이 있었다.

귀스타브 쿠르베(Gustave Courbet, 1819~1877)라는 화가는 오르낭이라는 프랑스의 작은 시골 마을에서 태어났다. 쿠르베는 법학을 공부하라는 부모님의 강요에 못 이겨 파리로 왔지만 그림을 그리기로 결심했다. 쿠르베 역시 살롱전에 작품을 제출했고, 입선하기도 했다.

쿠르베가 살던 당시 유럽에서는 각 나라마다 번갈아 가며 만국박람회가 열렸다. 만국박람회는 자기 나라에시 생산된 새로운 제품을 소개하고, 나아가 뛰어난 문화와 예술적 업적을 자랑하는 장이었다. 1855년의 만국박람회는 파리에서 열렸다. 프랑스 정부는 몇몇 실력 있는 화가가 만국박람회에 그림을 걸 수 있도록 했다.

쿠르베는 열네 작품을 제출했지만 그중 세 작품이 거부당했다. 열한 작품이나 전시됐으니 그게 어딘가 하겠지만, 자존심 강한 그는 당시 사람들의 눈을 휘둥그렇게 만드는 일을 벌였다. 만국박람회가 열리는 장소 가까운 곳에 있던 한 창고를 개조해 자신의 작품들을 전시하는 '사실주의 전시관'을 연 것이다.

"작가가 자기 작품으로 전시회를 여는 게 특별한 일인가요?"

"지금이야 흔한 일이지만, 당시로는 개인이 자기 작품만 전시하는 건 처음 있는 일이었어. 게다가 '사실주의 전시관'이라는 말도 생소했고."

"사실주의라는 말은 대상을 실제와 비슷하게 그리는 걸 의미

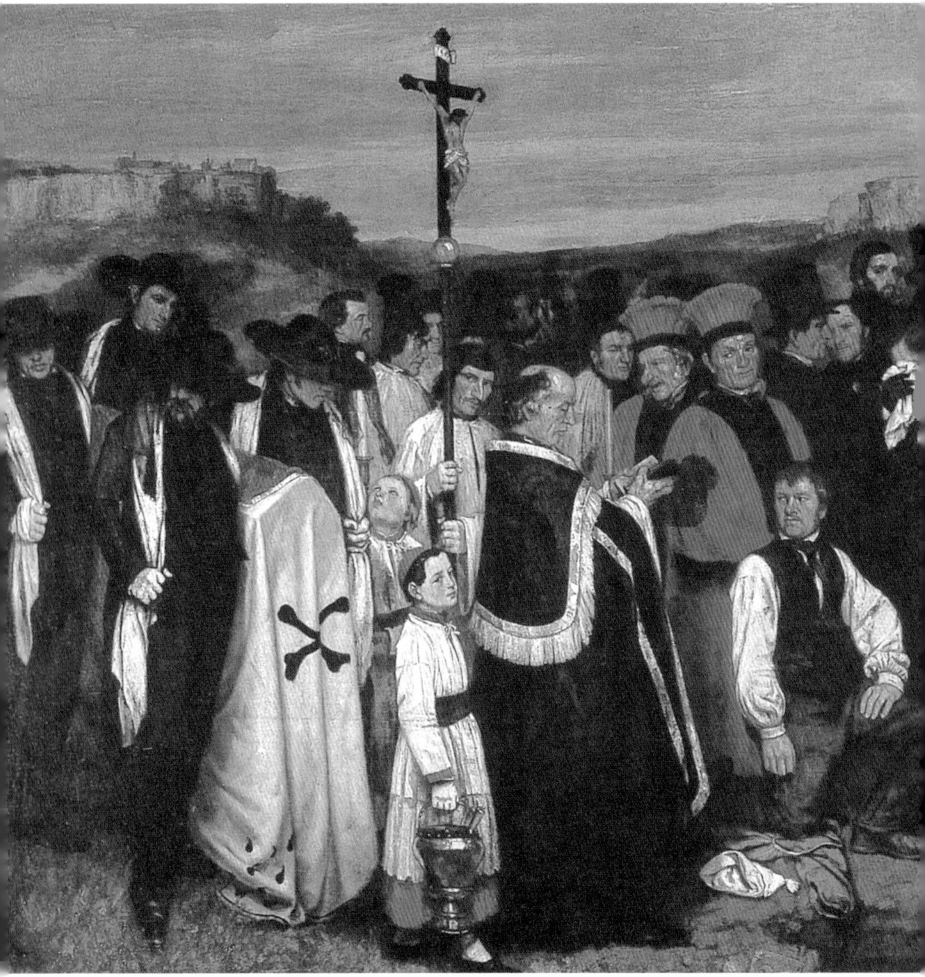

귀스타브 쿠르베 〈오르낭의 매장〉

1849~1850년, 캔버스에 유채, 668×315cm

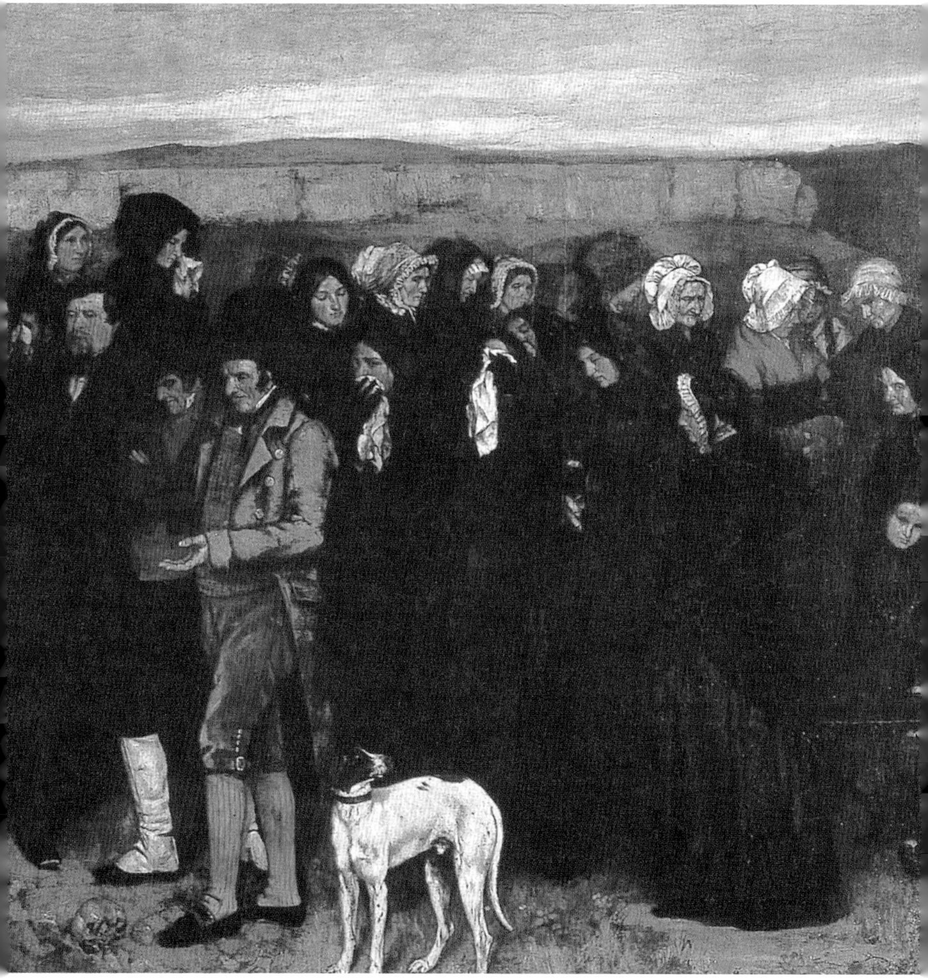

하지 않나요?"

"맞아. 사실주의에는 그런 뜻도 포함되어 있지. 하지만 쿠르베가 말하는 사실주의는 좀 달라."

쿠르베는 "나에게 천사를 보여 주시오. 그러면 천사를 그리겠소"라고 말했다. 그는 이제껏 화가들이 실제로는 가능하지 않은 것들, 눈으로 확인할 수 없는 것들을 그리는 것에 반기를 들었다. 아카데미는 영웅, 신화, 종교 등의 주제를 다루어야 좋은 그림이라고 보았는데, 쿠르베는 이런 그림에 등장하는 헤라클레스와 예수, 천사 같은 인물들이 지금 현재, 내 곁에 같이 있는 이들이 아니라는 점을 비판했다. 그림이 언제나 과거의 것을 소재로 한다는 사실에 유감을 느꼈던 것이다.

"그러니까 쿠르베의 말은, 천사는 내 눈앞에 나타날 수 없는 존재라는 거죠?"

"그래. 쿠르베는 있을 법한 일을 그리고자 했고, 이상화니 뭐니 하면서 사실을 과장하는 것도 거부했지. 무엇보다 그는 주변의 가난하고 힘없는 사람들을 그림의 주인공으로 그리기 시작했어."

쿠르베가 〈오르낭의 매장〉이라는 작품을 발표했을 때 주변의 반응은 냉담했다. 그는 가로 길이가 3m가 넘는 대형 작품 속에 제우스나 아프로디테 같은 신이나, 고대 그리스 로마 시대에 나라를 위해 목숨을 걸고 싸운 영웅들의 모습 대신 자신이 살던 고향 마을, 농부의 장례식 장면을 그려 놓았다. 사람들은 "대체 농부의 죽음에 이렇게 아까운 물감을!" 하면서 야유했다. 그러나 모든 사람이 평등하다는 신념을 가지고 있던 쿠르베는 세상을 움직이는 것은 날개를 달거나 번개를 무기로 삼는 신, 태어날 때부터 위대했던 몇몇 영웅이 아니라, 평생 정직하게 일하면서 가족을 먹여 살리다 보통의 죽음에 이르는 평범한 사람들이라고 생각했다.

"그런데 대체 〈오르낭의 매장〉의 주인공을 누구라고 해야 하는 거죠?"

"특별한 주인공 없이 그냥 거기 등장한 모든 사람이 주인공이지. 모두 평등한 거야."

"모든 사람이 평등하다는 생각은 아마도 프랑스혁명 이후 사람들의 의식이 높아지면서 나왔겠죠?"

"그렇지. 혁명 이후 프랑스는 어수선했던 나라의 질서를 바로잡고 법률을 정비하는 데 집중했지. 그러나 유럽을 정복한 나폴

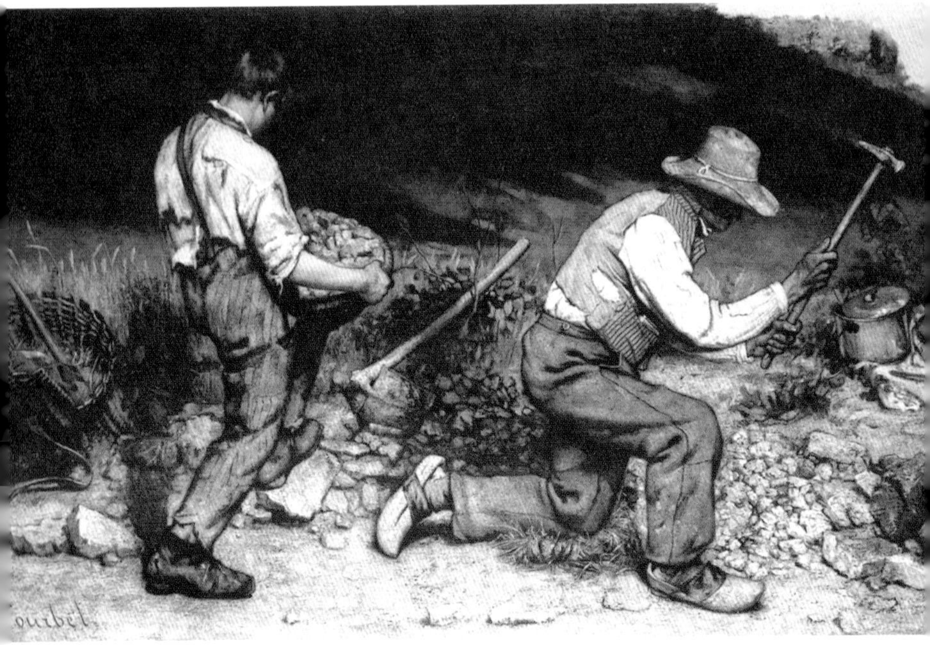

귀스타브 쿠르베 〈돌 깨는 사람들〉

1849년, 캔버스에 유채, 257×165cm

당시 돌 깨는 일은 천한 직업으로 여겨졌다. 하지만 쿠르베는 자기 일에 최선을 다하는 이들의 모습을 당당하게 그렸다.

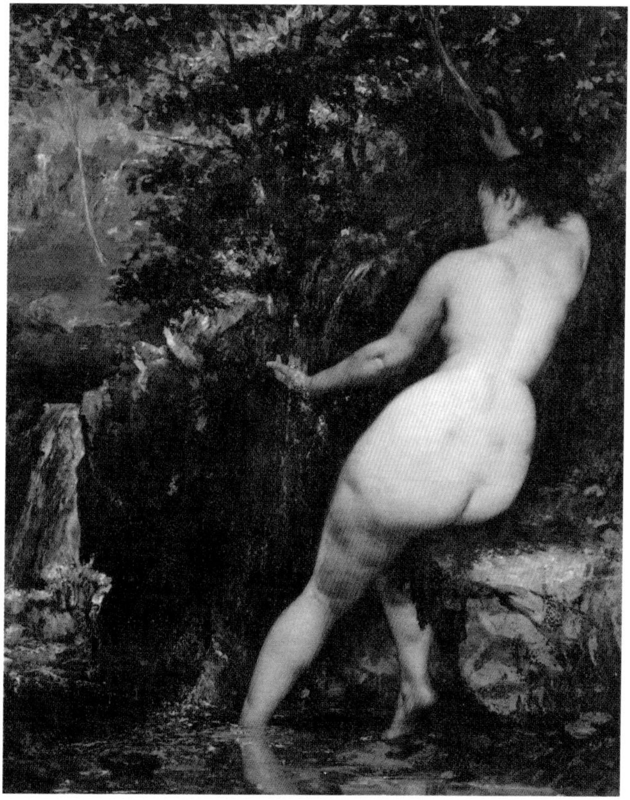

귀스타브 쿠르베 〈샘〉

1868년, 캔버스에 유채, 97×128cm

평범한 여성의 목욕 장면을 그린 이 그림을 보고 나폴레옹 3세는 화가 나서 들고 있던 채찍으로 그림을 후려칠 뻔했다고 한다. 그림의 누드는 아름다움의 완성이라고 생각했던 당시 사람들과 달리, 쿠르베는 평범한 사람들을 주인공으로 삼았다.

레옹이 결국 프랑스의 정치를 왕정으로 돌려놓았고, 이후 다른 혁명을 거쳐 공화정이 부활했지. 하지만 오래가지 못하고 다시 왕정이 반복되었어."

"그야말로 혼란스러웠겠군요."

"왕정을 반대한 쿠르베는 방돔 광장에 세워 놓은 나폴레옹의 기념탑을 훼손하는 데에 가담하기도 했어. 왕정을 부활시킨 인물을 이렇게 야단스럽게 기념할 필요가 없다고 생각했기 때문이지. 덕분에 쿠르베는 6개월간 감옥살이를 하고 엄청난 벌금을 물어야 했어. 결국 그는 벌금을 도저히 감당할 수 없어서 스위스로 피신했어. 그리고 그곳에서 쓸쓸하게 세상을 떠났지."

쿠르베의 사실주의는 지금 살고 있는 현실에서 일어나는 일을 과장하거나 이상화하지 않고 있는 그대로 그리고자 하는 의지에서 비롯되었다. 따라서 여인의 누드화도 일체 이상화 없이 평범하디 평범한 몸으로 그렸다.

쿠르베가 자신이 살고 있는 시대의 이야기를 그렸다는 점과 특별한 이야기가 아니어도 그림의 주제로 삼을 수 있다는 생각, 우리 사회의 한 사람으로서 함께 살아가는 모든 이를 주인공으로 삼았다는 점 등은 당시 프랑스 미술계에서 무척이나 신선한 시도였다. 그 이후로 백여 년 동안 많은 미술가가 쿠르베의 정신을 이어 나갔다. 사람들이 쿠르베로부터 현대 회화가 시작되었다고 말하는 것도 이 때문이다.

빛의 변화를 잡아내다

✦

인상주의로 가는 길에 우뚝 선 화가,
마네

에두아르 마네(Edouard Manet, 1832~1883)의 〈풀밭 위의 식사〉와 〈올랭피아〉가 발표되었을 때 파리에서는 한바탕 소동이 벌어졌다. 텔레비전이나 영화관이 없던 시절, 프랑스 최고의 미술가들이 만든 작품을 한꺼번에 감상할 수 있는 살롱전은 전 국민의 관심사였다. 살롱전이 열리는 기간 동안 신문사는 매일 전시회 작품들과 관객들의 반응에 대한 기사를 속속들이 내보내곤 했다.

살롱전에 입선하지 못한 화가들은 심사위원들의 심사 기준을 문제 삼기도 했다. "대체 왜 내 그림이 나쁘다는 거야?" "무식한 심사 위원들 같으니라고!" 불만의 소리는 살롱전이 열릴 때마다 반복되었다. 1863년, 결국 나폴레옹 3세는 살롱전에서 떨어진 화가들을 위해 낙선전을 개최하기에 이른다. 낙선한 작품들, 곧 떨어진 작품들만 모아서 전시회를 연 것이다.

사람들은 살롱전보다 낙선전에 더 많은 관심을 보였다. 그들은 특히 마네의 〈풀밭 위의 식사〉를 보고 야유했다.

"아, 그러니까 살롱전이 아니라 낙선전에 걸렸던 거군요."

"〈올랭피아〉는 가까스로 살롱전에 입선은 했지만 사람들이 몰려와 막대기로 치려고 하는 바람에 그림을 꼭대기로 올려서 걸어 두었지."

"그런데 왜 이 작품들을 두고 그렇게 난리를 친 걸까요? 여자 누드 그림이 별로 없었던 것도 아니고 말이에요."

"그래, 아주 오래전부터 누드는 많이 그려 왔지. 하지만 마네 이전의 누드화는 거의 대부분 현실의 사람이 아니었어. 비너스나 다이아나 같은 여신이었지. 앵그르의 〈오달리스크〉처럼, 여신이 아니라 해도 죄다 완벽하게 이상화된 몸을 가지고 있어서 실제, 즉 현실의 여자라는 생각이 들지 않았어. 대리석처럼 반질반질한 피부에 완벽한 몸매의 멋진 조각상을 보는 느낌이었거든."

"마네는 여자의 누드를 좀 다르게 그렸나 보죠?"

"맞아. 〈풀밭 위의 식사〉 속 여자는 그 시절 대학생의 옷차림을 한 남자들과 같이 앉아 있어서 옛날 옛적 신화 속 여신이 아

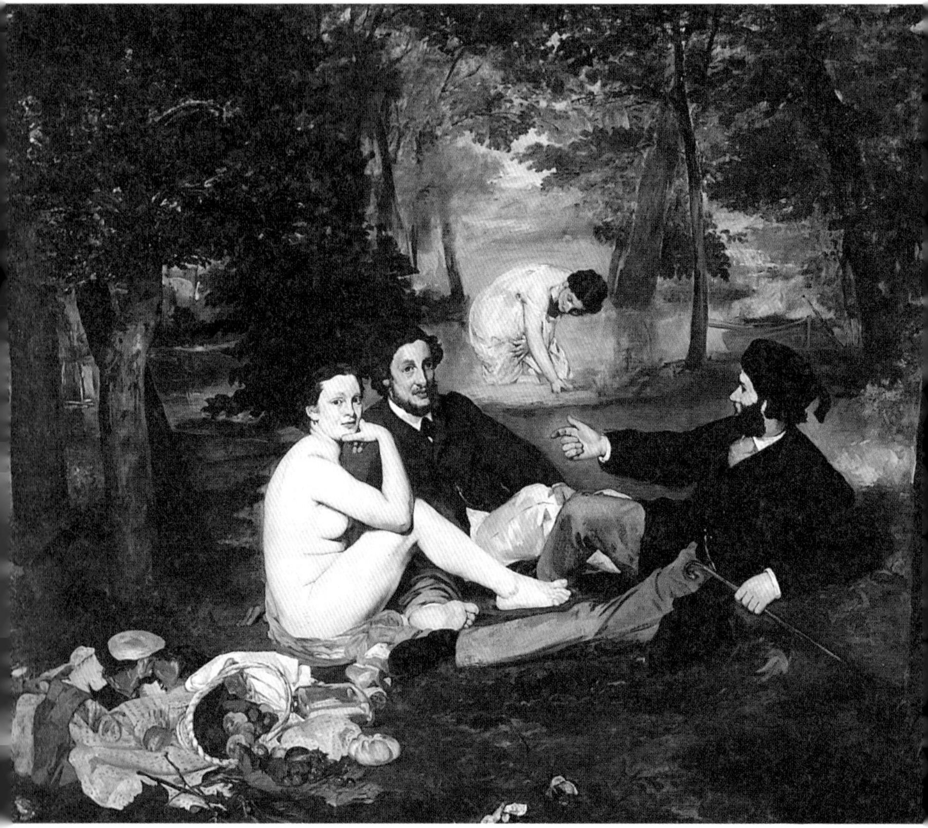

에두아르 마네 〈풀밭 위의 식사〉

1862~1863년, 캔버스에 유채, 271×215cm

그림 속 여자는 평범한 몸매를 지니고 있다. 이 그림은 밝거나 어두운 부분만 크게 강조되어 입체감이 크게 느껴지지 않는다는 이유로도 많은 야유를 받았다.

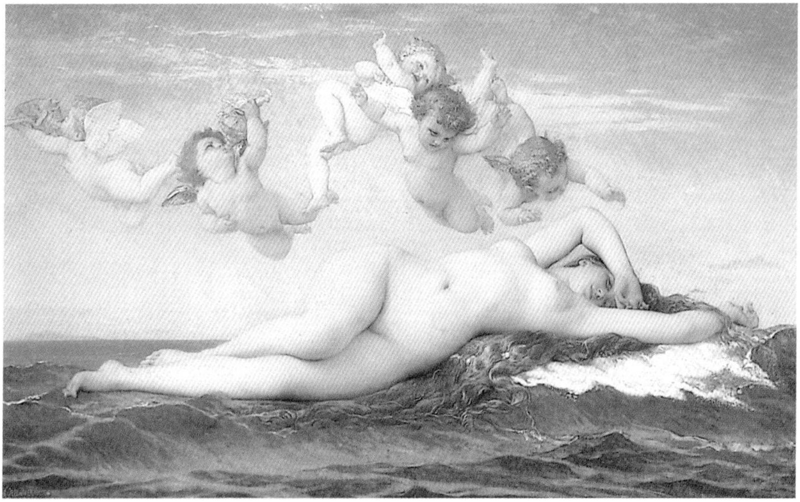

알렉상드르 카바넬 〈비너스의 탄생〉

1863년, 캔버스에 유채, 225×130cm

마네의 〈풀밭 위의 식사〉는 낙선했지만, 카바넬의 이 작품은 살롱전에서 최고의 찬사를 받았으며 입선했다.

니라 주변에서 흔히 볼 수 있는 여자의 모습이라는 점이 논란이 된 거야. 대체 왜 이런 그림을 그렸냐는 거지."

"그러고 보니 진짜 뱃살이 삼단으로 접혀 있고, 머리도 좀 커 보이고, 팔다리도 다른 화가들의 누드와 비교하면 통통한 편이네요."

여신이나 성서의 위대한 여성들을 잔뜩 이상화한 몸으로 그리지 않고 평범한 여성의 몸을 그린 것은 보통 사람들도 그림의 주인공이 될 수 있다는 쿠르베의 생각에서 비롯된 것이다. 하지만 마네는 분명히 이보다 한 걸음 더 나아갔다. 마네가 그리고자 한 것은 풀밭 위의 사람이 아니라 '빛'이었다. 그는 우리가 막상 햇살 가득한 야외로 나가서 사물을 보면, 어두운 부분에서 밝은 부분으로 가는 중간 단계의 빛이 상세하게 보이지 않는다는 사실을 발견했다.

"그게 무슨 말인가요? 중간 단계의 빛이 안 보인다니요?"

"미술학원에서 데생 연습을 할 때 공이나 원뿔을 놓고 연필로 스케치를 하지? 가장 밝은 부분과 가장 어두운 부분을 정해 놓고 점점 더 어둡고 진하게 그리잖아."

"그렇죠. 그래야 입체적으로 보이잖아요."

"그래, 그런데 우리가 막상 밖에 나가서 그 원뿔이나 공 같은 걸 놓고 본다고 생각해 봐. 대체로 빛을 받는 부분은 환하게 보이고, 그 반대 방향은 시커멓게만 보이지. 다시 말해 가장 환한 부분과 가장 어두운 부분 두 가지로 보인다는 거야."

"아, 그렇군요. 사실 눈부시게 밝은 곳에 있으면 옷자락의 주름 같은 건 보이지 않아요. 대강의 형태와 아주 어두운 그림자만 보이고 나머진 그냥 환하게 보이거든요."

"바로 그거야. 마네가 그린 〈풀밭 위의 식사〉의 누드를 봐. 중간 정도의 밝기가 거의 안 보여. 몸 전체에 빛이 가득해서 그냥 환하게 보이지. 그렇다 보니 입체감이 잘 느껴지지 않은 거야. 이걸 두고 당시 미술 전문가들은 마네의 데생 실력이 부족하다고 야유를 퍼부었지. 사실 밝은 장소에 나가면 대개 사물은 그런 식으로 보이는데 말이야."

"그러니까 정말 보이는 그대로 그린 거군요!"

"맞아. 마네는 이 그림을 통해 빛에 대한 자신의 연구를 발표한 셈이야. '빛이 밝은색에 닿으면 어떻게 보일까?'라는 질문에 스스로 답하기 위해 밝은 피부의 누드를 그린 것이고, '반대로 어두운 색에 닿으면 빛은 어떻게 보일까?'에 대한 답으로 검은색 정장을 입은 남자들을 그린 거야. 〈올랭피아〉라는 작품에서도 마네의 실험 정신이 돋보여. 보통 여자들의 평범한 몸을 그렸다는 점도 그렇고, 중간 빛이 거의 없어서 누드가 납작한 종잇조각을 붙여 놓은 듯 평평해 보이는 점도 그렇고."

마네는 유복한 가정의 비교적 엄한 아버지 밑에서 성장했다. 예술가의 꿈을 품은 그는 틈만 나면 루브르미술관에 가서 옛 거장들의 그림들을 연구하고 따라 그리며 실력을 쌓았다. 그러나

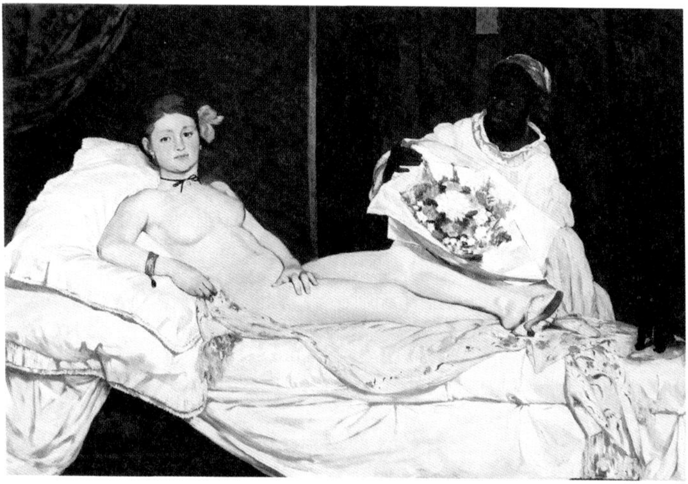

에두아르 마네 〈올랭피아〉

1863년, 캔버스에 유채, 190×130cm

살롱전에 작품을 낼 때마다 낙선하기 일쑤였고, 어쩌다 입선을 하더라도 대중에게 조롱을 받았다. 다정한 성격이었던 마네는 많은 친구와 어울려 지냈지만, 자신의 미술을 이해하지 못하고 함부로 비난하는 이들에게만큼은 화를 참지 않았다. 심지어 자신의 그림을 욕하던 평론가 에드몽 뒤랑티에게 펜싱 결투를 신청하기도 했고, 이는 결국 마음의 상처를 입은 뒤랑티가 항복을 선언하는 것으로 끝났다.

마네는 아카데미가 요구하는 그림만 열심히 그리던 사람들

눈에는 낙선 화가에 불과했지만, 새로운 시각으로 세상을 관찰하고 그리려 한 진보적인 미술가들 사이에서는 얼마 지나지 않아 영웅이 되었다. 세상을 떠나기 전, 마네는 프랑스 정부가 나라를 위해 큰 공을 세운 이들에게 주는 '레지옹 도뇌르 훈장'까지 받았다. 비록 그는 세상에 없지만 그를 따르던 많은 화가가 그림 속에서 끊임없이 마네의 정신을 되살려 내곤 했다.

마치 세상을 처음 본 것처럼!

✦

순간의 인상을 그려 낸 화가,
모네

1874년, 파리의 한 뒷골목에서 작은 전시회가 열렸다. 전시 이름은 '무명 화가, 조각가, 판화가 협회전'. 말하자면 그리 이름을 알리지 못한 미술가들이 모여 전시회를 연 것이다. 무명의 미술가들이 대체 무슨 배짱으로 이런 전시회를 개최한다는 것인지 궁금했던 한 신문기자는 기사 한 줄이라도 얻을 생각으로 전시회장 출입문을 조심스레 밀고 들어갔다. 그러곤 너무나 놀라 한동안 입을 다물지 못한 채 서 있어야 했다.

"너무 잘 그려서요?"

"아니, 그림이 너무 이상해서."

"하긴, 이해 못할 일도 아니에요. 저도 가끔 엄마랑 인사동의

갤러리에서 하는 전시회에 갔다가 놀란 적이 한두 번이 아니거든요. 가끔은 미술이 너무 어려워서 이해가 안 되기도 해요. 대체 뭐가 뭔지 모를 낙서 같은 걸 전시한 것도 봤거든요."

"우리는 알게 모르게 익숙한 것을 더 좋아하는 경향이 있어. 여태껏 보아 오던 것과 다르면 거부감부터 들지. 그렇다 보니 실험 정신이 강한 미술가들이 완전히 새로운 감각으로 만든 작품에 부담감을 느끼고, 급기야 그런 걸 만든 사람들을 괜히 흉보기도 하고 말이지."

"그렇다면 파리의 무명 미술가들이 내놓은 작품들도 어지간히 조롱받았겠군요."

마네와 함께 어울리던 미술가들은 새로운 미술을 추구하는 이들의 사기를 죽이고 오래된 기준으로만 작품의 순위를 매기는 살롱전을 더 이상 두고 볼 수 없었다. 결국 그들은 자기들만의 전시회를 따로 열기로 결심했다.

그날 처음 열리는 그 전시를 관람하러 갔던 기자는 〈인상-해돋이〉라는 제목의 작품 앞에 서서 연신 고개를 갸우뚱거렸다. 붓으로 물감을 묻혀 캔버스에 대충 푹푹 찍어 바른 듯한 이 그림을 보면서 '이거 혹시 그리다 만 건 아닐까?'라는 생각이 든 것이다. 물안개 속으로 언뜻언뜻 보이는 것들도 무엇을 그리려

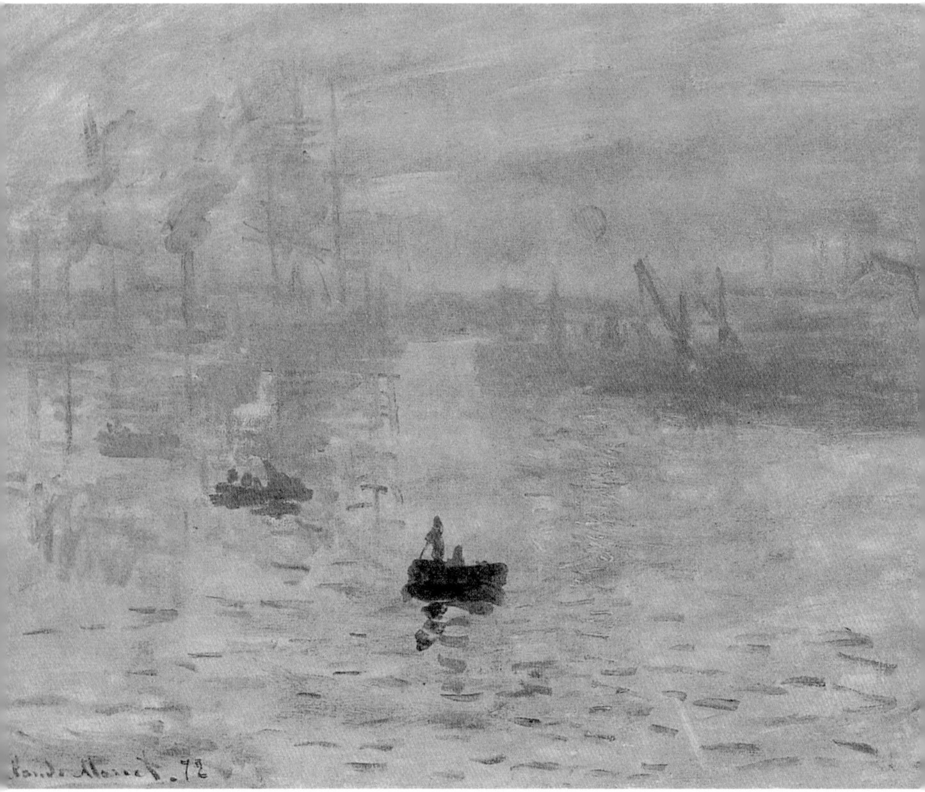

클로드 모네 〈인상-해돋이〉

1872년, 캔버스에 유채, 높이 63×48cm

한 것인지는 알겠지만 형태가 부정확했고, 색깔도 파랗거나 빨갛고 조잡해 보였다. 시뻘건 해, 윤곽선만 남은 배와 사공의 우스운 모습에 제목처럼 인상이 구겨졌다.

그날 기자가 쓴 기사에는 조롱기가 가득했다. 제대로 사물을 보고 그린 게 아니라, 순간적인 인상만 남아 있다는 식의 글이 올라왔다. 그 이후 전시회를 연 무명의 미술가들은 자신들이 원하건 원하지 않건 인상주의자 혹은 인상파 화가라고 불리게 되었다.

〈인상 - 해돋이〉를 전시한 화가는 바로 클로드 모네(Claude Monet, 1840~1926)였다. 바닷가 마을에서 태어난 모네는 아침, 점심, 저녁의 시간에 따라, 그리고 봄, 여름, 가을, 겨울에 따라 수시로 변하는 풍경에 흠뻑 빠져들었다. 모네는 같은 장소, 같은 풍경이라도 아침과 저녁의 빛이 다르고, 빛이 달라지면 그 색깔마저도 달라진다는 점을 발견하고 그것을 고스란히 그림으로 표현하고 싶어 했다. 모네는 자주 "태어나 처음으로 세상을 보게 된 것처럼 보라"고 말하곤 했다.

"그게 무슨 말일까요?"

"우리는 늘 나뭇잎은 초록색, 하늘은 파란색으로 그리려고 하지."

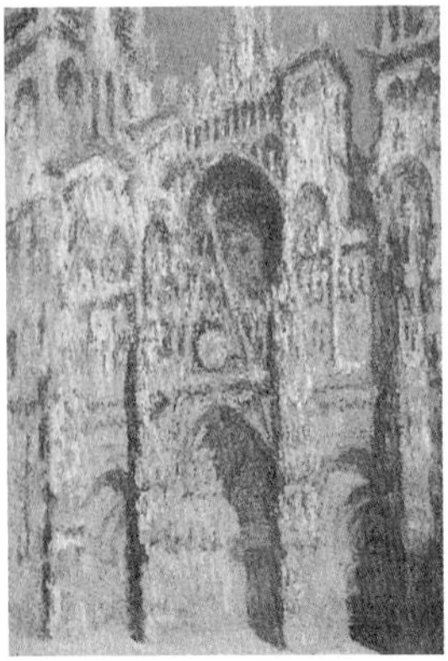

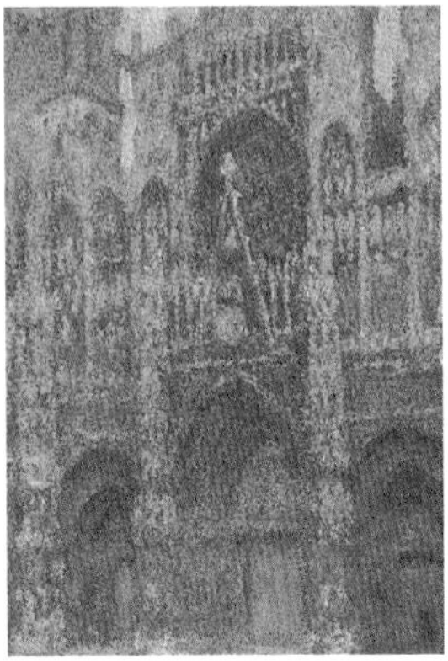

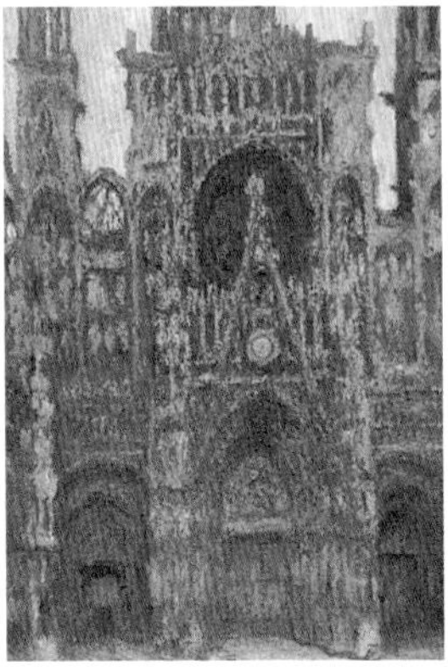

클로드 모네 〈햇살 환한 날의 루앙 성당〉

1893년, 캔버스에 유채, 73×107cm

클로드 모네 〈흐린 날의 루앙 성당〉

1892년, 캔버스에 유채, 65×100cm

클로드 모네 〈정면에서 바라본 루앙 성당〉

1892년, 캔버스에 유채, 75×107cm

클로드 모네 〈아침 햇살의 루앙 성당〉

1893년, 캔버스에 유채, 63×91cm

같은 장소의 건물을 같은 자리에서 그린 그림이다. 모네는 날씨에 따라 빛이 변하고, 그 빛의 변화에 따라 대상이 달라 보인다는 점을 그림으로 표현해 냈다.

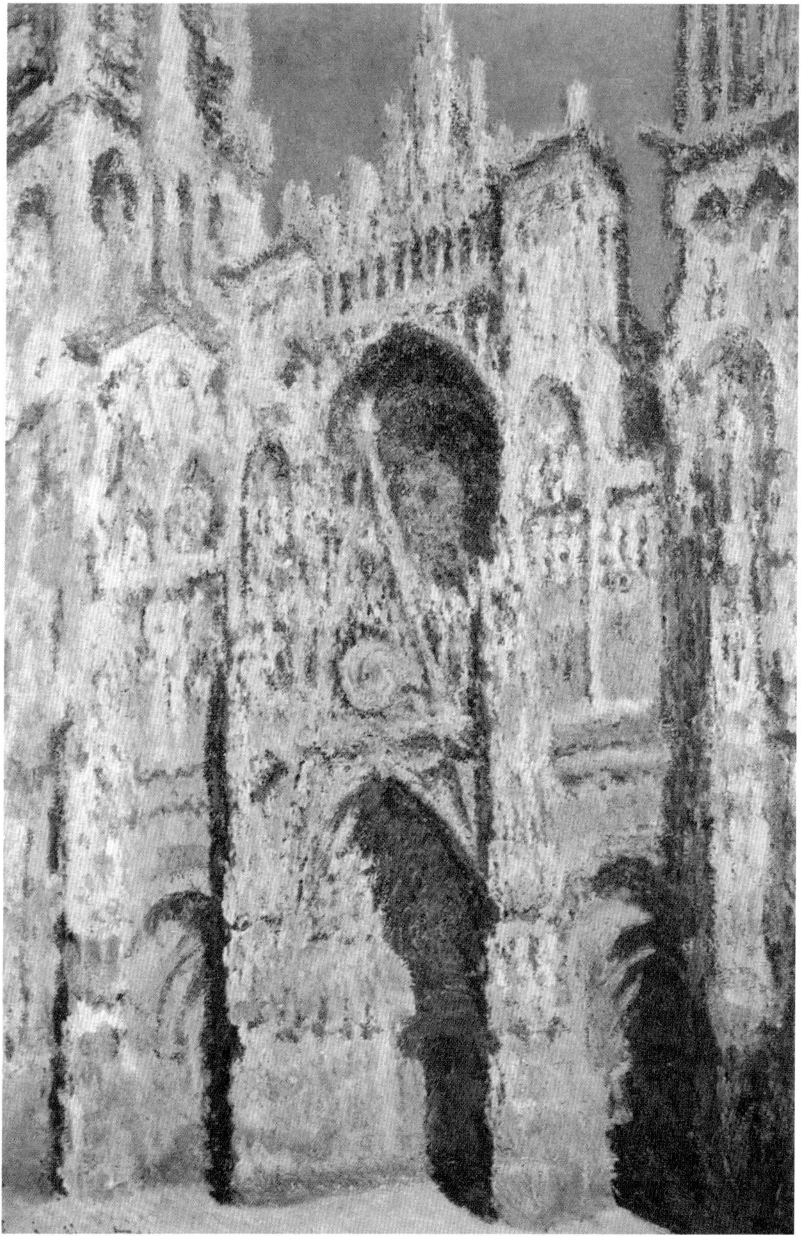

"당연하죠. 나뭇가지는 고동색, 입술은 붉은색 아닌가요?"

"그런데 말이야, 실제로 밖에서 보면 때로는 까맣다고 생각하던 그림자가 보랏빛으로 보이기도 하고, 햇살을 잔뜩 받은 나뭇잎은 하얀색으로, 어떨 땐 붉은색으로까지 보일 수 있거든. 까만 머리카락도 마찬가지지. 머리카락이 까만색이라는 걸 생각하지 않고 처음 보는 것처럼 바라보면, 햇살을 받은 부분은 밝은 갈색으로도 보이고 어떤 부분은 아예 하얗게도 보이거든."

"마네가 빛에 대해서 연구를 많이 했다더니, 모네는 그걸 더 파고들었군요."

모네를 비롯한 인상파 화가들은 쿠르베로부터 이어진 사실주의 정신을 더욱 발전시켰다. 눈에 보이는 인상을 그렸고, 굳이 특별한 이야깃거리가 아니더라도 주변에서 일어나는 일들을 담담하게 그림으로 옮겼다.

인상파 화가들 대부분이 그랬지만, 모네 역시 초기에는 궁핍한 생활을 벗어나기 힘들었다. 그림을 사겠다는 사람도 드물뿐더러 어쩌다 팔린다 해도 제값을 받지 못했다. 모네는 빵을 구걸하러 다녀야 했고, 가지고 있던 물건들을 팔아 치우며 살아야 했다. 가끔은 그림을 수집하는 이들을 찾아가 제발 그림을 사 달라고 애원하기도 했다. 그래도 자신만의 색깔을 바꿀 생각은 하지

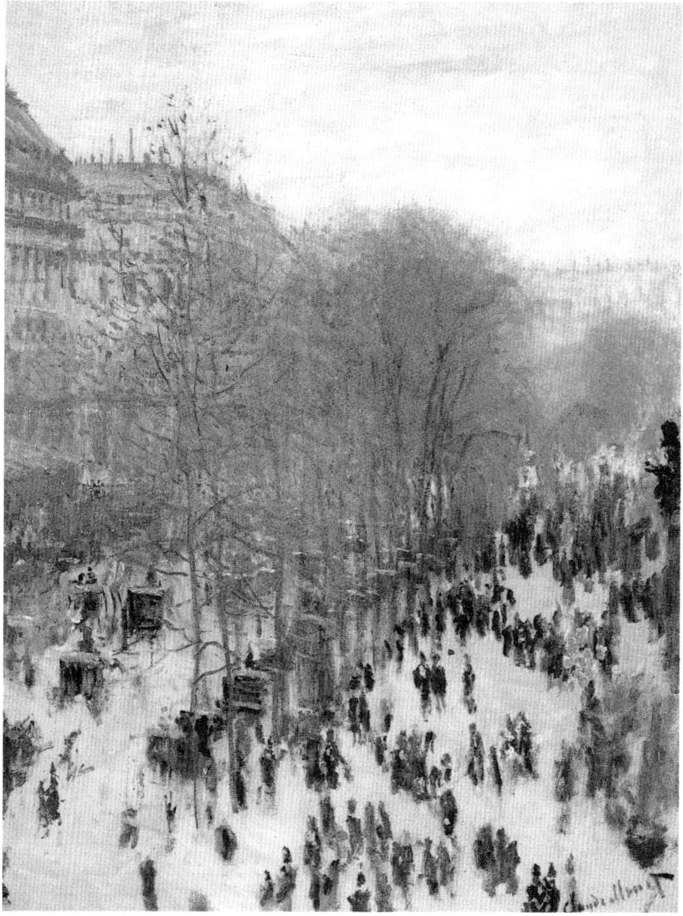

클로드 모네 〈카퓌신 거리〉

1873년, 캔버스에 유채, 59×79cm

눈 온 뒤의 흐린 하늘과 다소 우중충해 보이는 건물, 나무 들의 모습이 무척이나 아름답다. 이 그림은 붓질이 거의 느껴지지 않는 고전주의적 그림과는 거리가 멀다. 발걸음을 옮기는 군중의 모습은 너무나 자연스럽지만, 가까이서 보면 까만 선이나 점으로만 보일 뿐이다.

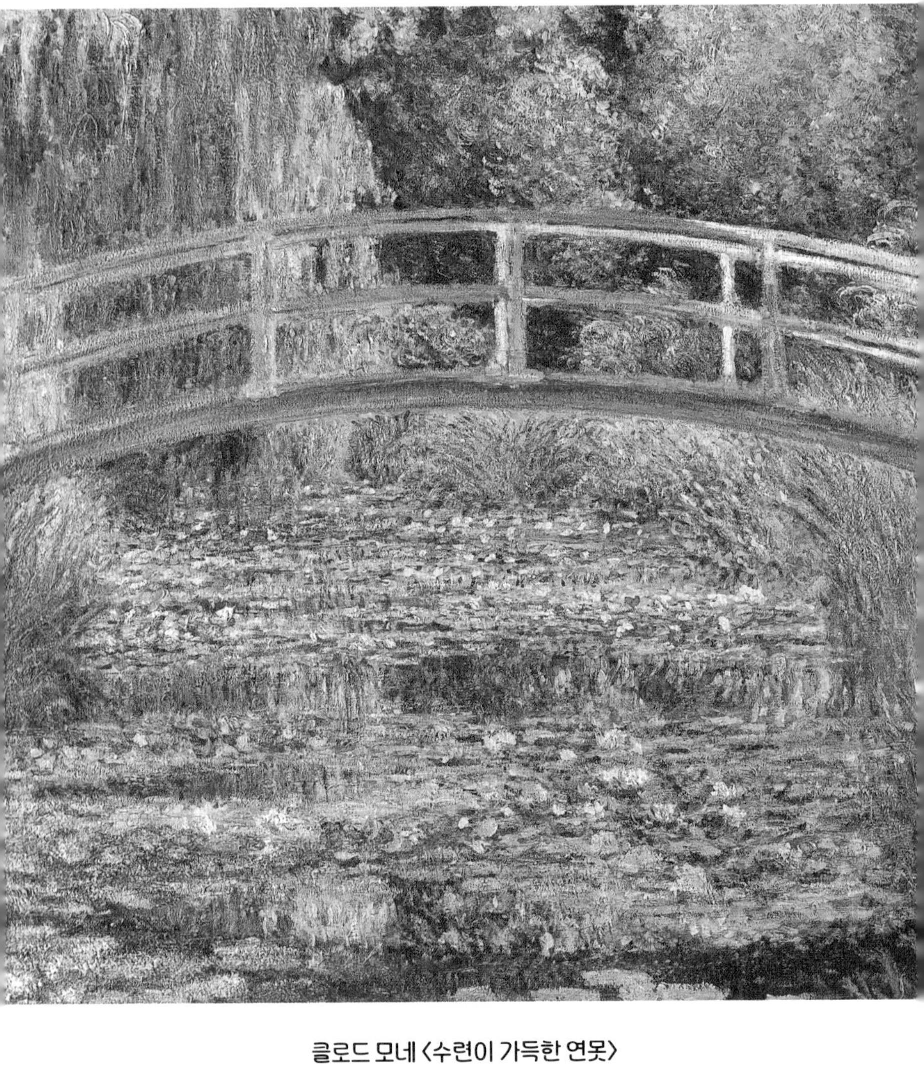

클로드 모네 〈수련이 가득한 연못〉

1899년, 캔버스에 유채, 93×74m

않았다.

생활비를 감당할 수 없었던 모네는 가족과 함께 파리와 가까운 시골 마을을 전전하며 살아야 했다. 지독한 가난은 계속되었고 급기야 아내마저 세상을 떠나는 슬픔을 겪었지만, 모네가 할 수 있는 일이라곤 묵묵히 들판의 강가에 나가 언젠가는 자신의 그림을 이해해 줄 사람들을 위해 붓을 잡는 것 뿐이었다. 다행히도 세월이 흐를수록 살롱전을 찾던 많은 사람의 관심이 점점 모네를 비롯한 인상주의 화가들을 향하기 시작했다. 그들의 그림은 이제 바다 건너 미국에까지 알려졌다. 그림값은 하루가 다르게 치솟았다. 오히려 사람들이 모네에게 값은 얼마든지 지불할 테니 그림 한 점만 그려 달라고 간청할 정도였다. 모네는 지베르니라는 곳으로 이사해 정원을 아름답게 꾸미고 연못에 예쁜 다리도 만들었다. 그리고 한가득 수련을 심었다.

여든 살이 넘어 세상을 떠난 모네는 40여 년간 그야말로 최고의 시절을 보냈지만, 나이가 들자 시력이 급격히 약화되어 거의 앞을 못 볼 지경에 이르렀다. 화가가 앞을 못 본다는 것은 베토벤 같은 음악가가 청각을 잃은 것과 같은 최악의 상황이었다. 그러나 그는 죽는 순간까지도 붓을 놓지 않았다.

인상주의 시대의 미술가들

1874년 '무명 화가, 조각가, 판화가 협회전'을 시작으로 인상주의 화가들은 약 10년간 8회에 걸쳐 전시회를 열었다. 흔히 '인상주의의 아버지'라고까지 불리는 마네는 사실 이 인상주의 전시회에 한 번도 참가하지 않았다. 그럼에도 이런 호칭이 전혀 어색하지 않은 것은 마네의 빛에 대한 연구가 인상주의 화가들에게 끼친 영향이 워낙 컸기 때문이다. 당시 인상주의 화가로 이름을 떨친 화가들 대부분은 활동 초기에는 이상한 부류로 취급받았지만, 19세기 말이 되면서 굉장한 인기를 누렸다.

르누아르(Auguste Renoir, 1841~1919)는 파리 시민들의 특별할 것 없지만 일상적인 모습, 예컨대 카페에서 식사를 하고 수다를 떨거나, 산책을 하는 장면들을 밝고 경쾌한 색으로 그리곤 했다. 검은색을 극도로 싫어했던 그는 검은 양복도 푸른색으로 대신했고, 그림자조차도 검게 그리지 않았다.

드가(Edgar Degas, 1834~1917)는 카메라의 영향을 많이 받은 화가로 알려져 있다. 어떤 한 부분이 확 잘려 나가 있기도 하고, 아래에서 위를 쳐다보거나 위에서 아래를 향해 찍은 '사진의 느낌'이 나는 구도가 특징이다.

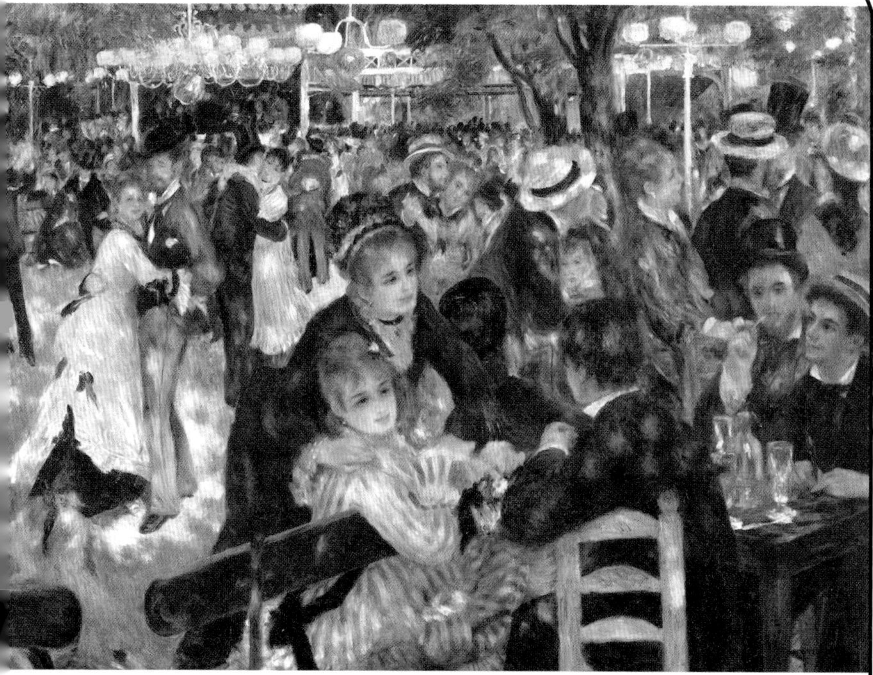

피에르 오귀스트 르누아르 〈물랑 드 라 갈레트〉

1876년, 캔버스에 유채, 175×131cm

윤곽선이 분명하지 않아 그림의 전체 분위기가 한결 부드러워 보인다. 야외 무도회장에서 이야기를 나누고 즐겁게 춤을 추는 모습을 보고 있노라면 마치 그 현장에 함께 있는 것 같은 느낌이 든다. 르누아르 특유의 밝은 색채는 그림을 보는 이의 마음까지 즐겁게 만든다.

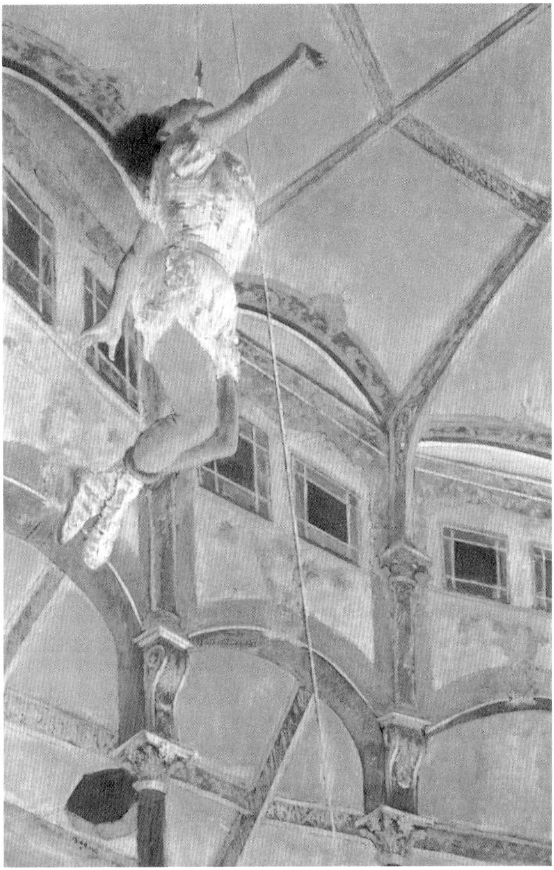

에드가 드가 〈페르난도 서커스 단원, 라라〉

1879년, 캔버스에 유채, 77×117cm

이 그림은 마치 무대 아래, 가장 낮은 곳에서 위를 향해 고개를 들고 찍은 사진처럼 보인다. 이런 구도는 고전주의자들에게는 생소하지만 카메라로 찍은 사진에서는 많이 발견된다. 실제로 그는 사진을 찍은 뒤, 그 사진을 그림으로 그리곤 했다.

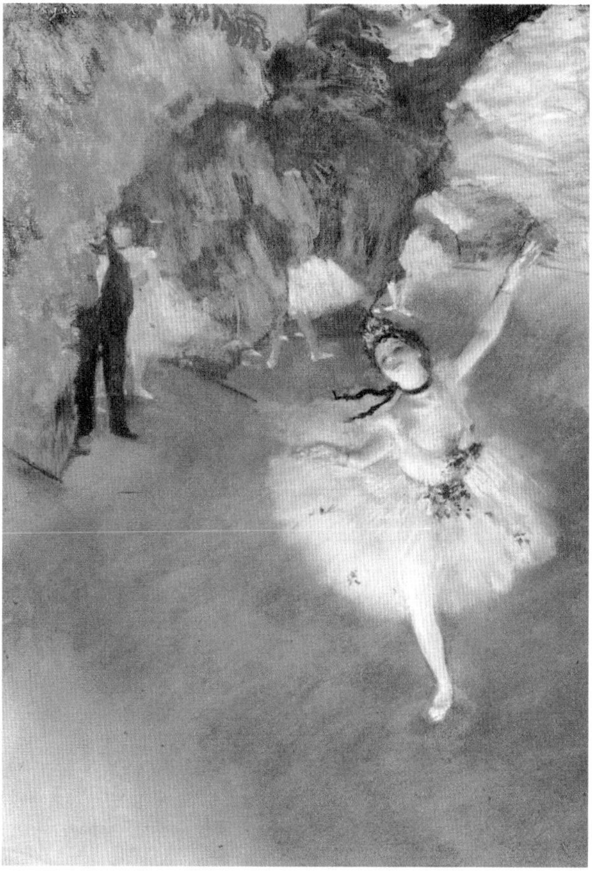

에드가 드가 〈스타 무용수〉

1876~1877년, 파스텔, 42×58cm

위에서 아래로 내려다본 것처럼 그려졌다. 마치 덜 그린 것처럼 붓질이 엉성하지만, 화려한 무대에서 멋진 동작을 뽐내는 무용수의 순간적인 움직임이 잘 표현되어 있다.

보고 싶은 대로 보고 그리고 싶은 대로 그리다

파격적인 그림으로 새로운 미술 세계를 연 세잔

17세기 네덜란드 화가가 그린 풍경화 〈미델하르니스의 가로수 길〉은 원근법을 잘 지키고 있다. 가로수가 늘어진 길은 저 뒤로 갈수록 양 폭이 좁아지다가 마지막에는 길이 사라진 듯 점이 된다. 이를 '소실점'이라고 한다.

프랑스 남쪽 끝의 시골 마을 엑상프로방스에서 태어난 세잔(Paul Cezanne, 1839~1906)은 19세기 말 유럽 최고의 미술 도시 파리로 유학을 갔다. 하지만 그에겐 살롱전도, 심지어 인상주의 화가들도 낯설기만 했다. 그는 괴짜들 사이에서도 괴짜로 통할 만큼 독특한 그림을 그리는, 도무지 종잡을 수 없는 화가였다.

다행히도 세잔에게는 은행가인 부유한 아버지가 있었기에 누가 알아주지도, 팔리지도 않는 그림을 그릴지언정 굶어 죽을 위

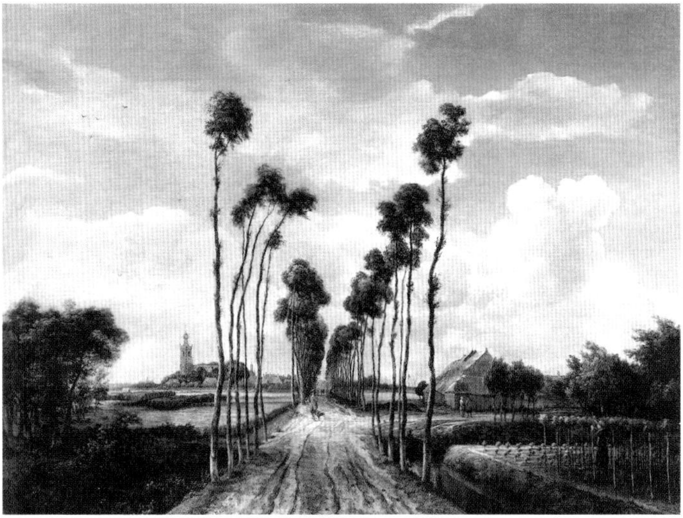

마인데르트 호베마 〈미델하르니스의 가로수길〉

1689년, 캔버스에 유채, 141×104cm

기에 처할 일은 없었다. 대신 세잔은 지긋한 나이에도 늘 아버지 앞에서 벌벌 떨며 눈치를 봐야 했는데, 파리에서 만난 여자와 결혼해 아이까지 낳고 살면서도 혹시나 아버지의 마음에 차지 않을까 봐 그 사실을 숨길 정도였다.

세잔의 그림은 아주 특별했다. 그는 서양화가들이 르네상스 시대부터 절대적으로 지켜 오던 원근법을 무시했다. 원근법으로 그린 그림은 보는 사람과 가까이 있는 것부터 멀리 있는 것까지 규칙적으로 작아지다가 급기야 하나도 보이지 않는 지점, 즉 소실점에 이른다. 하지만 세잔은 사람들이 사물이나 풍경을 원근법과 같은 수학적인 규칙대로 보는 것이 아니라, 오히려 자기가 보고 싶은 대로 본다고 생각했다.

"보고 싶은 대로 보다니요? 그냥 멀리 있으니 작게 보이고, 가까이 있으니 크게 보이는 거 아닌가요?"

"물론 그렇지. 하지만 생각해 봐. 학부모 모임으로 강당에 빼곡히 앉아 있는 많은 사람 틈에서 자기 엄마를 찾아낼 때 말이야. 엄마가 저 멀리 소실점 가까이에 있어도 정확히 찾아낼 수 있지?"

"그건 내가 엄마만 보니까 그렇죠."

"바로 그거야. 사람들은 자기가 보고 싶은 걸 먼저 보게 되는 법이야. 작건 크건 상관없이 말이지. 오히려 어떨 땐 실제로는 작은데도 내 눈엔 더 커 보이기도 하지."

"그렇죠. 멀리 있어도 그냥 더 크게 보일 때도 있고, 더 자세히 보이기도 하고 그런 거 같아요. 그렇지만 〈탁자, 냅킨, 그리고 과일〉은 아무래도 이상한데요? 탁자 모서리의 왼쪽 부분과 오른쪽 모서리가 맞지 않아서 어색하게 느껴져요. 우리가 평소에 이렇게 보는 건 아니잖아요."

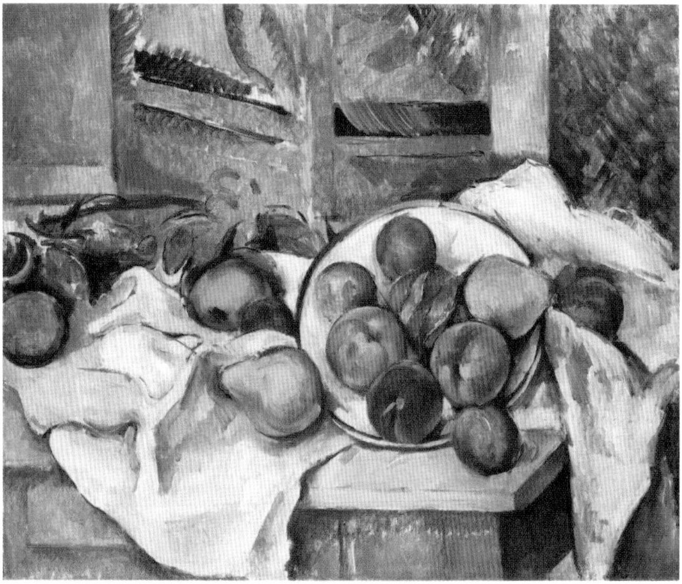

폴 세잔 〈탁자, 냅킨, 그리고 과일〉

1895~1900년, 캔버스에 유채, 56×47cm

"우리가 탁자의 모서리를 당연하게 일직선으로 보는 건, 탁자 왼쪽과 오른쪽 모서리의 높이가 같다는 점을 이미 알고 있기 때문이야. 그렇지만 실제 우리 눈동자는 그렇게 정확하게 보지 않아. 왼쪽 모서리를 보다가 중간에 늘어진 식탁보에 눈이 옮겨 갈 때 자기도 모르게 눈동자가 살짝 올라갔다가 내려오고, 오른쪽 모서리를 볼 때는 눈을 좀 더 아래로 내리게 되기도 하지. 세잔은 그걸 그림으로 표현한 거야."

"하지만 가만히 앉아서 고개를 움직이지 않고 눈에 힘을 딱 주고 보면 양쪽 모서리의 높이가 같아 보이잖아요. 〈부엌의 식탁〉은 아예 화병과 바구니도 이상해요. 화병은 위에서 아래로 본 건데, 바구니는 정면에서 본 것처럼 그려져 있거든요."

"그래, 가만히 정면만 보면서 눈동자를 움직이지 않는다면 세잔의 그림은 엉터리지. 하지만 보통 뭔가를 볼 때 눈동자를 아래로 향했다가 위로 향했다가 하잖아. 가끔은 목을 쭉 빼고 보다가 또 가끔은 자세를 낮춰서 보고. 보통의 화가가 그린 그림은 전혀 움직이지 않는 상태에서 눈도 깜빡하지 않고 본 모습만 표현되어 있지. 사진을 생각해 봐. 사진은 한 개의 카메라 렌즈가 절대 움직이지 않은 채로 찍지?"

"그렇죠. 고정된 렌즈 하나로 찍는 거죠."

"그래, 그렇게 찍으면 수학적으로 원근법에 맞는 사진이 되지. 하지만 세잔의 그림을 보면 우리의 눈은 기계의 렌즈와는 다르다는 걸 알 수 있어. 몸을 좀 움직이기도 하고, 자신이 관심 있는 부분은 멀리 있어도 좀 더 선명하게 혹은 생각보다 크게 보기도 한다는 거야. 또 눈동자나 고개를 살짝 움직이다 보면 바구니를 볼 때에는 정면으로 보다가 항아리를 볼 때에는 위에서 아래로 보게 되기도 한다는 거지. 세잔은 그림을 통해 우리가 대상을

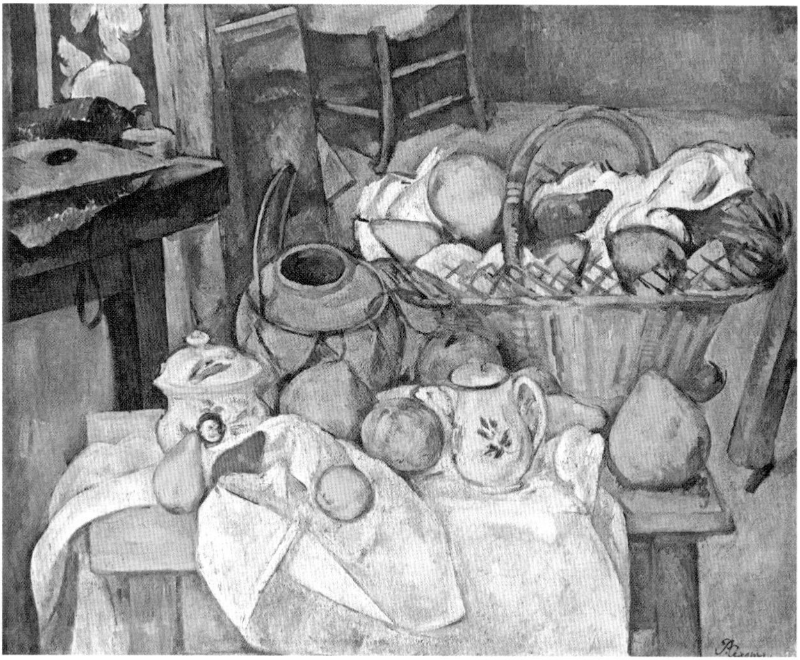

폴 세잔 〈부엌의 식탁〉

1888~1890년, 캔버스에 유채, 81×65cm

보는 시각이 다양할 수 있음을 보여 주고자 했어."

"아하, 그렇게 생각하고 보니 이 그림은 정말 재미있군요. 그림 하나에 여러 시선이 들어가는 셈이네요!"

"하나의 시선, 즉 일점 시선이 아니라, 이렇게도 보고 저렇게도 보는 여러 시점이 섞인 거야. 그래서 세잔의 그림을 '다시점' 으로 그린 것이라고 표현해."

세잔은 다시점을 한 장면에 그리는 것 이외에도 파격적인 그림 그리기를 시도했다. 그는 모든 사물을 단순화했다. 팔은 원통형, 머리는 동그란 구, 산은 삼각형, 건물은 사각형 등으로 단순하게 바라보았다. 그래서 세잔이 그린 풍경화들은 과거의 그림과는 달리 밋밋한 도형들이 빼곡히 들어선 것처럼 보인다. 이는 당시 그 어떤 화가도 시도하지 않았던 기법으로, 처음 그의 그림을 보는 사람들은 도무지 그것을 이해할 수 없었다. 사실 사진과 달리 그림은 얼마든지 화가 자신의 생각과 관심을 표현할 수 있다. 세잔은 모든 사물의 형태를 자세히 관찰하고, 가장 근본이 되는 사물의 모습을 그리고자 한 것이다.

"가장 근본이 되는 모습이라는 게 뭘까요?"

"네 주위 친구들은 생김새가 다 다르지? 그런데 그들의 생김새 중에서 서로 다른 부분을 하나둘씩 빼고, 가장 마지막까지 공통적인 모습 하나만 남긴다면 어떤 모양이 나올까?"

"음, 글쎄요. 얼굴이니까 결국 동그란 얼굴형 정도?"

"그렇지. 가장 근본이 되는 모양은 결국 동그라미 정도겠지?

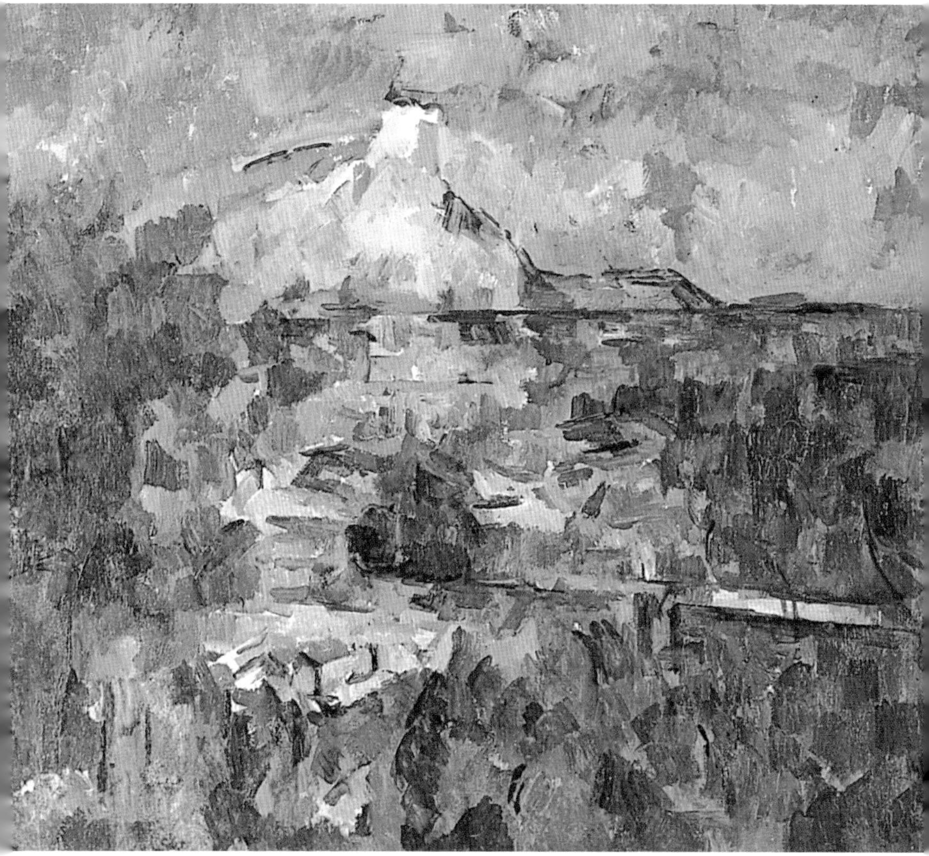

폴 세잔 <생 빅투아르 산>

1902~1904년, 캔버스에 유채, 90×70cm

세잔은 집 근처에 있는 생 빅투아르 산을 자주 그렸다. 그러나 눈에 보이는 풍경을 그리지 않고 형태를 단순화했다.

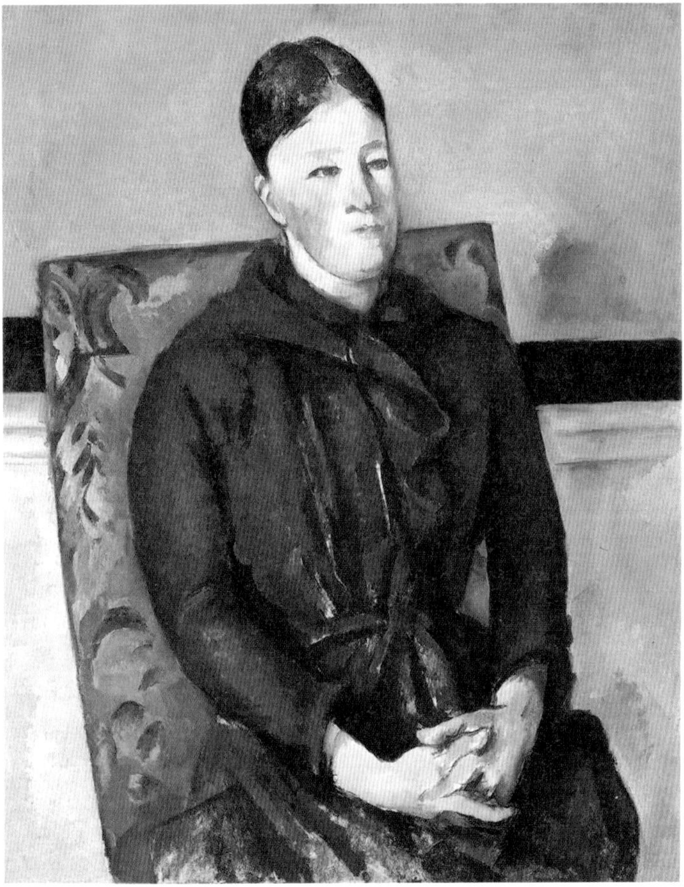

폴 세잔 <노란 의자에 앉아 있는 세잔 부인의 초상>

1888~1890년, 캔버스에 유채, 65×81cm

세잔이 세세한 부분은 생략하고 전체적인 모양을 단순화하려고 노력했음을 알 수 있다. 어두운 부분에는 푸른 계통의 차가운 색을, 밝고 튀어나온 부분은 빨강이나 노랑 계열의 따뜻한 색을 사용했다.

세잔은 그런 식으로 사물들을 보고 단순화한 거야."

세잔은 워낙 독특한 그림을 그렸기에 한 작품을 완성하는 데 걸리는 시간이 여느 화가보다 길었다. 정물화를 그리기 위해 사다 놓은 사과가 그림이 완성될 즈음에는 썩어 문드러질 정도였고, 초상화의 모델들은 역정을 내기 일쑤였다. 할 수 없이 세잔은 아예 사과 모형을 사 놓고 그림을 그렸다. 인물화를 그리기 위해 필요한 모델 역할은 세잔의 아내가 자주 도맡았다. 그런데 막상 완성된 그림을 보고 아내가 만족했을지는 의문이다. 그가 그린 것은 결국 긴 원통의 팔, 둥근 형태의 얼굴이었지 아름답게 이상화된 완벽하고 멋진 여인이 아니었다.

세잔의 그림은 인상주의보다 더 급진적으로 서양미술의 방향을 바꾸어 놓았다. 입체파라는 말로 익숙한 피카소는 세잔에게서 다시점에 대해 배웠고, 선과 면, 몇몇 색으로 이루어진 추상화를 그린 몬드리안은 세잔으로부터 사물을 단순하게 보고 그리는 법을 배운 셈이다.

보이지 않는 것을 그리다

마음을 그린 화가,
고흐

빈센트 반 고흐(Vincent van Gogh, 1853~1890)의 그림은 요즘 경매시장에 나오기가 무섭게 한국 돈으로 몇백억은 가볍게 넘는 가격에 낙찰되곤 한다. 그러나 살아생전 그가 정식으로 판매한 작품은 단 한 점, 그것도 헐값에 불과했다.

네덜란드 출생의 고흐는 삼촌이 경영하던 회사의 런던 지점에서 그림을 판매하는 화상으로 일한 경험이 있다. 한때 목사인 아버지처럼 하나님의 말씀을 전하는 전도사의 꿈을 키우기도 했으나 결국 화가의 삶을 선택한다. 그는 파리에서 역시 화상으로 일하던 동생 테오의 집에 불쑥 찾아가 짐을 풀었다. 그리고 그곳에서 활동하던 화가들과 교류했다.

이후 고흐는 아름다운 햇살이 가득한 남 프랑스의 아를로 거

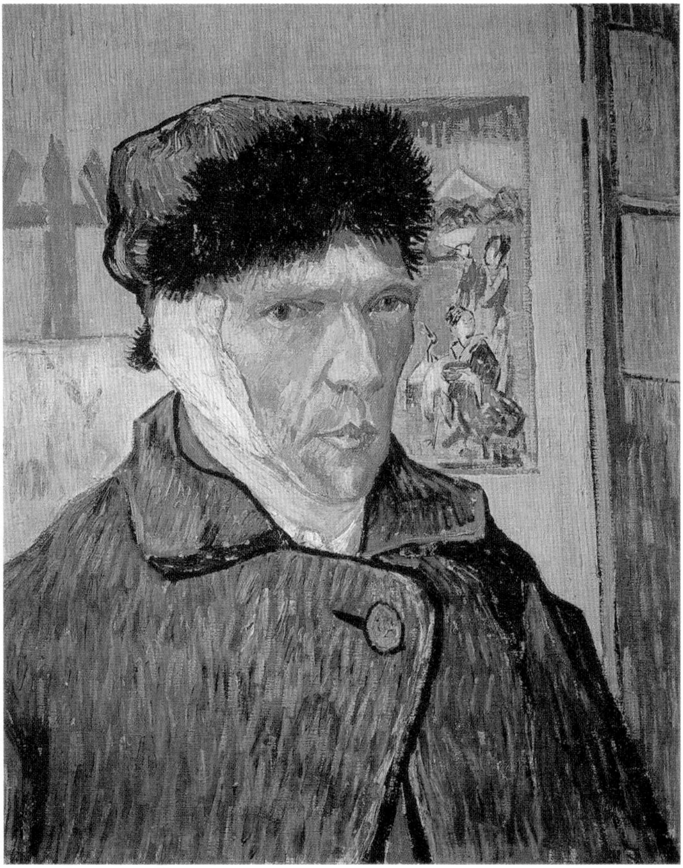

빈센트 반 고흐 〈귀를 붕대로 감은 고흐의 자화상〉

1889년, 캔버스에 유채, 49×60cm

이글거리는 초록빛 눈, 굵고 짧은 선들이 만들어 낸 초록빛 외투, 귀를 감싸고 있는 붕대, 이 모든 것이 고흐의 불안하고도 절망적인 마음을 느끼게 한다. 그의 뒤로 일본 그림이 보이는데, 일본 그림을 좋아한 고흐는 그 영향을 받았다.

처를 옮긴다. 고흐는 평소 자신이 존경하던 고갱을 초대해 함께 작업했지만 둘은 서로 물과 기름처럼 섞일 수 없는 성격을 가지고 있었다. 두어 달 만에 고갱은 아를을 떠났고, 그 과정에서 고흐는 스스로 자신의 귀를 잘라 버리는 등 불안 증세를 보이기도 했다.

이미 정신적으로 병이 깊었던 고흐는 생레미에 있는 정신요양소에 치료차 머물렀다. 이후 파리에서 얼마 떨어지지 않은, 오베르 쉬르 우아즈라는 작은 마을에서 살다가 결국 스스로 목숨을 끊고 말았다. 그의 나이 겨우 서른일곱이었다.

고흐는 초기에 가난한 사람들의 모습을 어둡고 탁한 색으로 그렸다. 그러다가 인상주의 화가들의 밝고 화려한 색채에 반해 그림풍을 완전히 바꿔 버렸다. 그러나 고흐의 그림이 다른 인상주의 화가들과 다른 점은 색과 선을 통해 자신의 마음을 그려 넣었다는 데 있다. 그는 마음을 그리는 화가였다.

"마음을 그린다니, 인간의 감정을 그리는 낭만주의자들과 비슷하네요."

"그렇지. 사실상 18, 19세기부터는 워낙 많은 화가가 활동했기에 서로 영향을 주고받았지. 하지만 낭만주의 그림과 달리 고흐의 그림은 형태가 훨씬 더 일그러져 있어."

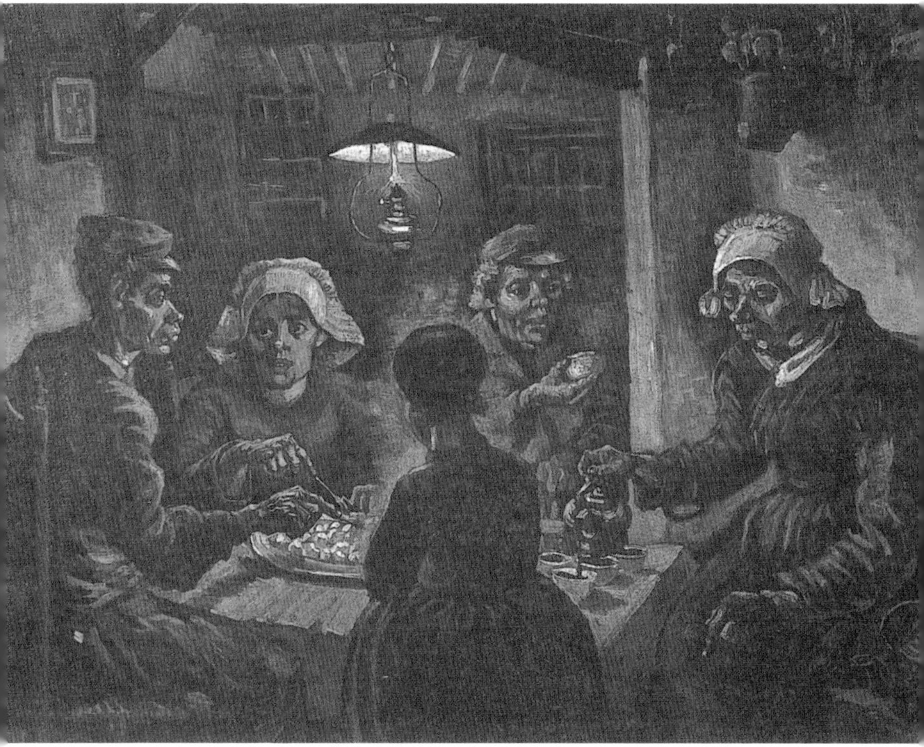

빈센트 반 고흐 <감자 먹는 사람들>

1885년, 캔버스에 유채, 114×82cm

"구불구불한데다가 왠지 거칠어 보이네요."

"고흐의 그림은 인상주의 화가들처럼 색채가 무척 밝고 화려해. 하지만 인상주의자들이 자신 앞에 놓인 자연의 풍경이나 도시 사람들의 모습 등을 담담하게 그려 낸 데 비해 고흐는 마치 자신의 이야기를 하는 것처럼 그림을 그렸어."

"그래서일까요? 이상하게도 고흐의 그림은 화나 보이기도 하고, 슬퍼 보이기도 해요. 그러면서도 강한 색깔과 꿈틀거리는 선들 때문에 약간 불안해 보이기도 하고요."

"그렇지? 그래서 그의 그림이 처음에 사람들의 관심을 많이 받지 못한 거야. 아름답고 낙천적이고 밝고 경쾌한 그림들, 즉 인상주의 그림에 너무들 빠져 있어서 이렇게 알 듯 모를 듯 열정적이고도 슬퍼 보이는 그림은 쉽게 받아들일 수 없었던 거야."

고흐는 인상주의 화가들처럼 선을 툭툭 끊어서 점을 찍듯 그림을 그리기도 했고, 때로는 물감을 덩어리째 발라 두껍게 색을 입히는 등, 자기만의 방법을 꾸준히 만들어 나갔다. 고흐의 그림은 그의 삶을 고스란히 전해 준다. 아프고 힘겨웠던 고흐, 하는 일마다 제대로 되는 일이 없었던 고흐, 때로는 고집불통에 사납게 성질을 부렸지만 너무나 착하고 바보처럼 순진했던 그의 마음이 그림 안에 가득 담겨 있다. 고흐는 어떤 대상을 사진처럼

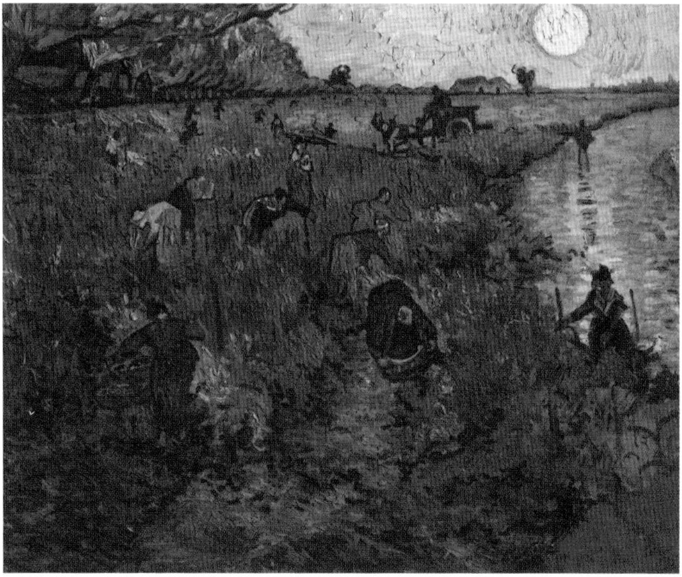

빈센트 반 고흐 〈아를의 붉은 포도밭〉

1888년, 캔버스에 유채, 93×75cm

그리지는 않았지만 '마음'을 그릴 줄 아는 화가였고, 그 그림들로 자신의 마음을 가누고자 한 화가였다.

"마음을 그린다는 말이 참 와닿네요."

"그래. 사실 슬프고 우울한 사람의 겉모습은 그리기 쉬울 수도 있어. 무릎에 얼굴을 파묻고 흐느끼는 모습을 그린다거나 두 눈

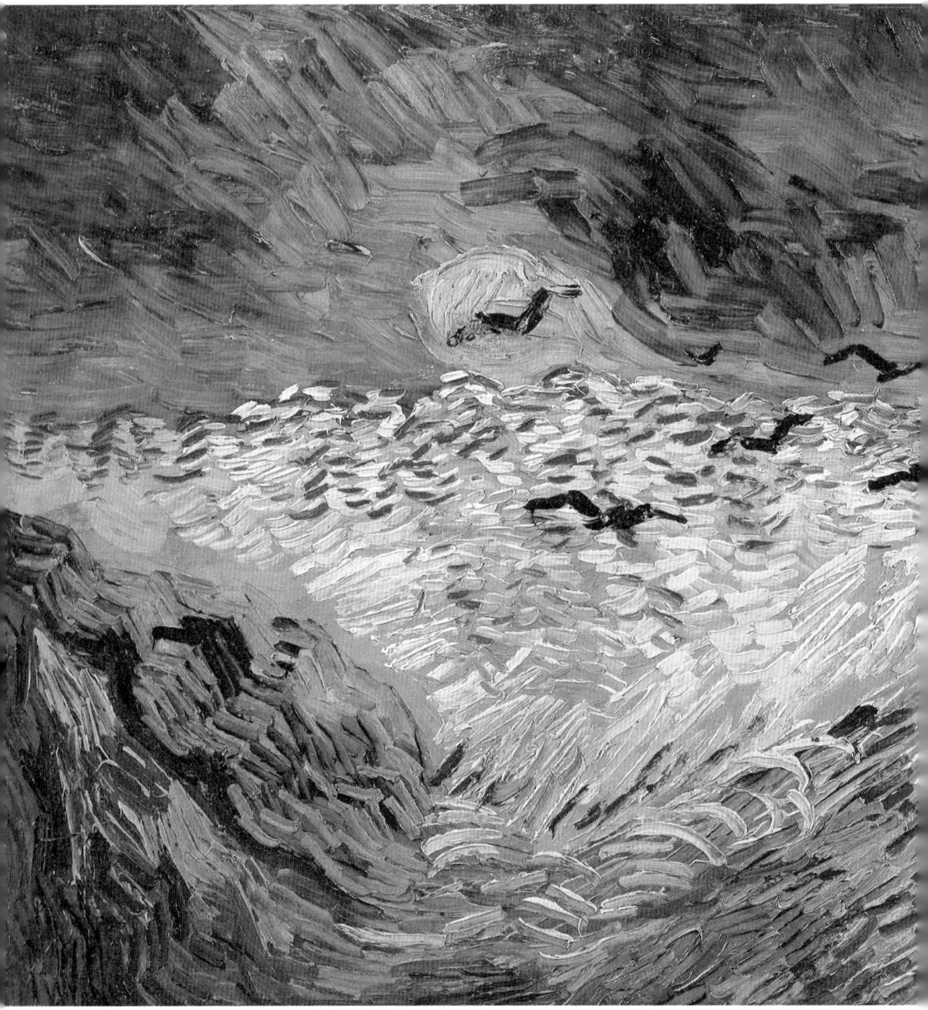

빈센트 반 고흐 〈까마귀 나는 밀밭〉

1890년, 캔버스에 유채, 103×51cm

폭풍이 몰아치는 밀밭의 풍경을 그렸지만, 묘하게도 이 그림 앞에 서면 화가의 힘겹지만 열정적이었던 인생에 대한 이야기가 들려오는 듯하다.

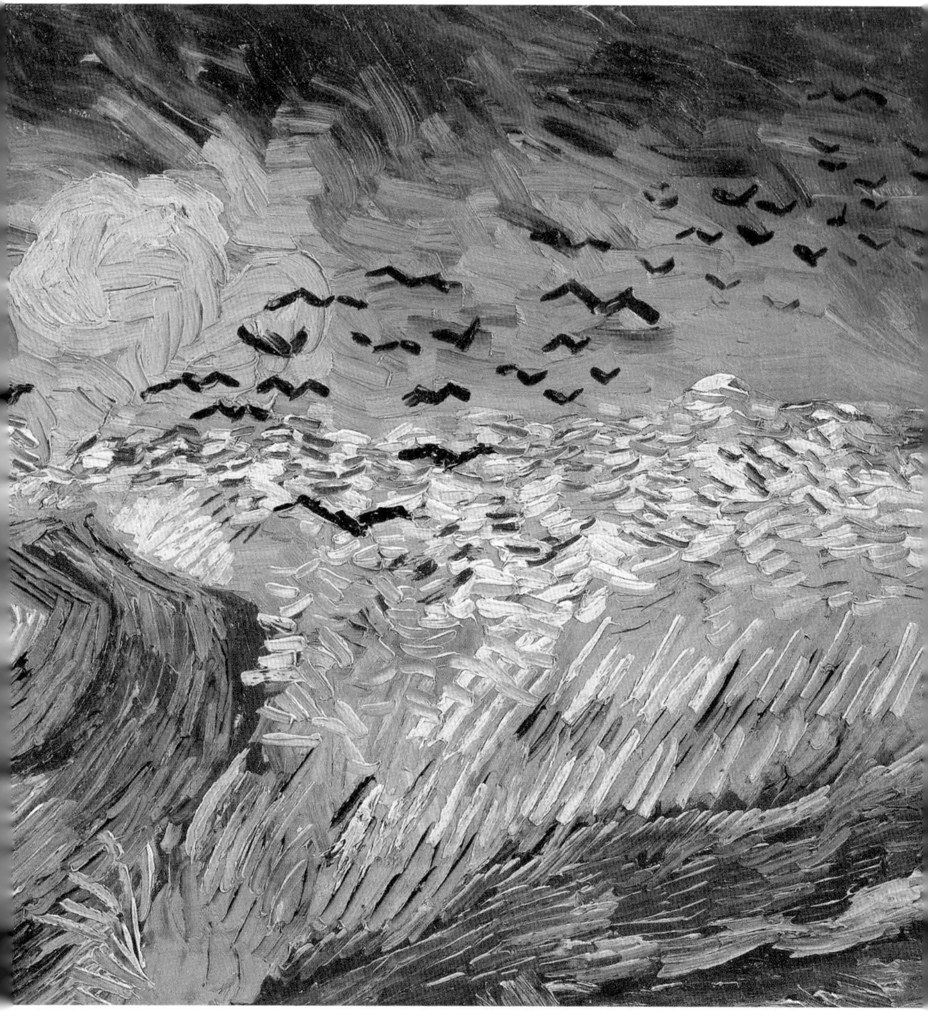

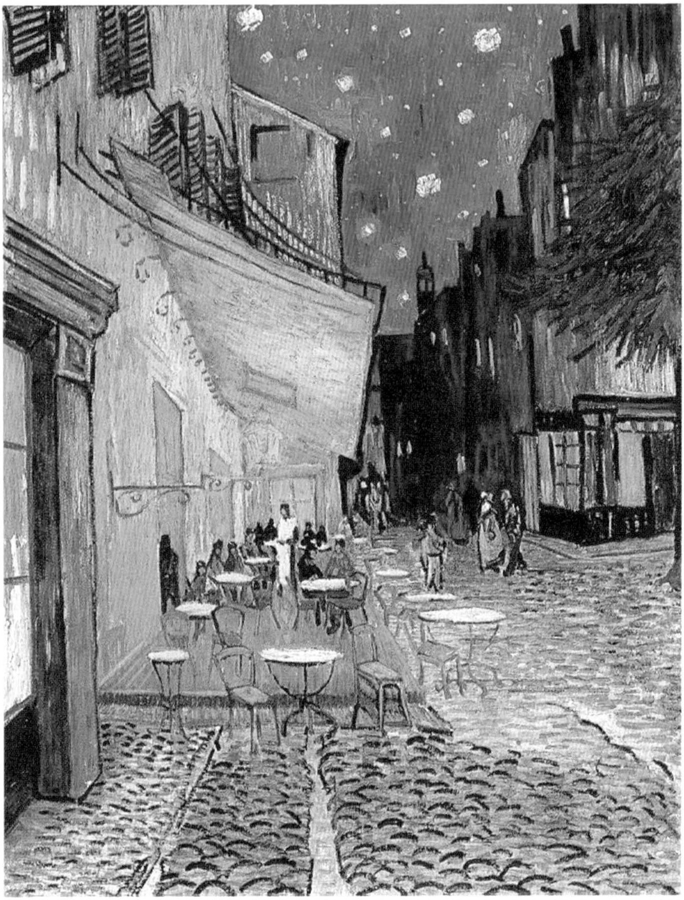

빈센트 반 고흐 〈아를 포룸 광장의 카페 테라스〉

1888년, 캔버스에 유채, 66×81cm

서로 반대되는 보색인 파랑과 노랑 때문에 이 그림은 한 번만 봐도 다시 잊을 수 없을 정도로 강렬한 인상을 준다. 형태는 정확하지 않고, 사용하는 색도 자연스러움과는 거리가 멀다.

에 눈물을 그려 넣으면 되니까. 하지만 그런 겉모습을 직접 그리지 않으면서 슬픈 마음을 표현해 내기는 쉽지 않지. 고흐가 그걸 해낸 거야. 그의 슬픈 인생을 알든 모르든, 고흐의 그림 앞에 서면 왠지 모르게 가슴이 울컥하고 막막하기도 하거든."

고흐가 존경한 화가, 고갱

고갱(Paul Gauguin, 1848~1903)은 어린 시절 남아메리카 대륙의 페루에서 잠시 살았다. 프랑스로 돌아온 이후에도 그는 선원이 되어 여러 나라를 떠돌았다. 결혼을 하고 증권회사에 취직해 다섯 아이를 두고 살면서 잠시 그 떠돌이 생활을 멈추는 듯했지만, 결국 취미로 그리던 그림을 본격적으로 그리기 위해 프랑스 서부의 해안 도시인 브르타뉴 지방으로 떠난다.

고갱은 자기가 살던 곳만 떠난 것이 아니라, 가족과의 화목한 생활도 떠나보냈다. 그는 브르타뉴에서 자신을 따르는 화가들과 어울리며 인상주의에서 한 걸음 더 나아간 그림을 연구했다. 그의 그림에서는 원근법도, 명암도 큰 의미가 없다. 인상주의 화가들과 달리 그는 색을 넓고 고르게 칠했다. 고갱은 고흐의 간절한 소망대로 아를로 내려와 두 달가량을 함께 지냈다. 하지만 결국 고흐를 떠났고, 이윽고 남태평양의 섬 타히티까지 건너갔다. 그리고 그곳에서 토착민들과 함께 생활하며 그림을 그리다가 삶을 마감했다.

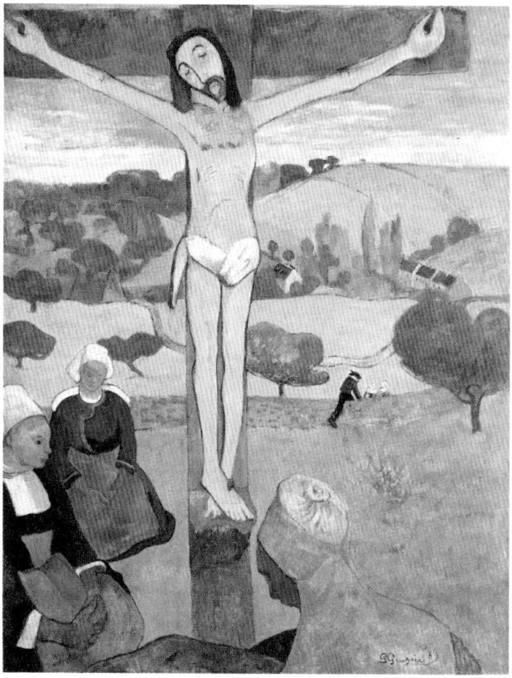

폴 고갱 〈황색의 예수〉

1889년, 캔버스에 유채, 73×92cm

십자가에 못 박힌 예수 주변을 브르타뉴 지방의 복장을 한 여인들이 둘러싸고 있다. 예수의 몸을 이토록 아름다운 노란색으로 그린 사람은 고갱이 처음이었다.

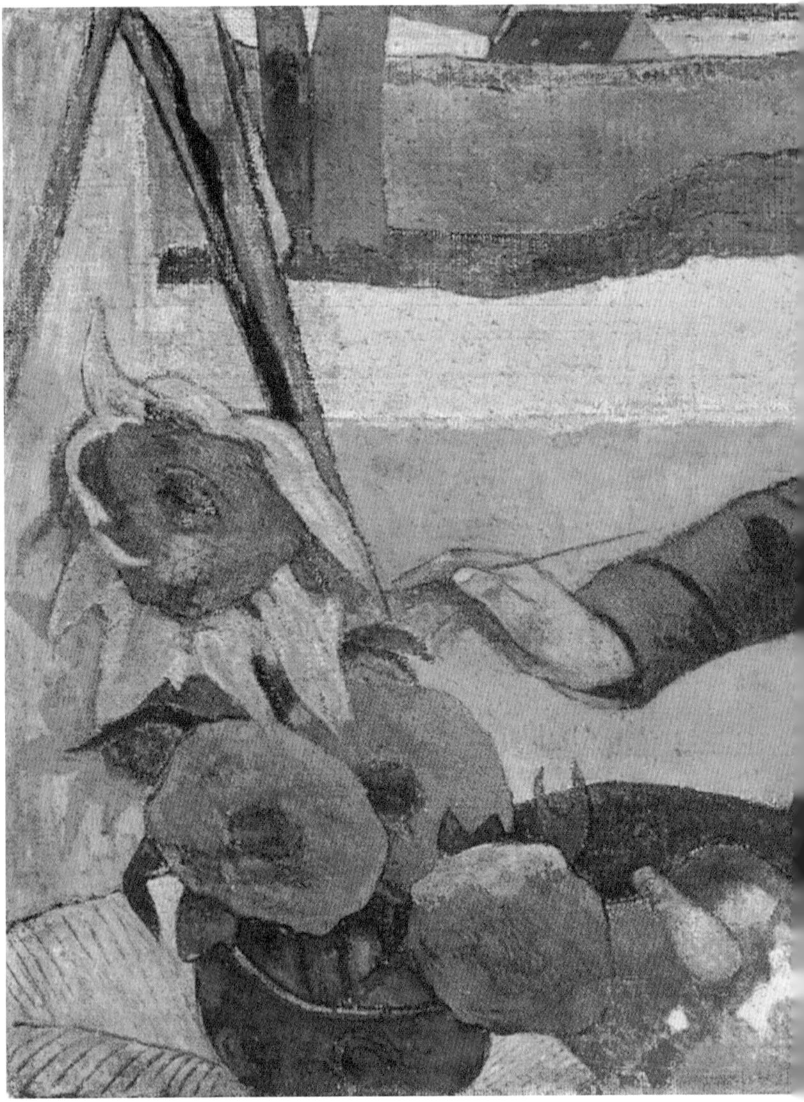

인상주의와 그 이후의 미술

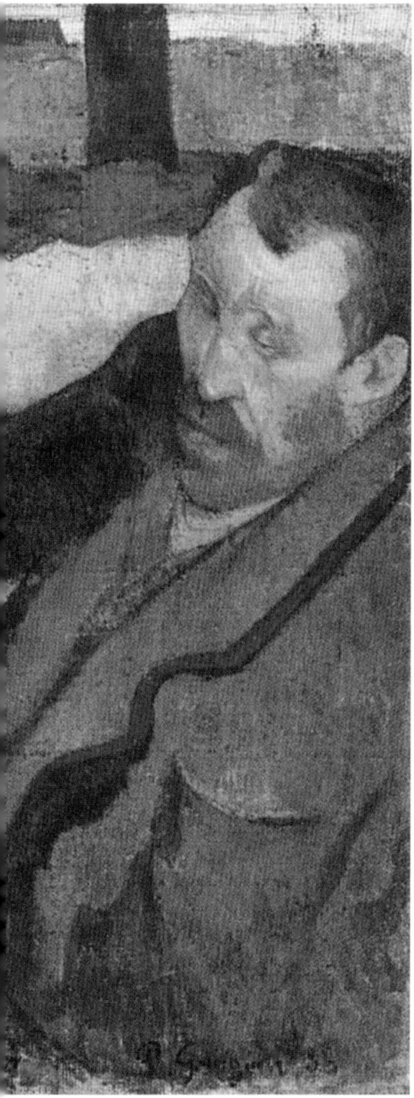

폴 고갱 〈해바라기를 그리고 있는 고흐〉

1888년, 캔버스에 유채, 97×73cm

아를에서 해바라기를 그리고 있는 고흐의 모습을 고갱이 그린 것이다. 넓게 칠한 원색의 아름다움이 돋보인다.

7부

20세기 미술

아내를 그린 게 아니라, 그림을 그린 거라네

색채의 마술사,
마티스

20세기 초, 앙리 마티스(Henri Matisse, 1869~1954)를 중심으로 한 몇몇 화가가 '야수파'라는 이름으로 불렸다.

"야수파라니, 이름이 아주 특이한데요?"

"미술가들은 늘 새로움을 좇지. 어떻게 하면 '남들과 다르게 그릴 수 있을까?'를 고민하거든. 마티스도 그랬어. 당연히 대중들은 마티스의 그림을 처음부터 알아줄 리 없었을 테고. 마티스 역시 인상주의 화가들이 그랬던 것처럼 자기랑 뜻이 맞는 사람들을 모아 따로 전시회를 열었어. 때는 1905년, 파리의 신문들이 또 한바탕 떠들썩했지."

"좋은 놀림감 하나가 나타났다고 생각했을 것 같아요."

"마티스를 비롯한 화가들이 내놓은 그림들은 색채가 지나치게 화려하고, 한편으로는 형태가 엉망으로 일그러져 있어서 얼핏 보면 애들이 장난을 친 것 같은 느낌마저 주었지. 그날 한 미술 평론가는 전시실 중앙에, 자신들이 언제나 칭찬하는 르네상스풍의 조각을 보며 '야수들에 둘러싸여 있다!'라고 말했대."

"그때부터 '야수파'라는 이름을 사용했겠네요."

프랑스의 작은 시골 마을에서 태어난 마티스는 몸이 아파 병원에 입원해 있는 동안 그가 심심할까 봐 어머니가 사 준 그림 도구로 그림을 그리다 화가의 꿈을 이어 가게 되었다. 그는 파리로 유학을 떠났지만 옛 방식을 고집하는 미술학교와 자연스레 멀어졌다. 그는 짙은 원색이 좋았다. 고갱이 그랬던 것처럼, 더 이상 하늘을 파랗게, 나무를 초록색으로 칠하고 싶지 않았다. 그래서인지 그날 전시회에 제출한 부인의 초상화를 처음 본 사람들은 하나같이 "이게 사람이야?"라고 외쳤다.

"그렇다면 과연 마티스의 부인은 이 그림을 보고 가만히 있었을까요?"

"이 그림을 발표하는 날, 마티스는 아내에게 전시장 근처에 얼씬도 못하게 했대."

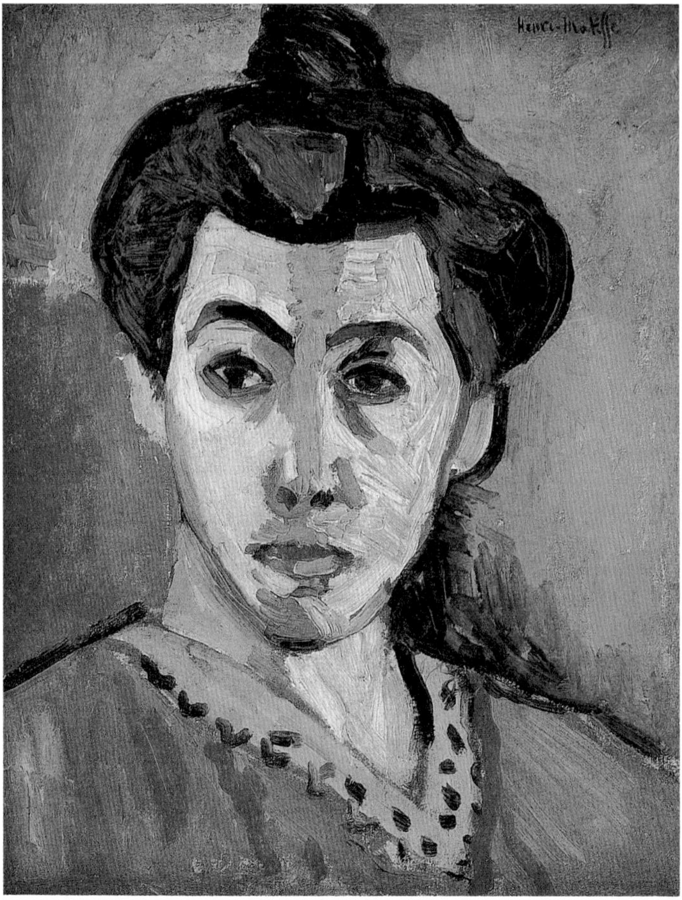

앙리 마티스 〈초록색 줄-마티스 부인의 초상〉

1905년, 캔버스에 유채와 템페라, 33×41cm

마티스는 사람들이 그림 속 여인이 어떻게 생겼고, 그 성격이 어땠을지를 생각하기 보다는 강렬한 붉은색과 초록색, 파란색이 화면을 얼마나 멋지게 만들어 내고 있는가를 보길 원했다.

"평론가들이 자기 그림에 대해 늘어놓을 비판과 조롱은 두렵지 않아도 부인의 반응에는 겁이 났나 보군요!"

"사실 마티스는 대상을 실제처럼 혹은 더 아름답게 그리는 일에는 관심이 없었어. 그저 어떻게 하면 색깔을 더욱 돋보이게 할지, 그 색들이 서로 어우러지면서 어떤 기분과 분위기를 만들어 낼 수 있을지 등에만 신경을 썼지. 마치 세잔이 자기 아내를 그릴 때 아내의 모습보다는 원통, 삼각뿔, 사각형, 삼각형을 떠올린 것처럼 말이야."

"그렇군요. 하긴 굳이 자기 아내의 모습을 남기고 싶었다면 사진을 찍는 게 낫죠."

"사실 19세기부터 이미 카메라가 매우 발달해서 더 이상 사실적으로 그리는 건 의미가 없었지. 카메라 때문에 많은 초상화가가 밥벌이를 잃었다고 울상을 지었으니 말이야. 그래서 그림이 더 그림다워진지도 몰라."

"그림이 그림다워지다니요?"

"사진은 파란 하늘을 분홍색으로 찍을 수 없잖아. 다 찍은 사진을 사진 보정 프로그램으로 고치기 전에는 말이야. 사진은 세잔 아내의 목을 원통형으로 만들 수 없지. 원근법을 없앨 수도 없고. 그래서 마티스는 아내의 초상화를 두고 사람들이 어떻게 아내를 이렇게 그릴 수가 있느냐고 야유를 퍼부었을 때, '난 아내를 그린 것이 아니라, 그림을 그린 것이다!'라고 말했대. 그래서 그림 제목도 '초록색 줄'이라고 한 거고."

"세잔이 아내의 얼굴을 그리면서 형태의 단순화를 연구한 것처럼 마티스는 색들의 관계를 연구했군요."

"그렇지!"

마티스가 살던 시절, 유럽에는 두 번의 세계대전이 일어났다. 그동안 유럽은 쑥대밭이 되어 갔고, 사람들은 점점 더 깊어지는 절망감에 몸을 떨어야 했다. 마티스는 자신의 그림이 이런 황폐한 세상을 살아가는 사람들에게 기쁨이 되어 주길 원했다. 그저 그림을 보는 동안이라도 행복하고 즐거운 상상에 빠질 수 있기를 바랐던 것이다. 그는 되도록 쉽게 그림을 그렸으며 밝고 환한 색을 사용했다.

"그런데 너무 쉽게 그려서인지 솔직히 마티스의 그림을 보고 있으면, 나도 저렇게는 그리겠다는 마음이 들어요."

"마티스 역시 살아생전에 그런 말을 들었지. 그의 대답은 뭐였는지 알아? '바로 그런 마음이 들도록 하는 그림을 그리고 싶었소'였어."

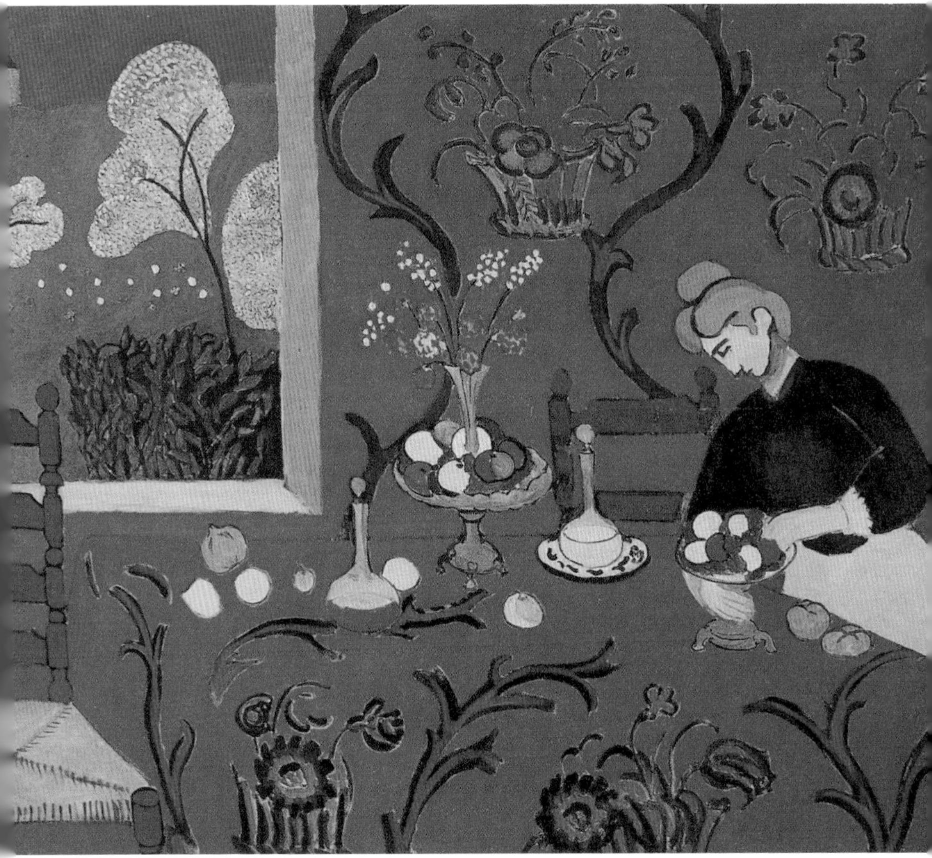

앙리 마티스 〈붉은 방〉

1908년, 캔버스에 유채, 220×180cm

마티스는 여인이 차를 따르는 모습을 그리기보다 붉은색을 더욱 돋보이게 하는 초록, 노랑, 파랑 등 색의 향연을 그린 듯하다. 화사한 이 그림은 작품을 감상하는 사람들의 눈을 즐겁게 한다.

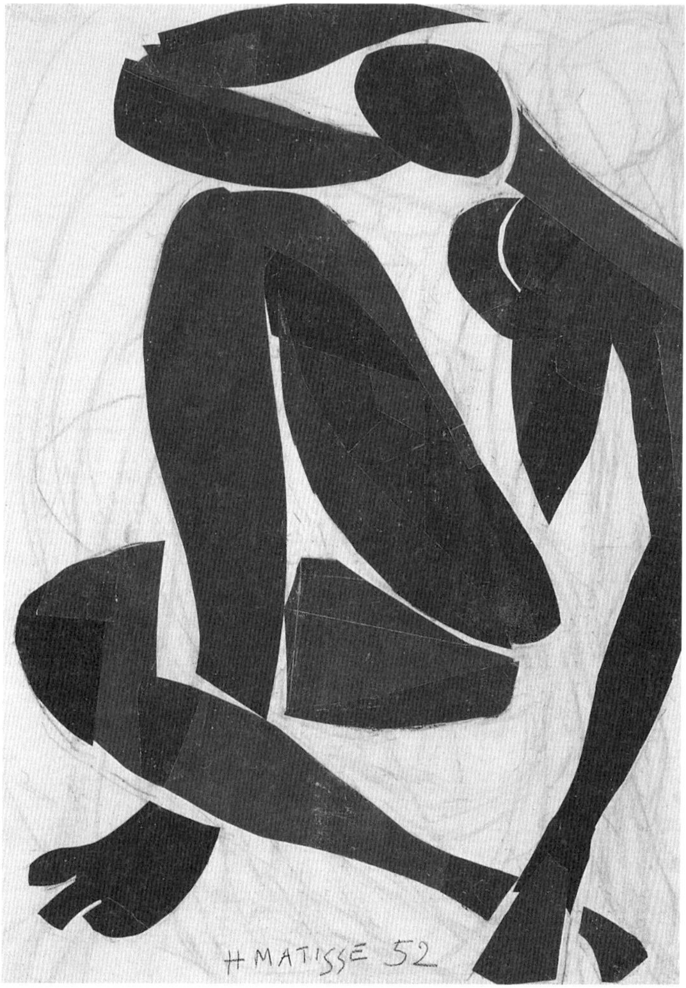

앙리 마티스 〈푸른 누드〉

1952년, 종이에 구아슈, 61×80cm

자른 종이를 구아슈라는 물감으로 칠해서 붙인 작품이다. 누드를 최대한 단순화해 푸른색 하나만 입혔다.

마티스는 나이가 들어 관절염 때문에 고통스러워하며 침대에 누워 있는 동안에도 긴 막대기 끝에 목탄을 달아서 천장에 그림을 그리곤 했다. 급기야 그럴 힘조차 없어지자 그는 색종이 작업을 시작했다. 자기가 좋아하는 화려한 빛깔의 색종이를 단순한 형태로 오려 낸 뒤 다시 화면에 예쁘게 붙이는 작업을 시도한 것이다. 그렇게 만들어진 작품 역시 보기에 즐겁고 경쾌한 느낌이 물씬 들었다.

마티스의 그림에는 빛이 없다. 즉 밝게 빛을 받는 부분과 그렇지 않은 어두운 부분의 대조가 없다. 따라서 그의 그림은 마네의 그림보다 훨씬 더 평평해 보인다. 게다가 그의 그림 속 사물들은 마치 고갱이 그렸던 것처럼 원래 가지고 있는 색을 완전히 벗어나 있어서 그림 전체가 무척이나 장식적인 느낌이 든다.

"마티스에 대해 알고 나니 그가 '야수'라는 말과는 좀 거리가 있다는 생각이 들어요. 이렇게 야들야들하고 예쁜 색, 산뜻하고 밝은 느낌을 주는 그림을 어떻게 야수가 그렸다고 보겠어요."

"그러게. 미녀의 키스를 받고 막 야수의 탈을 벗은 왕자님이라면 또 모를까."

표현주의 그림들

프랑스 지역을 중심으로 야수파가 활동하는 동안, 독일에서는 자신들의 미술이 낡은 세상에서 새로운 세상으로 가는 다리의 구실을 한다는 의미의 '다리파'를 결성했다. 야수파나 다리파는 눈에 보이는 것 그대로를 부지런히 화면에 옮기는 인상주의 화가들과는 달랐다. 그들은 강렬한 색채와 묘하게 변형된 형태를 통해서 사람의 마음을 표현하고, 움직이는 데 더 관심을 가졌다. 미술가들은 이런 그림들을 크게 '표현주의'라고 부른다. 인상주의가 눈에 보이는 것을 그린다면 표현주의는 눈에 보이지 않는 내면의 풍경을 그리는 셈이다.

두 번의 전쟁으로 시끄러운 세상에서 즐거운 휴식 같은 그림을 그리기를 원했던 프랑스의 야수파와 달리 다리파는 혼란 속에서 느끼는 절망적이고 답답한 마음을 거친 붓질과 다소 신경질적이고 날카로운 색과 선으로 표현했다.

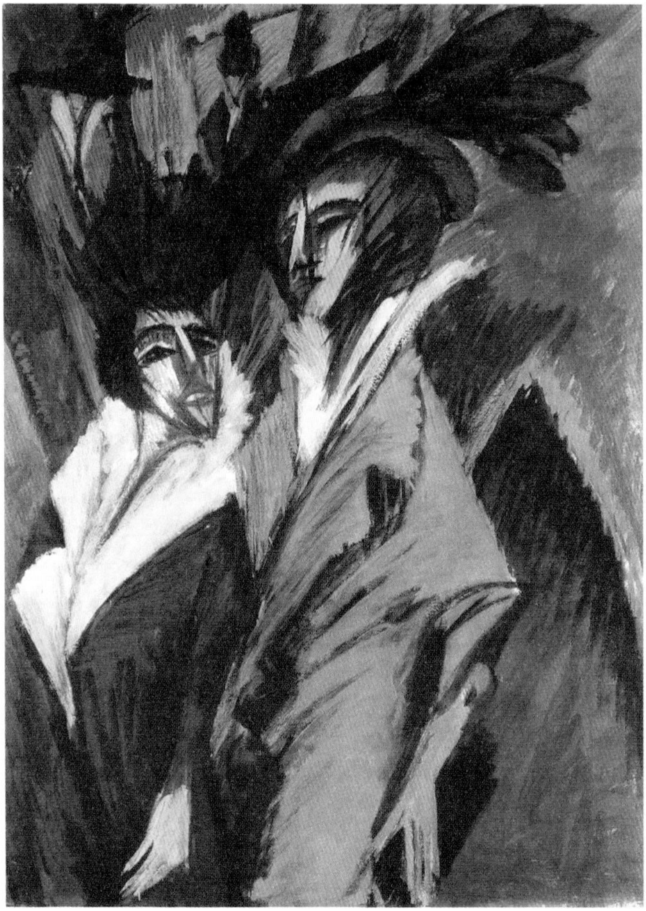

에른스트 루트비히 키르히너 〈거리를 걷는 두 여인〉

1914년, 캔버스에 유채, 91×120cm

다리파를 처음 만든 키르히너는 정서적으로 불안한 자신과 그 시대의 우울한 현실을 길쭉하고 뾰족한 형태와 불길한 색채로 표현해 보는 사람들의 마음을 움직인다.

항상 최초이다

늘 새롭고 영원히 새로울 미술가, 피카소

파블로 피카소(Pablo Ruiz y Picasso, 1881~1973)를 모르는 사람은 드물다. 많은 사람이 현대미술에 가장 큰 영향력을 끼친 20세기 최고의 미술가 중 한 명으로 피카소를 꼽는다. 그의 예술과 삶은 수많은 책에서 소개되었고, 영화는 물론 텔레비전 다큐멘터리로도 끊임없이 제작되고 있다. 그의 작품은 늘 최고 가격으로 팔린다. 심지어 그가 연필로 슬쩍 가볍게 스케치한 낙서조차도 마치 보물처럼 대접받는다. 하지만 막상 그의 작품 앞에 서면 막막해지는 느낌이 들곤 한다.

"맞아요. 왜 다들 그를 천재라고 하는지 고개가 갸우뚱해져요."

"흔히 피카소를 입체주의를 시작한 사람으로 알고 있지. 입체주의는 이제껏 우리가 그림이라고 하면 가질 수 있는 모든 생각을 완전히 분해해 버렸어."

"입체주의란 뭐든 입체로 보이게 하는 건가요?"

"아니, 사실은 그 반대야. 피카소 이전의 서양 그림은 늘 입체적으로 보이길 원했잖아. 명암을 잘 넣고, 원근법을 적절히 사용해서 평평한 그림 속의 풍경이나 대상이 마치 실제처럼 보이게 했으니 말이지."

"그렇죠. 하지만 그게 세잔이나 고갱, 마티스 등으로 오면서 점점 없어져 버렸고요."

"맞아. 피카소는 그들보다 한발 더 나아갔어. 그는 우리 눈에 보이는 사물들을 다 분해한 뒤 다시 붙이는 것처럼 그렸어."

"분해해서 붙이다니, 그게 무슨 말이죠?"

"상자를 생각해 봐. 그걸 평평하게 펼치면 여섯 개의 면이 다 보이지? 그 여섯 면을 오려서 화가가 원하는 대로 자리를 바꿔 가며 다시 붙인다고 생각해 봐."

"아, 대충 짐작이 가요. 그렇다면 상자를 바로 앞에서 보았을 때는 보이지 않던 뒷면까지 모두 한 화면에 펼쳐지겠군요."

"바로 그거야. 사실 피카소는 세잔에게서 많은 영향을 받았어. 세잔은 한 화면에 여러 시점을 동시에 그려 넣었지. 위에서 내려다본 모습과 아래에서 위로 올려다본 모습을 한 그림 속에 그렸잖아. 말하자면 다시점으로 그린 거지. 그런 세잔의 시도에서 한발 더 나아간 거라고 보면 돼."

피카소가 그림에서 말하고 싶었던 건 바로 보이는 게 다가 아니라는 사실일 수도 있다. 몸을 움직이지 않는 한 우리는 사물의 일부만 볼 수 있다. 즉 전체 모습을 볼 수가 없다. 육면체의 물건을 볼 때 우리가 자세를 고정하고 있는 한은 기껏해야 세 면 정도밖에 보지 못한다. 하지만 그 사물은 우리가 보든 보지 못하든 여러 면을 가지고 있다. 말하자면 피카소는 우리 눈에는 보이지 않지만 분명히 존재하는 나머지 부분을 그림 속으로 전부 끌어오고 싶었던 것이다.

"그런데 왜 그게 입체주의죠?"

"어떤 사람이 이런 식으로 그려 놓은 작품을 보고 '어, 이건 아주 작은 정육면체, 즉 큐브들을 들을 덕지덕지 붙여 놓은 것 같군'이라고 한 말에서 시작되었어. 그래서 큐비즘이라고 불렀는데, 그걸 일본인들이 입체주의라고 번역해 들여왔지."

에스파냐의 작은 도시에서 태어나 화가인 아버지로부터 그림을 배우기 시작한 피카소는 미술의 도시 파리로 건너가 몽마르

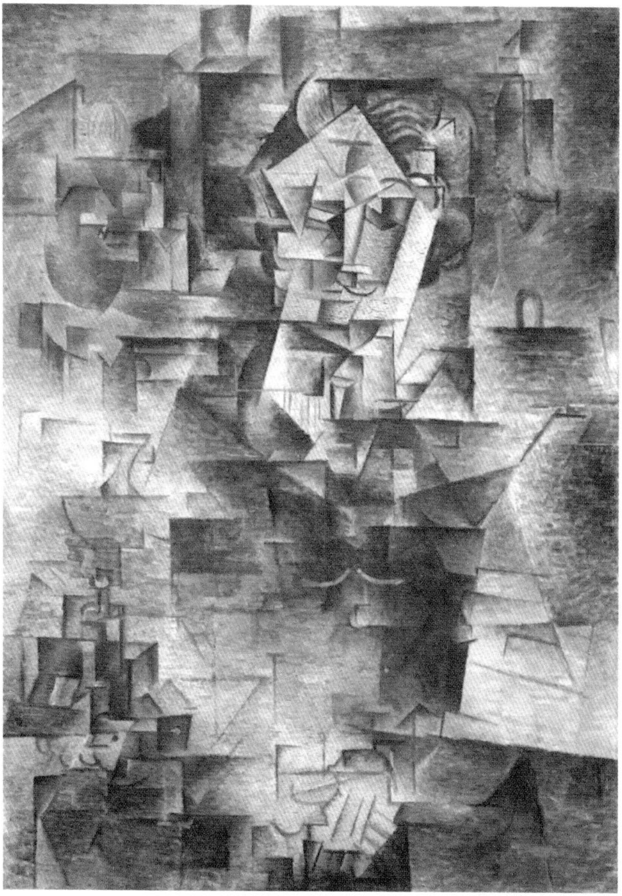

파블로 피카소 <다니엘-앙리 칸바일러의 초상화>

1910년, 캔버스에 유채, 73×101cm

칸바일러는 피카소와 친한 화상이었다. 피카소는 칸바일러의 모습을 여러 면으로 분해한 다음 다시 그려 넣었다. 배경 역시 여러 면으로 분해되어 인물과 뒤섞여 있다.

트르에 정착했다. 파리 생활은 혹독하기 그지없었다. 넉넉지 못한 형편에 늘 추위와 굶주림에 떨어야 했지만 여러 실험적인 미술을 추구했고 이윽고 조르주 브라크(Georges Braque, 1882~1963)와 함께 큐비즘의 세계를 펼쳐 놓았다. 그의 시도는 대중들에게 금방 외면당했지만 미국에서 건너온 미술 수집가들의 눈에 띄면서 점차 유명세를 타기 시작했다.

아흔 살이 넘어 세상을 떠난 그는 살아생전 2천 점 가까운 그림을 그렸고, 도자기는 3천 점 이상, 조각은 1천 2백여 점, 스케치는 약 7천 점 이상을 남겼다. 게다가 잡지나 책자에 그린 삽화는 무려 3만 점이 넘는데, 이는 그가 하루도 쉬지 않고 거의 하루 종일 붓이나 연필 혹은 조각에 쓰일 도구들을 들고 있었음을 의미한다. 물론 그가 위대한 이유는 그저 이렇게 많은 작품을 남겼기 때문만은 아니다. 그의 손을 탄 작품들은 늘 새로웠고 그 작품 속에는 현실에 대한 고뇌와 비판 의식이 담겨 있다.

"피카소 이후 새로운 것이 없다, 뭐 이런 말이군요."

"지금도 많은 미술가가 피카소에게 질투와 절망을 느껴. 뭘 해도 이미 그가 다 해 버린 것 같으니까. 하지만 또 새로운 미술은 등장하지. 피카소를 흉내내기보다는 '무엇으로 피카소와 달라질 수 있을까?'를 생각하는 예술가들이 있으니까."

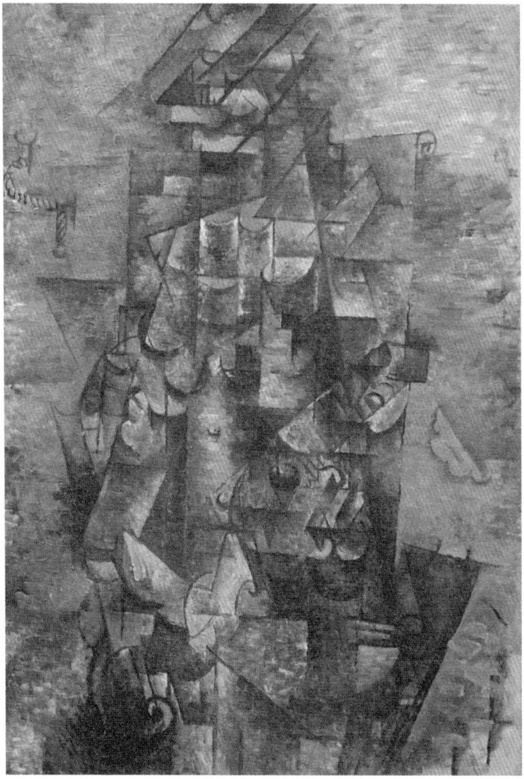

조르주 브라크 〈기타와 함께 있는 사람〉

1911년, 캔버스에 유채, 81×116cm

입체주의 화가 조르주 브라크는 피카소와 함께 사물의 형태를 분석해 수많은 파편으로 나누고 그것을 한 화면에 그려 넣는 방식으로 작업했다. 이 시기 피카소와 브라크는 회색이나 갈색 등 눈을 크게 자극하지 않는 색을 사용해 보는 사람이 형태에 더 관심을 가지도록 했다. 이후 그들은 신문이나 종이 등을 그림 속에 붙이는 기발한 방법을 사용하기도 했다.

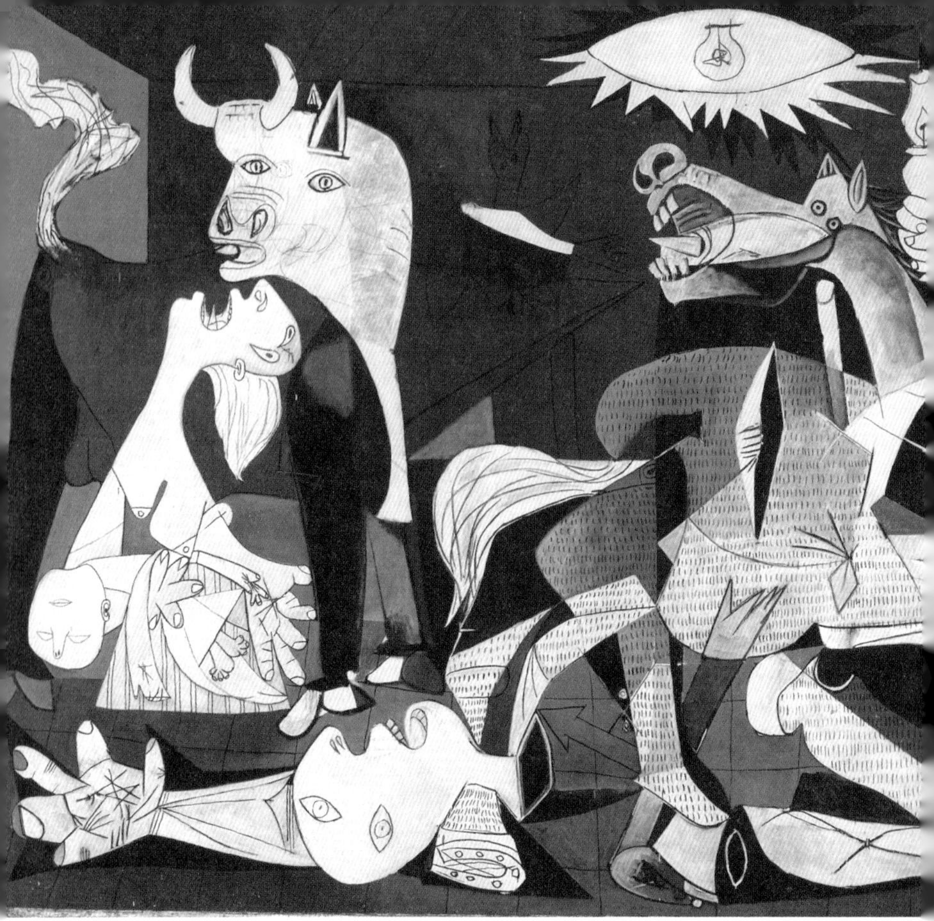

파블로 피카소 〈게르니카〉

1937년, 캔버스에 유채, 777×349cm

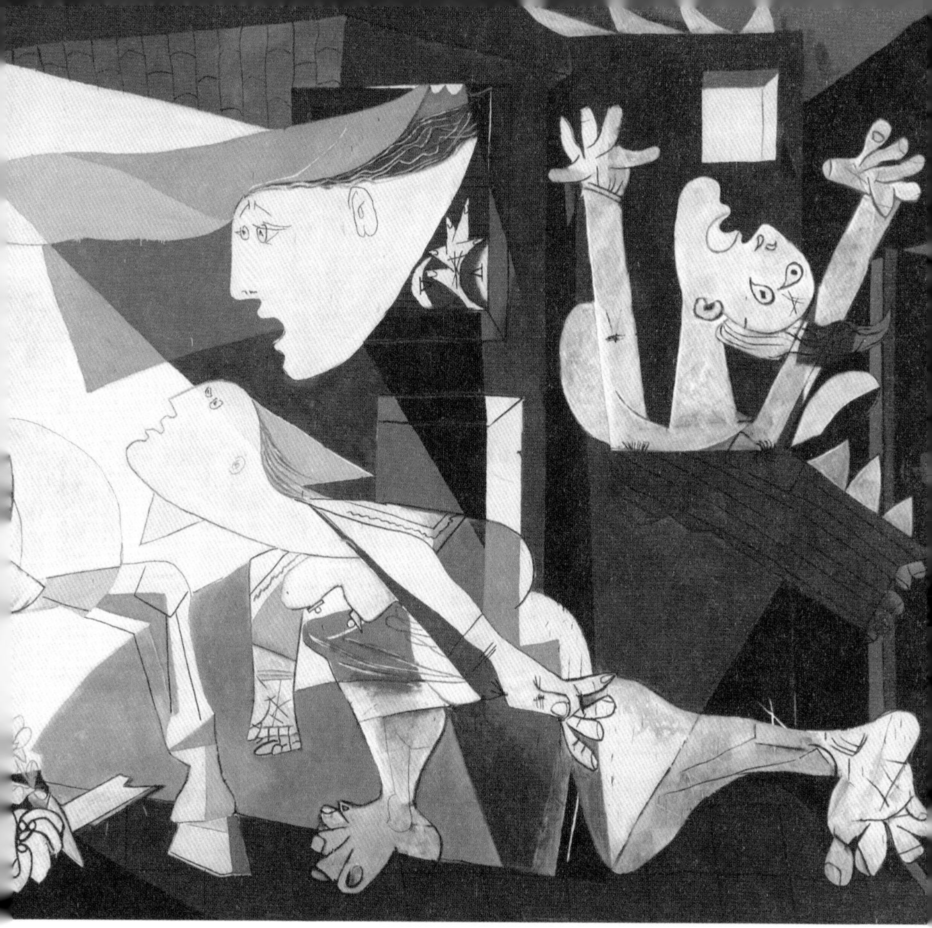

에스파냐의 독재자 프랑코 총통은 히틀러의 나치 대원들로 하여금 자신에게 저항하는 게르니카 마을 사람들을 무차별 폭격하도록 지시했다. 피카소는 타국의 군대를 불러들여 동포를 살해한 독재 정부의 만행을 사람들에게 알리고자 이 그림을 그렸다. 황소는 잔인한 군인들을, 말은 그들에 의해 고통받는 사람들을 의미한다.

이게 정말 내가 그린 그림이야?

추상화의 대가, 칸딘스키

러시아 모스크바에서 태어난 화가 바실리 칸딘스키(Wassily Kandinsky, 1866~1944)는 '추상화'로 유명하다. 그는 모스크바 대학에서 법과 경제를 공부하고 그곳에서 교수가 되었다. 하지만 어느 날 전시회에서 모네의 그림을 보고 깊은 감명을 받아 화가가 되기로 결심했다. 칸딘스키는 러시아에서 비교적 가까운 독일의 뮌헨으로 가서 그곳에 모여든 화가들과 함께 그림을 공부하기 시작했다. 히틀러가 등장하기 전까지만 해도 독일의 베를린이나 뮌헨, 뒤셀도르프 등은 새로운 꿈을 품은 아방가르드한 예술인들이 모여들던 곳이었다.

"아방가르드? 또 어려운 말이 등장하는군요."

"프랑스어인 아방가르드는 원래 군인들이 사용하던 말이야. 전쟁에서 제일 앞에 나서서 적의 병력 규모나 움직임 등을 파악하는 부대를 말해. 우리말로는 '전위 부대'라고 하지. 군인들 입장에서 전위 부대원들은 가장 용감한 이들이고, 그만큼 가장 큰 희생을 하는 사람들이지. 예술에서의 아방가르드도 마찬가지야. 가장 새로운 예술을 하는 자들이고, 동시대 사람들로부터 이해받지 못하기에 그만큼 많은 희생을 하게 되니까."

"인상파 화가들도 어떤 의미에서는 아방가르드한 미술을 한 거겠네요?"

"그렇지. 그들로 인해서 이전의 미술과는 완전히 다른 미술이 이어지게 되었으니까. 하지만 새로운 것을 추구한다고 해서 누구나 다 전위적이다 혹은 아방가르드하다는 말을 할 수 있는 건 아니지. 일단 이전의 예술과 비교해서 약간이 아니라 완전히 달라야 하는데다가 후세 사람들에게 주는 영향도 아주 커야 해. 그래야 전위적이라는 말을 들을 자격이 있어."

독일, 키르히너의 다리파가 독일의 베를린과 드레스덴에서 활동했다면, 남부의 뮌헨에는 '청기사파'가 있었다. 청기사파의 중심인물이 바로 칸딘스키인데, 자신이 그린 〈청기사〉라는 그림에서 이름을 따온 것이다.

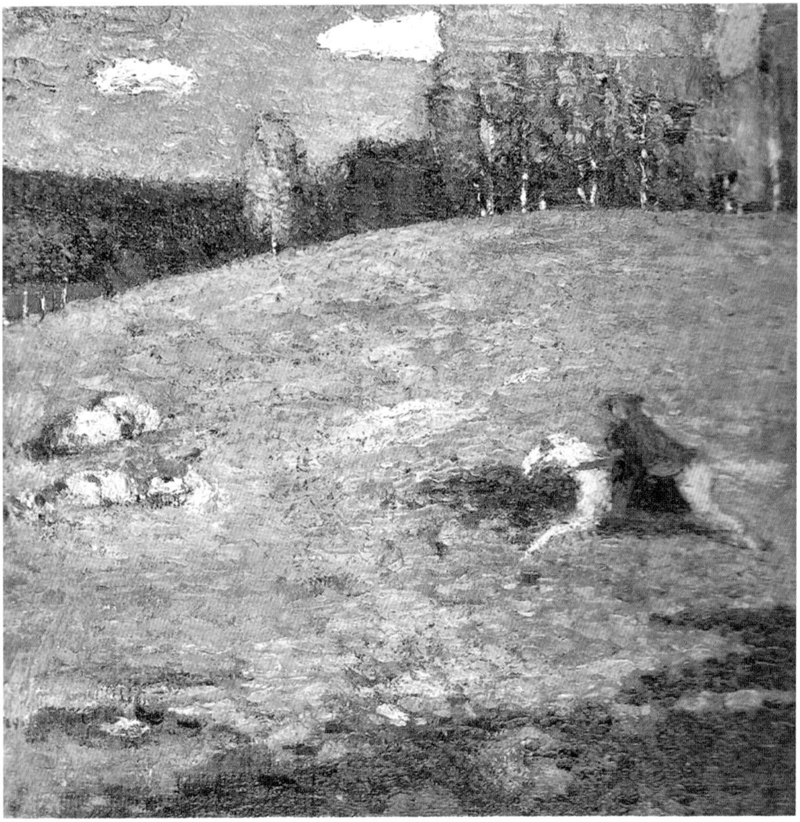

바실리 칸딘스키 〈청기사〉

1903년, 캔버스에 유채, 65×55cm

푸른 옷을 입고 말을 타는 기사라는 뜻의 청기사는 이미 자연스러운 색과 완벽한 형태를 벗어나 있다. 이 그림의 제목이 칸딘스키가 이끄는 단체의 이름이 되었다.

"사실 추상화는 너무 어렵거든요. 도무지 뭘 그린 건지 알 수가 없어요."

"우선 추상화의 대가 중 몬드리안이라는 사람 이야기를 하는 게 좋겠다. 그는 네덜란드 출신의 화가로 칸딘스키보다는 조금 늦게 태어나 제2차 세계대전이 끝나기 직전 세상을 떠났어. 보통 추상화란 말이 나오면 늘 이 두 화가 이야기가 나오지."

몬드리안(Piet Mondrian, 1872~1944)의 추상화는 얼핏 보아도 선과 큰 면, 삼각형과 사각형 등 기하학적인 모양으로 이루어져 있고, 색깔 또한 서너 가지만 사용하고 있다. 그는 우리 주변에 있는 모든 사물이 제각기 다른 모습을 하고 있더라도 이것저것 다 빼고 공통적인 것만 남기면 결국 기하학적인 모양만 남는다고 생각했다. 이는 어쩌면 세잔의 생각을 더 발전시킨 것일 수도 있다. 세잔 역시 어떤 사물을 가능한 한 단순화하면 결국 원통형이나 삼각뿔 혹은 사각형이나 원으로 남는다고 보았으니 말이다.

색깔 역시 마찬가지이다. 보라색은 파랑과 빨강을, 초록색은 파랑과 노랑을 섞은 색으로, 아무것과도 섞이지 않은 기본적인 색만 남기면 삼원색인 빨강, 노랑, 파랑이 된다. 몬드리안에게 추상화란 어떤 것의 가장 기본, 즉 본질이 되는 것만 남겨 두고 다른 것은 다 생략해서 단순화해 그리는 것을 의미했다.

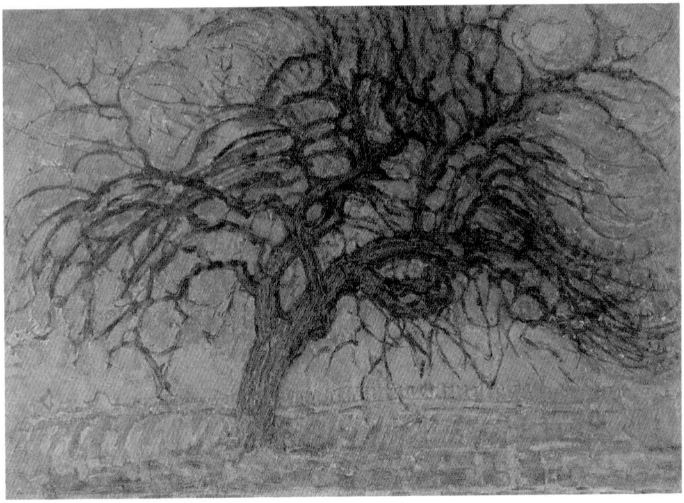

피에트 몬드리안 〈붉은 나무 1〉

1908년, 캔버스에 유채, 99×70cm

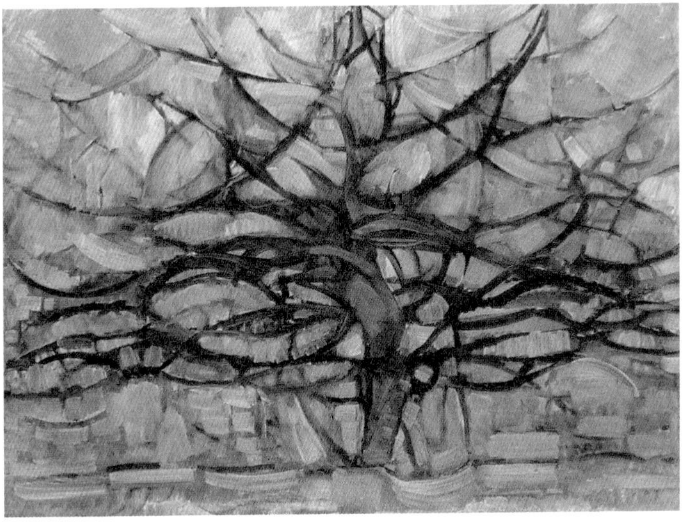

피에트 몬드리안 〈회색 나무〉

1911년, 캔버스에 유채, 108×79cm

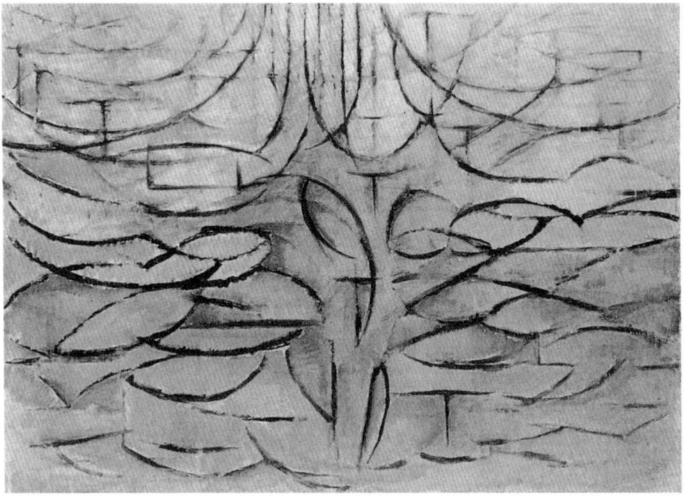

피에트 몬드리안 〈꽃 피는 사과나무〉

1912년, 캔버스에 유채, 108×79cm

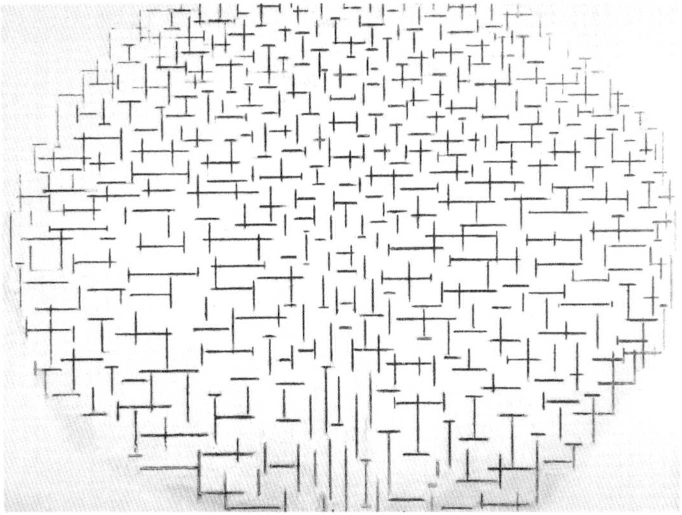

피에트 몬드리안 〈구성 10번〉

1915년, 캔버스에 유채, 108×85cm

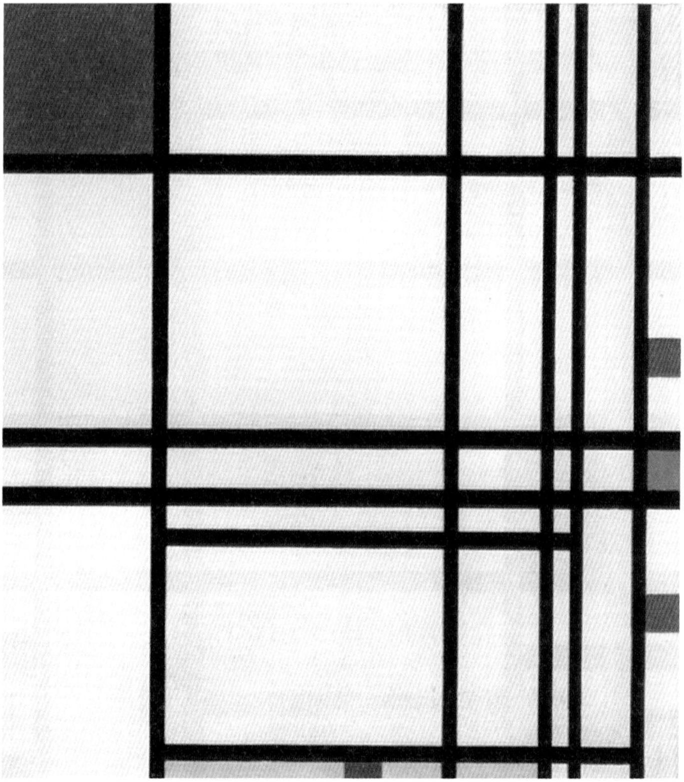

피에트 몬드리안 <구성 8>

1939~1942년, 캔버스에 유채, 68×75cm

몬드리안의 추상화는 우리 주변에 있는 것을 그렸다기보다는 단지 선과 면, 그리고 색깔만 그린 것 같다. 그의 그림은 색들 간의 관계, 선과 면의 관계에 집중한다. 하얀색 사이에 있는 빨강과 노란색 사이의 빨강이 달라 보이고, 까만색과 닿아 있으면 또 다른 느낌이 드는 색의 원리를 보여 주는 것이다.

"아, 듣고 보니 이제야 몬드리안의 추상화를 이해할 수 있을 것 같아요. 특히 나무 시리즈를 보니 더 확실해지는군요. 하지만 칸딘스키는 좀 다르네요."

"그렇지. 칸딘스키가 그린 추상화는 몬드리안과 달리 좀 더 복잡하고 시끄러운 느낌이 들지?"

1908년의 어느 날, 칸딘스키는 답답한 마음에 산책을 나갔다가 집으로 돌아와 작업실 문을 열었는데 아주 특이한, 그러나 무척이나 강렬하고 아름다운 그림 하나를 보게 된다. 처음에 칸딘스키는 그 그림이 대체 왜 그 자리에 놓여 있는지조차 알 수 없었는데, 한참을 쳐다보던 그는 자신의 이마를 치며 한숨을 푹 내쉬었다. 그것은 바로 자신의 그림이었기 때문이다.

"아니, 왜 자기가 그린 그림을 못 알아봤을까요?"

"그건 칸딘스키가 그림을 거꾸로 세워 두었기 때문이지. 똑바로 세워 두지 않았기 때문에 칸딘스키는 그게 무엇을 그렸는지 알 수 없었던 거야."

"그런데 그게 추상화랑 무슨 상관이 있죠?"

"칸딘스키는 그날 큰 깨달음을 하나 얻었어. 무엇을 그렸는지 모르니까 자연히 자신의 눈이 그림 속 색깔들과 선에 집중되더라는 거야. 예를 들어 도자기를 그린 그림을 본다고 생각해 봐. 다들 도자기랑 닮았나 안 닮았나에 집중해서 형태가 완벽한가 아닌가, 색깔은 진짜 도자기랑 비슷한가 아닌가를 더 열심히 보게 되잖아. 근데 무엇을 그렸는지 모르고 보면 그냥 색깔과 모양 그 자체를 보게 되거든. 이건 길고 좁은 원 모양, 저건 삼각형 모양, 하면서 말이야."

"아, 그러고 보니 저도 추상화 앞에 서면 그게 무엇을 그렸는지 모르니까 그냥 모양과 색깔만을 보게 되더군요."

"그렇지. 사실 그림이란 게 도화지 위의 물감이잖아. 그러니 그 물감들이 만들어 낸 선과 색과 면을 보라는 거야. '파랑은 빨강과 잘 어울리는구나', 또는 '노랑 때문에 이 초록이 다른 느낌으로 보인다', 이렇게 말이지."

"그런데 칸딘스키 그림은 좀 정신없어 보여요."

"몬드리안은 형태를 계속 단순화하면서 그림을 그려 나갔지만, 칸딘스키는 더 즉흥적으로 손이 가는 대로, 자유자재로 그렸어. 그런 그림을 두고 '즉흥'이라는 제목을 붙여 시리즈로 제작했지. 물론 기하학적인 모양들을 서로 어울리도록 연결하는 그림도 그렸어. 그건 '구성'이라는 이름을 가졌고."

"그래서인지 몬드리안의 그림이 좀 더 차가운 느낌이 들어요. 칸딘스키의 〈즉흥〉 시리즈는 복잡하긴 해도 따뜻한 느낌도 들

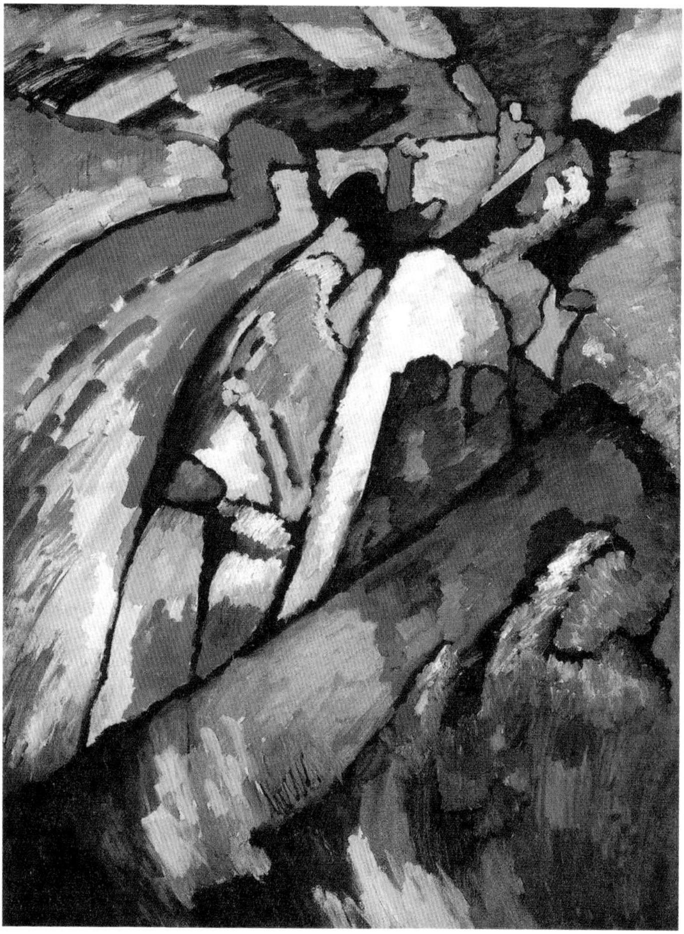

바실리 칸딘스키 <즉흥 7>

1910년, 캔버스에 유채, 97×131cm

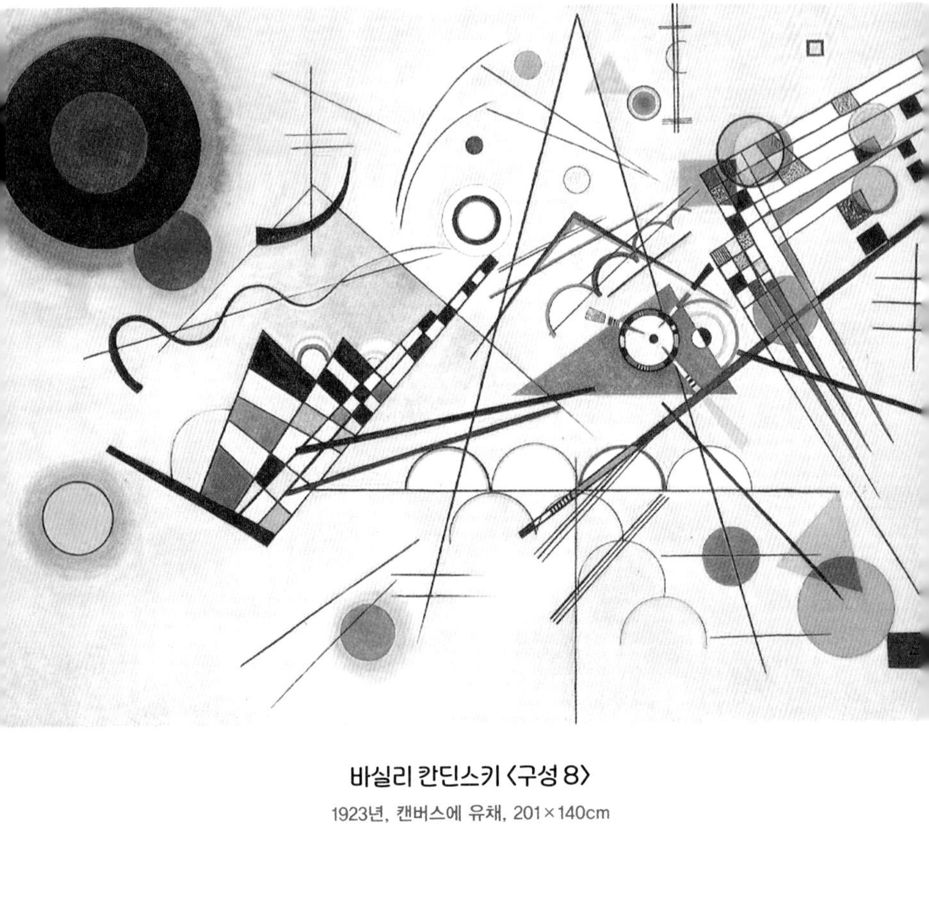

바실리 칸딘스키 〈구성 8〉

1923년, 캔버스에 유채, 201×140cm

고요."

"맞아. 그래서 우리는 몬드리안의 추상화를 두고 '차가운 추상'이라고 하지. 몬드리안의 그림에서는 마음이 움직이는 느낌이 들지 않지만, 칸딘스키의 그림은 이상하게도 사람 마음을 자극하거든. 복잡하기도 하고, 즐겁기도 하고. 그래서 칸딘스키의 추상화를 '뜨거운 추상'이라고 말하기도 해."

"하나는 팥빙수, 하나는 단팥죽인 셈이군요."

"하하, 차가운 것과 뜨거운 것. 맞구나!"

미술관에서 읽는 서양 미술사

초판 1쇄 발행일 2011년 12월 19일
개정1판 1쇄 발행일 2013년 8월 13일
개정2판 1쇄 발행일 2022년 10월 17일

지은이 김영숙

발행인 김학원
발행처 (주)휴머니스트출판그룹
출판등록 제313-2007-000007호(2007년 1월 5일)
주소 (03991) 서울시 마포구 동교로23길 76(연남동)
전화 02-335-4422 **팩스** 02-334-3427
저자·독자 서비스 humanist@humanistbooks.com
홈페이지 www.humanistbooks.com
유튜브 youtube.com/user/humanistma **포스트** post.naver.com/hmcv
페이스북 facebook.com/hmcv2001 **인스타그램** @humanist_insta

편집주간 황서현 **편집** 윤소빈 **디자인** 유주현
용지 화인페이퍼 **인쇄·제본** 정민문화사

ISBN 979-11-6080-908-4 43600